多文化社会に応える地球市民教育

日本・北米・ASEAN・EUのケース

シリーズ・ともに生きる科学

村田翼夫［編著］

ミネルヴァ書房

はじめに

現代社会の主な特質として、「ヒト、モノ、カネ、情報」が国境を越えて行き来し、国際化・グローバル化が進展していることがあげられよう。「ボーダレス・ワールド」の到来ともいわれている。

海外から日本へ来る観光客は、二〇一四年度で一三〇〇万人を超え、日本人の海外旅行者は、一八〇〇万人に達している。京都の町でも至る所で外国人観光客を見かけるようになり、名所の案内書は英語ばかりでなく、中国語、韓国語に加えタイ語、インドネシア語のものまで作成されている。京都の地下鉄では、四ヵ国語（日本語、英語、中国語、韓国語）を使った券売機の導入が検討されているという発表があった。社会が多言語化、多文化化していくことへの対応も迫られている。

文化の異なる人々が、交流し合い一緒に生活するとなると、異文化間のあつれき、葛藤、対立が起きやすくなる。学校においても、外国人児童生徒が入学してくると、彼らに対するいじめ、あるいは喧嘩も発生し得る。異文化の人々が接触し、共同生活をおくる場に対立や抗争を引き起こさずにいかにコミュニケーションを取りつつ対話を進めて、共存・共生していくのか、国際化・グローバル化社会の大きな課題である。そのための異文化理解、多文化共生の教育の確立が問われている。

一九世紀から二〇世紀にかけて発展した欧米や日本等の先進国は、工業生産に力を入れ、資本主義経済の発達により近代・工業化社会を構築してきた。工業化社会では、規格化された商品を大量に生産するために、もの作りに有用な同一タイプの労働者、経営者の人材を育成してきた。しかし、二〇世紀後半になると、工業化による大量生産、大量消費の影響により、資源の枯渇、環境汚染の問題が深刻化し、脱工業化の動きが顕著になってきた。脱工業化社会においてソフトウェアを中心とする情報化社会となれば、画一的に規格化された製品より、消費者の多様なニーズに合わせた製品が好まれる。労働者も経営者も個性的で豊かなアイデアを持ち多才な能力を発揮する人材が求められるようになった。

情報ネットワークが発展し、子ども達も、スマートフォンを使ってゲームに興じ、インターネットを使用して友人とコミュニケーションを取っている。それとともに、若者や子どもが享受する文化が共通化してくる。ハンバーガーを食べ、人気のアニメに夢中になり、サッカーゲームを楽しむ等である。その結果、国民文化の喪失を恐れる人々は、国民教育による伝統文化の維持を強調する。それが過激となると狭いナショナリズムや民族主義が復活しかねない。情報化時代には、共通文化の普及と伝統文化保持の間に葛藤が見られるのである。

そうした社会の国際化・グローバル化、脱工業化、情報化や多文化化の動向を踏まえつつ、多くの国では、従来の国民教育に加えて、多文化社会と向き合い、身の回りの問題を地球的視野で考え、自発的、主体的に行動する市民の育成を考える市民性教育（シティズンシップ教育）に力点が置かれつつある。

翻って日本の教育をみてみると、画一的教育が横行し、多くの学校において児童生徒の能力・適正に応じた教育が適切に行われていない実情にある。二〇一五年の一～二月にかけて京都市の小学校の若手教諭九人と小・中高校の年長教諭（校長・副校長・指導主事等）七人を対象に面接およびアンケート調査を行い、彼らが直面している問題について問うてみた。最も多かったのは、「一人ひとりの個性差に応じた教育指導ができない」であった。具体的には、「子どもの学力差が激しく一斉授業（三五～四〇人）では困難である」とあった。確かな学力の形成には学習指導の個別化が必要であることは、中央・地方の教育改革委員会などで幾度も指摘されてきたが、実現に至っていない。

第二に、教師が多忙で肝心の教育指導・生徒指導に専念することができないことが指摘されていた。例えば、「会議、保護者向け文書、事務作業、部活動などで遅くなり、授業そのものの準備や教材研究をする時間がない」、「土、日に学校で行われている地域行事への参加も負担である」などである。このことも、基本的に一学級一人担任教師システム、小学校に専科教員を置かない、教員・カウンセラー・職員の不足、保護者や地域人材の協力を得ることの困難性、ICT（情報通信技術）の活用の不十分さなどの問題と関連していよう。

日本では、伝統的に集団中心主義の教育、画一的かつ硬直的な教育が行われてきた。そのことがこの問題の背景にあると思われる。外国語教育といっても英語教育一色で他の言語教育は配慮されず画一的に実施されてきている。学校では一人のクラス担任教師あるいは専科教員が三〇～四〇人の児童生徒に一斉授業を行ってきている。しかも学校は年齢主義が基本になっていて自動進級制を採用している。学習内容の理解の程度を問わず進級させる。習熟度別学習は応用されているが、学年枠を越えた指導は行われない。飛び級も認められていない。その結果、学習内容が理解できず、授業を聞こうともしない生徒が生じているのではないか。

また、日本の近代学校教育制度の確立に当たり、欧米諸国のものをモデルにしてきたこともあって欧米の教育潮流が中心で、近隣のアジア諸国やアフリカ、中南米地域の教育・文化理解やそれら地域の人々との教育交流は軽視されてきた。国際理解教育においても開発途上国の社会文化の理解、開発教育の促進が課題となっている。外国人児童生徒や帰国児童生徒の教育にみられたように、身についた外国文化や母語を尊重するのではなく、日本への適応を念頭に日本文化への同化傾向が強かった。いうなれば、多様な民族文化を尊重しつつ学習し合う多文化教育が実践されていない。インターナショナル・スクール、外国人学校は未だに私立学校として認められず各種学校扱いである。

これらの事情を踏まえつつこれからの教育は、国民教育に拘泥するのではなく、地球市民育成を目指す教育が重要であることを主張した。地球市民育成のためには国際人を志向する必要があるであろう。また、地方民、国民に加えて地域市民（アジア市民、東アジア市民）、地球市民などのアイデンティティの確立も大きな課題である。

地球市民育成の方法としては、アメリカ、カナダ、オーストラリア、イギリスなどの事例を参照しつつ、課題として個別指導、母語教育の重視、多文化教育、地球市民教育、創造性・文化教育などを取り上げた。制度面では、日本が均質化した社会であることを前提にした単一的教育システムを改革して多元的教育システムを確立する必要性があることを指摘した。今後、異文化の価値を認めて異質なものと共存・共生を図るシステム、多様な能力・個性を発揮しやすいシステムの構築が必要であると考える。

その際に、新しい共同体構築の例も挙げておいた。日本における京都「国際学生の家」、南タイの「平和センター」、スリランカの「サルボダヤ・シュラマダーナ運動」、ＡＳＥＡＮ・ＥＵ共同体などである。共同体の創造に当たっては、異文化の人々との対話にのみならず協働の重要性を訴えた。日本でも市民教育が実践されつつあるが、地域市民、地球市民のことまで考慮したケースはほとんどみられない。これらの共同体は、多元的教育システムを考えるうえで大変参考になると思われる。地球市民教育の実現のためにその利点を活用してもらえれば有難い。

さらに、地球市民育成に欠かせない国際教育協力について記述した。世界的に「万人のための教育（EFA：Education for All）」の実現が課題となっているが、それは容易なことではない。そこで、この章では、ＥＦＡを妨げている要因や工夫されている国際教育協力の実情および課題について調査に基づき報告した。

最後に、今後の実践的研究や具体像研究の課題を挙げた。

なお、第４章以降の内容が比較的長くなった。これは、筆者自身ならびに依頼した執筆者等がそれぞれ独自に行った調査結果の報告を内容としたので頁数を要したことを明らかにしておく。

上述のように、本書は、学校で行われている国際理解教育、外国語教育、多文化教育などの国際教育の実情と問題を明らかにし、今後、国民教育のみにこだわらず地球市民教育の実現に向けて必要とされる個別指導、母語教育、民族教育、多文化共生教育の重要性、ならびに多元的教育システムの構築を強調した。本書には、学校の教員や児童生徒の保護者のみならず、教育制度の改革に関わる政治家や教育行政官、日本の教育の将来を案ずる方々、ならびに教育指導や教育制度の国際的、比較的研究に取り組む教育研究者や大学院生等にも、ぜひ目を通してもらうことを願うものである。

二〇一五年一二月

編著者

多文化社会に応える地球市民教育——日本・北米・ASEAN・EUのケース

目　次

序章　地球市民育成の方法——全体の概要

本章では、各章における主な項目および章間のつながりを記述しつつ、本書のテーマである地球市民教育の要点を明らかにして、全体の概要について述べる。最後に「日本の学校教育の問題と変革」（図序-1）および「地球市民・グローバル人材育成の方法」（図序-2）と題する図を示し、本書の主旨を理解しやすいようにする。また、地球市民教育、グローバル人材の育成、国際理解教育、多文化教育、国際教育等の教育関係キーワードの定義も行う。

1　我が国の画一的教育状況

第1章では、社会の変化とそれに対応する教育、いうなれば地球市民、グローバル人材育成の必要性について記述した。現代社会では、国際化、グローバル化の進展に伴い人的交流が盛んになり、留学生、海外・帰国児童生徒も増加している。また、多言語化、多文化化、情報化状況も進行し、従来の工業化社会に対応した画一的教育の変革が迫られている。情報化社会、知識基盤社会では、共通文化の普及とともに個性的人材の育成が課題となっている。さらに、ナショナリズムの傾向、ウルトラ・ナショナリズムの弊害、インターナショナリズムの重要性、グローバリゼーションの展開、地球社会の出現を踏まえつつ、地球市民、グローバル人材育成の必要性を述べた。

地球市民は「私たちの生活に関わる様々なレベルの問題を地球規模で考え、問題解決のために自主的、主体的に私たちを取り巻く社会に働きかけていく人々」、グローバル人材は「国際感覚を備えた上で、積極的に海外へ出て行き、その経験を活かし、国内外のそれぞれの分野で活動や実践を行う人材」と定義されている。

環境問題、戦争と平和、人権保障、人口増加、食糧不足、経済格差など地球規模な諸問題に対する持続可能な開発教育の促進、E・O・ライシャワーが主張した世界共同社会（地球社会）の成員意識の向上のためにも地球市民の育成が必要であることを筆者は強調した。

第2章で述べるように、他方、我が国の教育の現状をみると国民教育中心で国際教育が重視されているとは言えない状況にある。二〇一〇年度から全国すべての公私立小学校において五、六年生が「外国語活動」として主に英語を学ぶことになった。しかも二〇二〇年度から正式の教科にされようとしている。日本は、前述のように多言語社会になりつつあるのに、外国語として英語のみに拘泥するのは不自然に思われる。韓国人や中国人住民が多い地方では韓国語や中国語を教育するということがあってもよいのではないか。とりわけ、日本が存在するアジア地域の言語をアジア理解促進の意味も込めて学習すべきではないか。各地方や各学校において特色をもつ独自性を発揮し難い点、いわゆる画一的教育になっていることも大きな問題である。

国際理解教育も、近年重視され、小中学校では社会科、国語、特別活動、生活科などの教科、ならびに総合的な学習の時間に取り組まれている。ただし、総合的な学習の時間には、環境教育や健康と福祉などの分野もあって学校によって必ずしも国際理解の時間が多いわけではない。

その教育内容には、異文化理解、国際組織活動、グローバル・イシューといわれる平和、人権、開発、環境問題なども含まれる。従来、一九八九年の学習指導要領に見られるように異文化理解や平和・人権教育とともに「日本の文化と伝統の尊重」が強調されてきた。しかし、一九九〇年代以降、南北問題に焦点が当てられ開発途上国の社会・経済・文化等に関連する事項も開発教育として取り上げられるようになった。二〇〇〇年代に入り、持続可能な開発のための教育（ESD：Education for Sustainable Development）がクローズアップされ、地球的視野からみる開発問題が脚光をあびている。これは、元来、開発途上国の開発を主要対象としていたが、その後先進国も含めグローバルに検討されるようになっている。いずれにしても、我が国の国際教育では、開発途上国の社会経済や文化の理解を深めようとする開発教育は重視されず、実際の教育の場において活用されることはあまりなかった。

他方、帰国児童生徒、外国人児童生徒は増加傾向にある。帰国児童生徒数は、二〇一四年度で合計は約一万人、外国人児童生徒数は七万人余りで、その中、日本語指導が必要な一時滞在者は二万七〇〇〇人程であった。日本の学校では、彼らに対し、学校生活や学習内容・方法に慣れさせ学校に円滑に適応できるようにさせるため適応教育が重視されてきた。とくに、日本語教育、生活指導に力点が置かれた。そして、外国で身につけた外国語能力や態度、あるいは外国人児童生徒が有する言語や文化の特性は軽視されがちであった。換言すれば、日本の学校文化、生活習慣、学習方法などを押しつける同化主義、または身につけている文化を抑圧する奪文化化につながる教育が行われてきた。その結果、異文化を尊重する多文化教育に重点が置かれなかった。第2章第2節で見るように、そのことは、日本の学校において、韓国・朝鮮人、中国人、アイヌ等に関する民族教育が軽視されてきたこと、外国人学校やインターナショナル・スクールが私立学校として認められず各種学校扱いにされていることなどに表れている。

日本の大学教育も、伝統的に国内志向で、国際的に活躍する人材の育成を想定してこなかった。例えば、高等教育機関の外国人留学生を増やす計画は概ね実施されてきており、一九九八(平成一〇)年度に一〇万人を超えるに至っている。二〇一四(平成二六)年度には一三万九一八五人であった。しかし、留学生と日本人学生が交流し異文化体験を積ませようとする工夫はあまりみられなかった。日本で設立されている留学生寮は、留学生のみが居住し、日本人学生も同居しているところは少なかった。

他方、第3章第1節(2)にみるように、大学では国際化・グローバル化に対応してグローバル人材の育成を目標に掲げ、各種の国際化・グローバル化プログラムを展開している大学も増えている。神戸大学の「国際公務員養成」プログラム、関西大学の「国連学生ボランティア」プログラム、東京大学の「国際開発農業専修」プログラム、恵泉女学園大学の「フィールド・スタディ」プログラム、などである。いずれのプログラムも一〇~二〇日間の短期、または五~六ヵ月の海外研修を課している。ねらいは良いと思うが、それだけの研修で異文化を理解し、多文化共生の重要性、適切な方法を把握できるのであろうか。その他、京都大学の革新的プログラム、および韓国の国際化への対応を意識した才能教育の展開(石川裕之担当)も紹介した。

第2章第1節(3)および第2節で言及するように、我が国の国際教育においても画一的教育、地球的視野の欠如、同化主義、奪文化化傾向、大学における国内志向が強くみられることが理解できた。日本の学校教育では、集団中心主義、年齢主義、学年制、自動進級制などが一般的な特色となっている。多くの学校では、細かい学則を制定しており、これが自由な学校運営をはばんでいる。小学校の学級の標準クラスは四〇人と定められ、一人の担任教師による一斉授業が普通であり、少人数クラスの導入は難しい。習熟度別学習が行われても学年枠を超えた学習指導は許されない。要するに児童生徒一人ひとりの能力、学力に応じた指導、個別学習が困難な状況にある。こうした伝統的かつ硬直的な学校・学級運営制度、教育方法に拘泥していて、新しい国際化、グローバル化に対応できるのであろうか。

我が国の学校教育は、明治時代以来、国家主導により、中央集権体制の下に整備されてきた。国民に近代教育を普及させながら、国民意識を育て一定の学力、技能・技術を身につけさせようというねらいは、この国民教育制度により達成されてきた。しかし、これから求められる個性教育、国際教育の充実のためには、この種の教育制度が改革の壁になっているのではないか。

2　国際力を身につける地球市民教育のあり方

とりわけ国際化、グローバル化時代には、国民教育に加えて、地球市民教育が必要であろう。地球市民には多文化を理解し、世界の人々と対話しつつ身近にある地球規模の問題に積極的に対処して新しい社会を築いていく行動力、共創力を養うことが要請される。また、地方市民、国民に加えて、アジア市民、東アジア市民などの地域市民、ならびに地球市民のアイデンティティを自覚することも大切であろう。そのような特性を備えるということは、いわば国際力を身につけることである。第3章第2節において、そうした国際力に関し木の根、幹、葉の生長になぞらえて考察してみた。

国際力を有する地球市民を育成するためには、個性教育、多文化教育、多言語教育、民族教育等を実践することが肝要であろう。しかし、第2章第2節で強調するように、単一システムによる画一的教育に依存しているのでは、その実現は困難である。そのためには、単一システムを変革して、多様な価値、文化、生活様式を認め、独自性をもった個性、世界で活躍する国際的行動力を発揮できる人材を育成する多元システムの確立が不可欠と思われる。こうした国際力を身につけさせようと国際理解教育の工夫を行っている実践例を第3章第1節で考察した。

それらは、韓国・朝鮮の文化・言語を学習する小学校、留学生等のゲストティーチャーの話を聞いて異文化・自文化の理解を深める中学校、アジア諸国への海外研修・スタディツアーを実践する高等学校、帰国生徒との共同学習を促進する中学校・高校などである。また、第3章第2節で、単一システムを変革して多元システムを構築していく重要性を指摘した。

多元システムとは、異文化の価値を認めて異質なものに対処していくシステムであり、異質で多様な文化を持つ人々が共存・共生していけるように工夫されたメカニズムを指す。同質的な日本人ばかりで生活してきた画一的社会を変革し、日本人と異質な外国人、あるいは外国の文化を身につけた帰国日本人が協働で新しい社会を創造していく多元システムの構築を考えなければならない。教育においても、中央政府が計画して全国一斉に同一の教育を実施するのではなく、地域、地方、学校、教育センターなどにおける自由で柔軟かつ多様な発想を鼓舞する多元的教育システムの確立が大きな課題なのである。

第4章において、国際力を身につける地球市民教育のあり方に関し、アメリカ、カナダ、オーストラリア（見世千賀子執筆）およびイギリス（渋谷恵執筆）における教育の特色、ならびに近年の教育改革動向、新しい教育の工夫などを検討した。それらの国々では、次のような特質がみられた。

①人権の尊重、社会的公正への配慮、②多文化理解、児童生徒の個性尊重と個別教育の重視、

自尊心の向上、③母語（継承語）の尊重、④対立・摩擦・葛藤の克服、共同学習の実践、⑤ローカル市民と同時に地球市民の自覚、⑥多文化社会における文化の創造性教育、などである。

複合民族から成る多文化社会では、民族間の葛藤、対立があり社会の分裂や紛争を引き起こすケースも少なくない。今後、国際化、グローバル化、情報化が進展すれば国家間、民族間、異文化間の交流が進み国際協調・協力の促進が期待されるが、他方では、異文化を背景とする人々の葛藤、対立、抗争が増えることも予想される。第5章においてそうした観点から、文化の異なる人々が多元システムを応用し、あるいは多元システムの確立を目ざして、新しいコミュニティや共同体を構築している興味深いケースをみてみた。取り上げたのは次の例である。

①　京都「国際学生の家」：外国人留学生と日本人学生が共同生活を行いつつ国際共同社会の確立を目指している。

②　南タイの「平和センター」：ヤラー市でイスラーム教徒と仏教徒との融和を目的として両者の対話、ならびにヤギ、牛の飼育、オイルパームの栽培を協働で行いつつ新しい共同体の構築を図っている。

③　サルボダヤ・シュラマダーナ運動：アリヤラトネ博士がスリランカで始めた地域開発運動。参加者は自己の存在のあり方に目覚めつつ、労働を分かち合って、これまで分裂しがちであったシンハリ族とタミル族、貧困者と裕福者、農民と町民等による平和な共同社会の確

立とその発展を試みている。

④ASEAN、EUの教育：ASEAN（東南アジア諸国連合）一〇ヵ国、EU（ヨーロッパ連合）二七ヵ国が、新しい地域共同体（Regional Community）の確立に向けて各種の工夫を行っている。加盟各国は、元来、独立した別々の国々であったが、相互交流を図り、相互理解を深めつつ国民意識に加え共通の地域市民（ASEAN市民、ヨーロッパ市民）を自覚させようとしている。

地球市民となるには、基本的に基礎教育を受けることが必要である。世界的に見るといまだ初等教育、前期中等教育を受けていない子どもたちが大勢いる。そこで、すべての子どもが教育を受けることができるようにすることを目標に、一九九〇年にタイのジョムティエンで開催された世界会議において「万人のための教育宣言（EFA：Education for All）」が決議された。しかし、その後一〇年を経ても目標達成には程遠い状況であった。そこでまた、二〇〇〇年にセネガルのダカールにおいて「世界教育フォーラム」が開催され、EFA達成のための目標や方法が討議された。そして「ダカール行動枠組（Dakar Framework for Action）」が採択された。ダカール会議において二〇一五年までにEFAの実現を目指す目標が採択された。

実際には、EFAの実現は容易ではないことが明らかになってきている。とくにアフリカ、南アジア、東南アジアなどの開発途上国においてそのケースが散見される。いかなる問題がE

FAの実現を拒んでいるのか、あるいは開発途上国において近代基礎教育を受けるということは地球市民育成にとっていかなる意義を有するのか、第6章において、国際教育協力の実態を視野に入れつつ調査に基づきいくつかのケースを考察した。

一つは、アフリカにおける初等教育の普及状況である。ケニアのラム県ラム島の小学校における地域格差の問題、多様な住民の移動に伴う学校の多文化への対応の必要性などを取り上げつつ、近代初等教育を子どもたちが受ける意義について考察した（内海成治執筆）。二つ目は、アフガニスタンとインドネシアにおける障がい児教育の普及問題である。とくにインクルーシブ教育の環境整備の観点からアフガニスタンにおける障がい者教育の実態と国際支援の実態を明らかにした。インドネシアでは、障がい児教育に関する日本・インドネシア協働授業研究会が実施され、特別支援教育の質的向上に寄与した事情が紹介された（中田英雄執筆）。三つ目は、タイにおける移民労働者の教育である。移民労働者の子どもは、移民した国の市民と認められておらず、就学が困難なため不就学児童が多い。タイにおけるミャンマーの児童の就学状況と彼らへの国際NGOの支援、支援ネットワークの形成などについて記述した（野津隆志執筆）。

終章において、地球市民およびグローバル人材の育成に際し、個人面および制度面において重要と思われる事項をまとめた。また、教育システム改革の必要性、いわば単一的システムから多元的システムへ変革する際の留意点を述べた。とりわけ、新しい共同体の創造のために要請される、「われ・なんじ・われわれ」の関係、共感・共通性の認識、あるいはグローバル公民性の確立、共同学習の実践、多文化共生のあり方などについて言及した。

万人のための教育（EFA）の実現のために国際教育協力が不可欠であるが、近年盛んに取り組まれている南南教育協力のケースについても触れた。

最後に、研究課題として地球市民・東アジア市民育成の具体的な方法に関する実践的研究、および多元的教育システムを実現する具体像研究の必要性を指摘した。

なお、本書で使用する教育関係のキーワードに対する定義を行っておく。

• 地球市民教育：グローバル化社会に対応して従来の国民教育、地方市民教育に加え、宇宙船地球号の一員である地球市民の育成を目指す教育。その基本に市民性教育がある。それは、自主的、行動的な市民の育成を目指し、異文化に対する理解・寛容・尊重、および人権・環境保全などに配慮しつつ批判的思考力、問題解決能力、民主的社会参加を図る。この市民性教育を世界の人々に適用し地球市民アイデンティティを自覚させようとするものである。

• グローバル人材の育成：グローバル人材は、地球社会における各種の活動を主体的に企画運営しつつ地球的課題に取り組む人材であり、その人材育成のためにコミュニケーション能力、論理的思考力、創造力の向上、国際的視野の涵養などが検討されている。

• 国際理解教育：国際的な意識、能力、態度、資質を持つ児童生徒を育成する教育。地球市民の基本条件を学ぶ。一九八二年のユネスコ国内委員会は、国際理解教育の中心目標として、「人権教育を基盤として、他国・他民族・他文化に対する理解と国際的相互依存の意識の基づく世界連帯意識の養成、すなわち国際理解と国際協力の態度の育成」をあげている。

- 多文化教育：文化的背景の異なる児童生徒が一緒に教育を受けつつ自尊心を踏まえて学習意欲を高めるように、公正かつ平等な教育を提供する。特に、マイノリティの文化的多様性を認めて社会的平等の確保を志向する。地球市民が生活する多文化社会における教育を重視する。
- 多文化共生教育：多文化教育を行いつつ、人種、エスニシティ、性など文化的背景の異なる児童生徒が互いに各文化を尊重しつつ平和的な共生の確立を図る。地球市民にとって不可欠な平和共存・共生のあり方を学ぶ。
- 国際教育：国際的な視点を内容に含んだ多様かつ広範な教育活動を指す。それには、国際理解教育、帰国・外国人児童生徒の教育、市民性教育、地球市民教育、グローバル人材の育成、多文化教育などが含まれる。

また、本書の内容の主旨に関し、「日本の学校教育の問題と変革」と「地球市民・グローバル人材育成の方法」と題して理解しやすいように下記の図で示した（図序-1、図序-2）。

図序-1は、社会変化（A）に対応して、日本の学校教育の実情はどのようになっているか、

図序－1　日本の学校教育の問題と変革

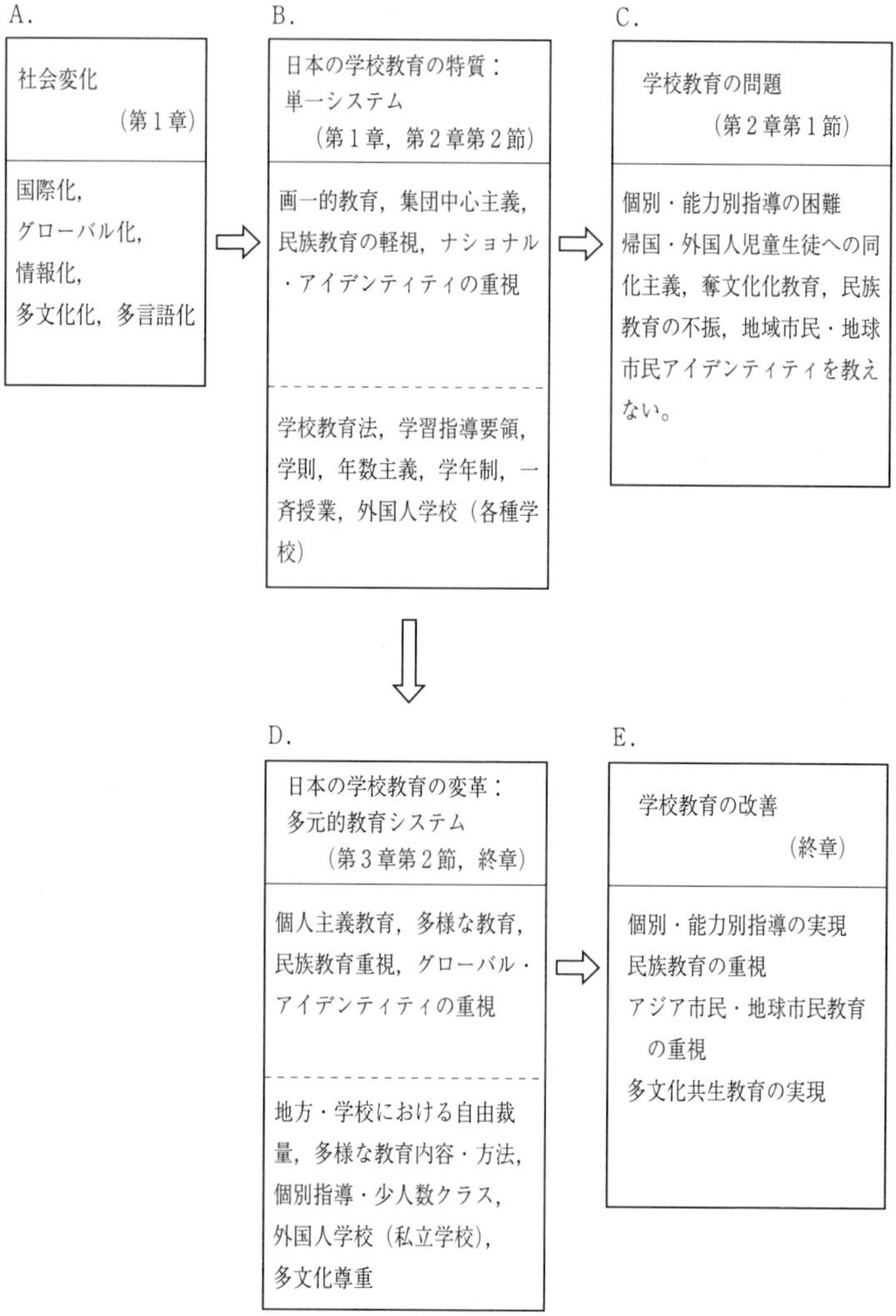
A.
社会変化
（第1章）
国際化，
グローバル化，
情報化，
多文化化，多言語化
B.
日本の学校教育の特質：
単一システム
（第1章，第2章第2節）
画一的教育，集団中心主義，
民族教育の軽視，ナショナル
・アイデンティティの重視
学校教育法，学習指導要領，
学則，年数主義，学年制，一
斉授業，外国人学校（各種学
校）
C.
学校教育の問題
（第2章第1節）
個別・能力別指導の困難
帰国・外国人児童生徒への同
化主義，奪文化化教育，民族
教育の不振，地域市民・地球
市民アイデンティティを教え
ない。
D.
日本の学校教育の変革：
多元的教育システム
（第3章第2節，終章）
個人主義教育，多様な教育，
民族教育重視，グローバル・
アイデンティティの重視
地方・学校における自由裁
量，多様な教育内容・方法，
個別指導・少人数クラス，
外国人学校（私立学校），
多文化尊重
E.
学校教育の改善
（終章）
個別・能力別指導の実現
民族教育の重視
アジア市民・地球市民教育
の重視
多文化共生教育の実現

出所：筆者作成。

図序－2　地球市民・グローバル人材育成の方法

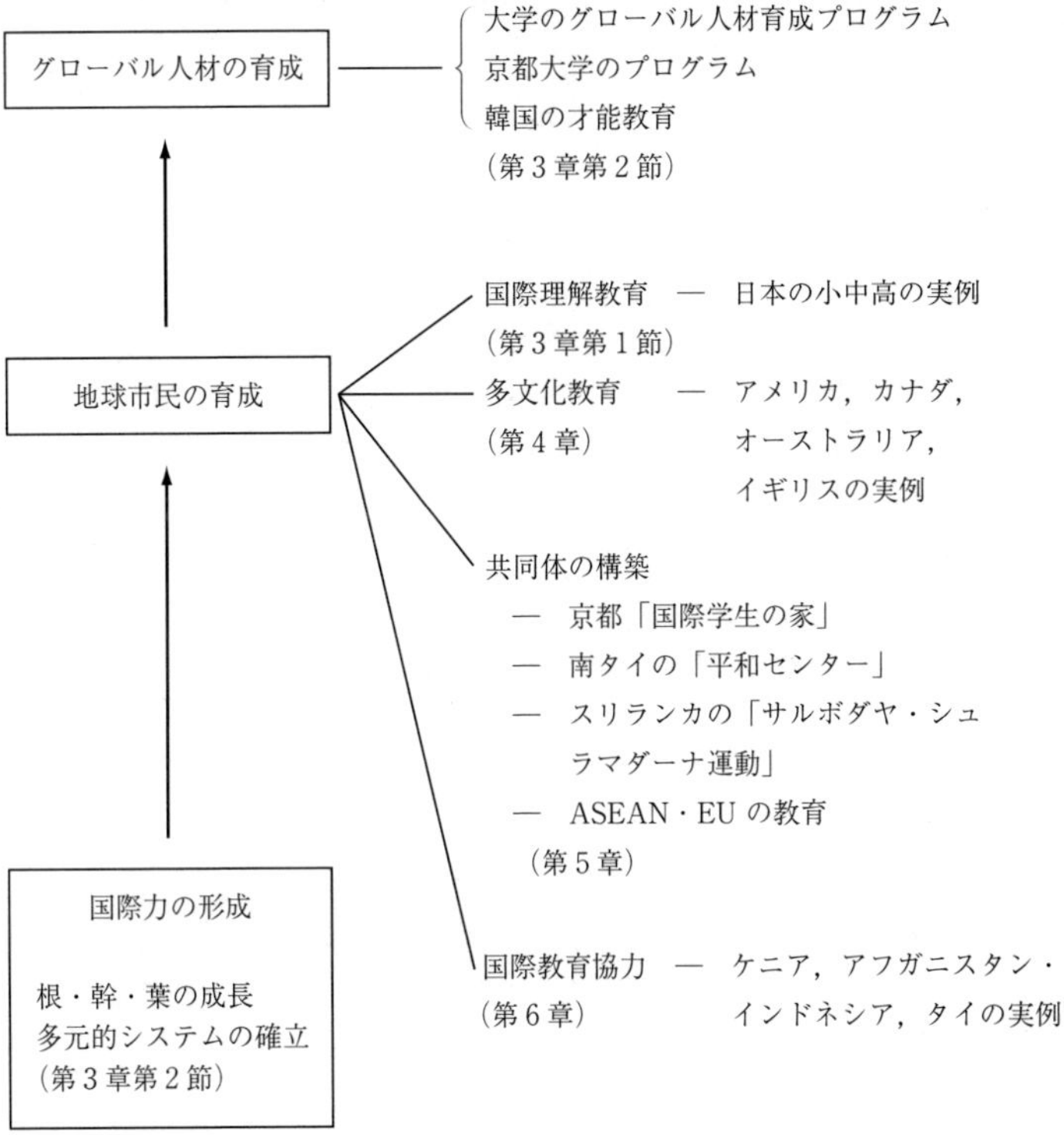

出所：筆者作成。

その特質（B）を示した。特に学校教育にいかなる問題があるかを指摘し（C）、その問題解決のためにいかなる学校教育の変革は必要であるか（D）を提示した。その変革が実現されれば、学校教育がどのように改善されるようになるか、重要項目（E）も示した。

図序-2は、地球市民・グローバル人材育成のためにいかなることが必要であるかを示している（教育、協力、協働など）。

まず、下の方形において、基本的に国際力の形成が必要であり、その内容を木の成長になぞらえて根、幹、葉として説明したことを明らかにしている。また、学校教育システムを単一的なものから多元的システムに変更する必要性を提示している。

中の方形では、具体的な地球市民育成のための教育として、日本における国際理解教育の実例、ならびに諸外国における多文化教育・多文化共生教育のあり方や実践例を挙げたことを図解した。文化の背景が異なる人々が共同生活をすると摩擦、対立、紛争が起こりがちである。そうした問題を乗り越えて、異文化の人々が平和に暮らす共同体構築の試みを取り上げた。それらは、日本のみならず南タイやスリランカの例、それにASEAN・EU共同体の教育も参照した。地球市民になるには、基礎教育を受ける必要がある。それを十分に受けていない子ども達のために国際教育協力が行われている。その実例もあげた。

上の方形において、グローバル人材育成のために、日本の大学でいかなるプログラムが実施されているかを考察した。また、韓国における才能教育の考え方や英才学校の運営方法も検討したことを示している。

第1章　社会の変化と教育——国際化・グローバル化・情報化への対応

現代の社会変化の特徴として国際化・グローバル化・情報化が挙げられる。それに伴い多言語化、多文化化も進行しており、それらの変化に対応した教育変革が求められる。さらに、ナショナリズムの進展、国民国家の弱体化、インターナショナリズムの重要性、グローバリゼーションの進展に伴う地球社会の出現を視野に入れつつ、これからの地球市民、グローバル人材育成の必要性を述べる。とりわけ、E・O・ライシャワーが強調した世界共同社会（地球社会）における世界市民（地球市民）意識形成の重要性を指摘する。また、地球市民、グローバル人材の定義も行うとともに、地球的視野で考え、国際感覚（インターナショナル・マインド）を身に付けて自発的、主体的に行動することの意義を考察する。

1　人的移動・交流の増加と国際化・多文化化

交通手段の急速な進歩により、人々の移動が容易となり、それに伴い人的交流も盛んになっている。それは、留学生、海外勤務者、海外の学校就学者、外国人児童生徒、海外旅行者の増加となって表れている。

留学生では、日本人で海外への留学生は減少傾向であるが、二〇一二（平成二四）年で六万一三八人、日本へ留学している外国人留学生は増加していて、全体で一三万五五一九人であった。二〇一三（平成二五）年四月で義務教育段階の日本人の子ども約七万人余りが海外で生活し、在外教育施設（日本人学校、補習学校）や現地校に就学している。また、日本に在住している外国人児童生徒は、二〇一四年度に小中高校を合わせて総数約七万三〇〇〇人であった。その中ニューカマーで日本語指導を必要とする外国人児童生徒は、約三万人であった。その他の四万人余りは日本生まれ日本育ちの永住外国人児童生徒である。日本の海外旅行者は二〇一四年で一年間に約一八〇〇万人、海外からの観光客も約一三〇〇万人を超えるようになった。いうなれば、現代世界はボーダーレス世界、国際化社会になっているのであり、人と人、国と国の相互依存関係は一層深まっている。

異文化を持つ人々の交流増加とともに、日本の各地において異文化を背景に持ち外国語を話す人々を多く見かけるようになってきている。都市における電車やバスの案内に英語ばかりでなく中国語、韓国語も聞かれるようになってきた。京都、奈良などの観光地のガイドのチラシでも、英語、中国語、韓国語に加えてインドネシア語やタイ語のものも散見される。また、日本の企業においても外国人労働者を多数雇用するようになっているし、職場で使用する言語を英語に限定している会社も現れている。

日本は、明治時代以降、近代国家を整備し日本語を国語として定め日本民族に対する国民教育の普及により、国家発展を図ってきた。その際、単一言語、単一民族で構成される国家を前提としてきた。しかし、近年、日本は多様な言語を使用する多様な民族が一緒に生活する社会に変化してきて、異なった考え方、生活習慣、行動様式を持つ人々が混住する社会になってきている。いわば、多文化社会、多言語社会が到来しているのである。

二〇一一（平成二三）年以来、日本の小学校には外国語活動として主に英語教育が導入された。ただ、中学校の外国語教育、高等学校の外国語選択教科にしてもほとんど英語のみの提供となっている。多言語社会に生きる青少年の外国語教育としてこれでよいのであろうか。また、行われてきた国際理解教育において異文化理解の対象国として取り上げられるのは欧米諸国が多く、アジア諸国、アフリカ諸国は少なかった。開発途上国の問題を取り扱う開発教育もあまり組み込まれなかった。世界における異文化の理解、異文化との交流を重視する多文化教育の進展にとってこうした国際理解教育は大きな問題と思われる。

もっとも日本人は伝統的に日本人同士で付き合い生活してきた関係から、外国人と話し合う、交流するということになると違和感、あるいは恐怖感があったと思われる。外国人、特に白人と英語で話すことはできないという思いが強かった。最近では、前述のごとく近くで外国人を見かけて会話したり、勤務の店で外国人と一緒に働いたりする機会も増え外国人に恐怖を覚える傾向は薄らいでいる。一方で、外国人は「日本語がわからない」、「英語などの外国語は日本人にはわからない」という思い込みも強かったように思われる。閉ざされた日本語のみの世界に住み、日本語は特殊で外国人には理解しにくいと思い込んできた。しかし、日常接触する外国人で上手な日本語を話したり、日本語の漫画の本を読んだりしている人も見かけるようになってきた。こうしたさまざまな外国人との接触・交流体験を通して日本人の意識は国際化、多言語化しつつあると感じる。

生活習慣、信条、宗教、文化などが異なる人々が交流し一緒に暮らす社会となれば、相互のあつれき、摩擦、抗争なども多くなりがちである。現に、最近、中近東、アフリカ諸国、欧米諸国において民族・異文化対立による紛争やテロが頻発している。異民族、異文化の接触・交流により対立や抗争を引き起こし、社会が分裂・分離してしまうのではなく、異質な人々がいかに共存・共生していくか、そのために何が必要で、いかなる教育が求められているかを考察・究明していかなければならないであろう。

一九七一年にOECDから日本に派遣された教育調査団が公開した「日本の教育政策に関する調査報告」は、当時の日本に求められるのは「世界参加のための教育」であり、そのために「世界性を持つ人材の養成」を強く要請していた。世界性というのは、国際性すなわちインターナショナリティということに他ならない（相良、一九八五年、一八三頁）。このことは、国際化、グローバル化、多文化化が進む今日、一層その実現が期待されるはずである（相良、一八三頁）。

2　情報の高度化

一九世紀から二〇世紀にかけて欧米や日本などの先進国は、工業生産に力を入れ資本主義経済を中心とする近代工業化社会を構築してきた。しかし、二〇世紀後半になると工業化による大量生産、大量消費の影響により、資源の枯渇、環境汚染の問題が深刻化し、脱工業化の動きが顕著になってきた。

日本においても工業化社会を発展させるために、もの作りに有用な技能、技術を備え、日本型経営に適した規格化された労働者、経営者等の人材を育成してきた。日本的経営では、規格管理、年功序列、終身雇用、合議制などを特色とした。しかし、脱工業化により、ソフトウェアーを中心とする情報化社会となれば、画一的に規格化された労働者より個性的で豊かなアイデアを持ち多様な能力を発揮できる人材が要請される。いうなれば、同じ質の人的能力者ではなく個性を持った多様な人材の育成が課題となっている。

技術革新により人工衛星や光ファイバーなどを使用し情報ネットワークが発展した社会では、世界の人々が容易に情報を交換し、世界の情勢も早期に入手できるようになった。とりわけ、情報通信技術（ICT）は、情報の取り扱い方、コミュニケーション方法に影響を与え、工業化社会から情報化社会、知識基盤社会へと変化させる原因となっている。

子ども達もメディアを使ったゲームに夢中になり、携帯電話、スマホ、デジタル機器などのインターネットを活用して友人とコミュニケーションやゲーム遊びを行っている。Facebook や Twitter などのソーシャルメディアを使った情報交換も盛んである。場合によれば、そうしたサイトを使って、いじめの書き込み、誹謗中傷メールを友人に送りトラブルが発生するケースもみられる。また、ネットゲームに夢中になり、勉強時間や睡眠時間が減り疲労で健康を害するケースもある。

こうした情報社会の到来に備え、学校においても教育の情報化対策が取られつつある。IC

Ｔ機器の活用、電子黒板やデジタル機器を使った授業が展開される。外国の学校とテレビ電話を利用した共同授業も可能である。

情報の交換・普及が進むにつれ、若者や子どもが享受する文化が共通化してくる。コーラを飲みハンバーガーを食べつつ、人気のあるアニメを楽しみ、テレビに写し出されるサッカーゲームに興じる子どもは世界中にみられる。それとともに、各地に残る伝統文化や生活も変容を迫られる。一方で、地域や学校では伝統行事、伝統文化の保持に努めようとする。こうした共通文化の普及と伝統文化の保持との葛藤は、場合によれば狭いナショナリズム、民族主義、地域主義などを高めることもあり得よう。

いずれにしても、情報化社会の進展により個性的な人材の育成が課題となり、伝統文化が変容を迫られ、従来の工業化社会に対応した画一的教育の変革が求められているといえよう。

3　地球市民・グローバル人材育成の必要性

前述のように、国際化・グローバル化社会、情報化社会の普及とともに、人・モノ・情報の交流・交換が国境を越えて急速に進展するようになっている。経済の面では、一国の経済では国際競争を行うことが困難なため、ＥＵ、ＡＳＥＡＮ、ＮＡＦＴＡなどの地域共同体を構築して、物資や貨幣の円滑な交換や通貨の統一を進めて経済的国際発展を図る動きも見られる。それとともに人々の意識やアイデンティティも自分の地方（コミュニティ）や自国にとどまらず、他国、他地域、世界へ向けられるようになってきている。

近代国家成立以降、ナショナリズムが強調され、国家、国民、民族などを表面に押し出し、その存在や価値、利益を重視し、特定の国民や民族への帰属意識を価値体系上、優位に置いてきた。そのことは、第一次世界大戦前からの帝国主義時代の欧米諸国、第二次世界大戦後の被植民地国から独立した第三世界諸国においても見られたことであった。しかし、ナショナリズムが度を踏み外し、ウルトラ・ナショナリズムになると大きな問題を引き起こした。第二次世界大戦におけるナチス・ドイツ、ファッショ・イタリア、帝国日本は、まさしくウルトラ・ナショナリズムに陥り、人類は世界大戦の惨禍を経験した。

ウルトラ・ナショナリズムに基づく教育では、教条の教え込み教育（インドクトリネーション）が横行し、特定の政治的イデオロギーを強制的に注入しようとする。同時に極端な排外的教育が行われ、教育の自由は失われてしまう。

こうしたナショナリズムの行き過ぎを繰り返さないためにインターナショナリズムに救いが求められた。インターナショナリズムは、ウルトラ・ナショナリズムをチェックするという消極的機能に終わるものではない。それは、「国際社会は一つの共同体であり、全人類はその共同体を構成する同胞であるという自覚や連帯感を要請する崇高な理念」を包含している。現代において世界各国の相互依存の度合いが強まり、国際協力、国際協調が求められているが、インターナショナリズムの理念を発揚し、その実現を図るとともに人類社会の共存共栄と世界平和をもたらすことが肝要である（相良、一八〇～一八三頁）。

他方、一九八〇年代以降、急速な各国の相互依存関係の強化とグローバル化の進展に伴って国民国家は弱体化しつつあるといわれる。その主な原因は、第一に各国が国際化され、生産システムが国内にとどまらず国境を越えて地域（リージョン）へ移行されたこと、また、一国経済のグローバルな資本循環への統合が促進されたこと、一国の貨幣が国際通貨へ従属させられたこと。第二は、地球規模の課題（環境破壊・汚染、地域紛争、食糧問題、人口問題など）から発するリスクに基づく挑戦の増大により国家のパワーが弱められたこと。第三に、増大する地域組織（パン・リージョナル）、国境を越えた国家間組織および国際的団体へ国家機能が委譲されたり、国家機能が国内の地方や地域レベルに分権化されたりしたこと、などが挙げられている（田口・鈴木、一九九九年、二三三～二三六頁、二四八～二六六頁）。

では、グローバル化（グローバリゼーション）とは、何を意味するのであろうか。それを考察する前に、国際化とグローバル化の主な相違点をあげておく。国際化は国家の側から世界を見つつ国民として問題を考えるのに対し、グローバル化は地球という惑星の観点から地球全体を見渡そうとする、いわば地球市民としてどうすべきかが問われる。その課題からみると次のような特色があることが理解される。第一に、グローバリゼーションは、国境を越えるヒト・モノ・カネ、それに情報や技術の移動の拡大に伴い、それらの越境的な移動を支えるために必要となった装置や組織あるいは技術を指す。第二に、現代世界のイデオロギー、あるいは特定の政治的実践・企図などの普及を意味する。例えば、企業の民営化や規制緩和、IMFや世界銀行などの国際機関の活動、世界的多国籍企業の活動の影響などである。第三に、交通や通信技術、コンピューターの発展に支えられて、国境を越えたさまざまな活動の拡大・深化と捉える。最近ではテレコミュニケーションといわれる通信手段で従来と異なる規模と早さで世界が結びつくようになった。こうした観点から時間と空間の再編成を指す。第四に、近代の知の枠組みの変化と捉える。近代世界の基盤であった国民国家システムが大きく変化してきており、国家を基盤としてきた知の体系の組み換えを意味する（伊豫谷編、二〇〇二年、九〇〜九二頁）。

我が国の近代化の歴史的経緯をみると、西欧化と言われてきたように先進国の欧米諸国をモデル視し、近隣のアジア諸国や開発途上国との関係を重視してこなかった。いうなれば、イギリス、ドイツ、フランス、アメリカなどの欧米諸国を近代化、開発促進における主要な中心国とみなして優位性を置き、他方、アジア諸国や開発途上国の文化や価値を軽視してきた。いわば、脱亜入欧と呼ばれる歴史的傾向である。しかし、これからはグローバル時代、相互依存の時代であり、近隣諸国や開発途上国が独自性ある文化・価値を持つことを認識し、グローバルな立場から多文化間の相互作用、それに基づく新たな文化・価値を有する社会を創造するべきであろう。また、西洋対非西洋、北と南といった短絡的な比較文化論は避けるべきである。日本を含めたアジア諸国が独自性を維持しながら文化・価値の総合発展が可能になる道を探すべきではないか。その際、多様な個別的文化を横断的に通底する文化的共通性を見出すことも肝要であろう（増渕、二〇一〇年、二八～三四頁）。

上述のようなナショナリズムの進展、ウルトラ・ナショナリズムの問題、インターナショナリズムの意義、ならびに国際化・グローバル化の影響、国民国家の弱体化、文化的共通性の必要性、市民の拡大などに配慮しつつ、地球市民、グローバル人材の育成について考察する。

国内、地域内における多文化、多言語化が進展するとともに、異なる文化を持つ人々の相互理解と、共存・共生が課題となっている。他方、異文化の人々が遭遇すれば、あつれき、摩擦が起き、場合によれば、紛争・抗争に発展する場合もある。その結果、人々が別々の地方に住み、地方社会が分離状態あるいは分裂状態になるケースも多くみられる。そうした状態に陥ることなく、異文化の人々が互いに理解を深め、人間尊重を確認しつつ新しい平和な共同社会を創造していく必要に迫られている。

一九八〇年代に東南アジアでは反日運動が盛んになったことがある。日本の会社員の中には、日本の会社がタイやインドネシアに進出して現地の人を多く雇い雇用機会の増大に貢献し、便利なものをたくさん提供しているのに、何故嫌われ反日運動につながるのか理解できないという声があった。もちろん、経済的背景として日本製品の増加により輸入過多となり経済的赤字になっているという問題は基本的に存在した。しかし、社会的な対応の面でアメリカ人、カナダ人、オーストラリア人、イギリス人などの欧米人のビジネスマンと日本人ビジネスマンの相違は、彼らはビジネスマンとしてではなく一市民としてボランティア活動をしているケースが多いということである。現地の人々と同じ市民として直接知り合い、コミュニケーションの輪を広げるということは大切なことである。日本の会社員はビジネスに専念し、ボランティア活動を行うことはほとんどなかったと思われる。地位や職業の違う者が同じ市民としてともに働く、異なる文化の人々が生活者として社会に参加する。このことを見ても、これからの市民の考え方、あり方として検討に値すると思われる。

まず市民について考えてみると、市民とは「操作されやすい大衆との対比で、自発的、主体的に政治に参加する人々」(『現代政治学小辞典』)を指す。その意味を含めて、下羽友衛は、『地球市民になるための学び方』において地球市民を「私たち生活者の利益を守るため、私たちの生活に関わるさまざまなレベルの問題を地球規模で考え、問題解決のために自発的、主体的に私たちを取り巻く社会に働きかけて行く人々」(下羽友衛/東京国際大学国際関係学部下羽ゼミ編著、二〇〇五年、二一頁）と定義している。また、渡部淳は、地球市民であることは、「地球上に生きる人間としての生きる姿勢の問題」であり、「自分の足元から世界を見る視点をもち、同時に世界の動きの中に自分の生き方をすえて考える視点を持つこと。結局その両方を持つ人が広い意味で国際感覚なり、地球市民感覚をもつ人だということになるのではないか」、また「自分の国の利益だけにとらわれず、より広い普遍的な発想を持てる人」（渡部、二〇〇〇年、二〇八頁）と述べている。

前述のようにグローバル化、多文化化が進み、世界の人々は多様な文化や価値観を持つ人々と協力・協調しつつ共存・共生していかなければならなくなってきている。そうであれば、多文化社会と向き合い、身の回りの問題を地球的視野で考え、自発的、主体的に行動する市民が必要とされよう。

また、一九七〇年代以降、グローバル・イシューといわれる地球的課題が顕在化してきている。地域内から地球規模までの環境汚染に環境破壊、人口・貧困問題、国内および国家間の経済格差（南北問題）などが世界各地でみられる。それにアフリカ、南西アジア諸国に多い未就学の児童、非識字の子どもや成人の問題なども未解決のままである。

地球規模で広がる環境汚染の問題、開発に伴う貧困や格差問題、ならびに人権保障の問題が顕在化するにつれ、持続可能な開発を総合的に取り扱うことが一九八〇年代から注目された。

「持続可能な開発」の概念は、単に環境問題のみを対象としたものではなく、開発や貧困、平和、人権、保健衛生、ジェンダー、食糧など多くの問題を包含している。これらの諸問題の解決に向けた各種の教育（環境教育、開発教育、人権教育、国際理解教育、平和教育、ジェンダー教育など）が、従来、個別的に実施されてきた。しかし、一九八〇年代に地球環境問題が現われて以来、これらの諸問題が相互に密接に関係しているとの認識が進み、上述の分野別教育を総合的に取り組むことが必要となり持続可能な開発のための教育（ESD：Education for Sustainable Development）が検討されるようになってきている。

持続可能な開発には、環境、経済、社会（平和、人権、平等公平、文化的多様性の保障など）、政治の四つの側面を含むと考えられてきた。しかし、多くの取り組みにおいて、環境、経済、社会の三つの側面が強調され、政治は重視されてこなかった。持続可能な開発や社会発展のためには、「意思決定における効果的な市民参加を保障する政治体制」が必要であろう。その意味からも政治や経済、社会発展に関わる市民の市民性を育成する市民教育もESDの重要な内容であると考えられてきている（生方・神田・大森編著、二〇一〇年、一一頁）。

かつてハーバード大学教授であったE・O・ライシャワーは一九七〇年代の初めに『地球社会の教育』（一九七四年）において一つの世界に関し次のように述べた。「人類は、昔、地球上にほとんど相互の接触がなかった小集団としてまばらに分散していたが、それが現在は、ある種類の広大な世界社会に急速になりつつある。誰も、これから一、二世代はおろか、一〇年後すら、世界がどんなものになるかは予言できないが、もし文明と人類がまだ生存していれば、はるかに複雑な、より多くの相互関係をもつ、より相互依存性のある世界、つまり存続可能な「一つの世界」が現れるだろう」(ライシャワー、一九七四年、三九頁)と。現在、まさに地球社会として、一つの世界が現れている。

彼は地球上の大きな問題として、貧困と人口増加、飢饉、環境破壊、富裕国と貧困国の経済ギャップなどを指摘しつつ、今後、地球社会にとって大きな問題は科学技術の面というより国際理解と関連技能の面である、とりわけ、単一的な世界で人類が住み、文明が存続するために必要な世界共同社会の意識を持つことが重要であると指摘している。「世界共同社会を建設する上で……深刻な経済上の摩擦や軍事的安全保障上の重大課題があるかもしれない。しかしこれらの諸問題よりはるかに大きな困難な問題は、特に文化や人類の主要な境界線を越える十分なコミュニケーションや知識や理解などである。そしてそういう理解に基づいて共通の一体感を単一世界共同社会の成員として発達させることは、さらに困難なことである」(ライシャワー、一五二頁)とも述べている。

世界共同社会を実現するために、単に専門家の政府間交渉によるのではなく、政治家、官僚、国際貿易関係者、多国籍企業家、科学者、教師、自分の地域社会を心にかけている市民、世界旅行者などすべての人々がそれに参加する。そして「世界共同社会建設には、人々のコミュニケーションの能力や他国と多文化の知識をもっと広く普及させなければならない。さもないと国際協力への多種多様な努力は成功しない」また、「世界に人々の大半が、世界共同社会の成員であるという気持、すなわち世界市民の意識を持つようにならない限り、世界共同社会は実現もしなければ機能もしない」（ライシャワー、一五七～一五八頁）と指摘した。この社会の実現は、明らかに教育の最大の仕事であり、とりわけ初等と中等教育段階から、多くの児童生徒（将来の世界市民）に、世界市民の意識を形成しなければならないと主張している（ライシャワー、一九九～二〇〇頁）。

したがって、地球市民は、「私たちの身の回りの問題を地球的課題と関連させて考え、地球社会の一員であるという意識を持ちつつ社会建設に自主的に参加し、問題解決のため国際感覚を持って主体的に取り組む人」と定義づけることができよう。

グローバル人材については、国際化社会、グローバル社会において活動を展開し、地球的な課題に積極的に取り組むことも考えられる。文科省が平成二一～二二年度に大学・研究者の協力を得て実施した「グローバル人材育成のための大学教育プログラム」の報告書において、北村友人氏は次のように定義している。

「グローバル人材とは、激動する国際社会の中で政治、経済、文化などの諸領域においてグローバルな課題に対して問題意識を持ち社会において主体的に行動できる人材のことを指します。従って、単に語学だけができる人材の育成ではなく、むしろ大切なことは、海外で起こっているさまざまな出来事に対して広く関心を持つと同時に、日本や日本人の置かれている立場を相対的に眺めることができるような「国際的な感覚」を身につけることです。そうした感覚を備えた上で、積極的に海外へ出て行き、その経験を活かし、国内外のそれぞれの分野で活動や実践を行うことができる人材こそ、グローバル人材です」（北村、二〇一〇年、三頁）。

グローバル人材に関し政府関係者はいかに考えているのであろうか。「産学人材育成パートナーシップ・グローバル人材育成委員会報告書」（経済産業省、二〇一〇年、三一頁）は、「グローバル化が進展している世界の中で主体的に物事を考え、多様なバックグランドをもつ同僚、取引先、顧客等に自分の考えを分かりやすく伝え、文化的、歴史的なバックグランドに由来する価値観や特性の差異を乗り越えて相手の立場に立って互いを理解し、……新しい価値を生み出すことができる人材」と述べている。また、「産学連携によるグローバル人材育成推進会議」の報告書（文部科学省、二〇一一年、三頁）では「世界的な競争と共生が進む現代社会において、日本人としてのアイデンティティを持ちながら、広い視野に立って培われる教養と専門性、異なる言語、文化、価値を乗り越えて関係を構築するためのコミュニケーション能力と協調性、新しい価値を創造する能力、次世代までも視野に入れた社会貢献の意識などを持った人間」と定義している。

これらの考え方をみると、グローバル人材の要素として、主体性、協調性、コミュニケーション能力、異文化理解、日本人のアイデンティティなどを重視していることがわかる。このようなグローバル人材の育成のために政府の「教育再生実行会議」や「産業競争力会議」において教育政策も議論されている。二〇一三年に前者（第三次提言）は、初等中等教育段階において、①英語教育の拡充、②日本人のアイデンティティを高め日本文化を世界に発信するために国語教育、日本の伝統・文化の理解を深めることを強調した。その他、理数教育、教員の質向上を挙げている。また同年に、後者（第四回会合）は、「人材強化のための教育戦略」において中高校生の英語力の向上、高校生留学の増加、国際バカロレア認定校の増加、国語力・英語力の向上、少人数教育の普及、教師力向上、論理的思考力の向上、中高校生の国際的視野の涵養などを指摘した。

英語教育に力を入れることが重要でないとはいわないが、今日のように多言語化しつつある社会において、全国の小中学校が外国語教育として画一的に英語のみを重視するのはいかがなものであろうか。地方や学校によっては、アジア言語である中国語や韓国語、あるいはロシア語、フランス語やスペイン語を教える学校があってもよいのではないか。日本人のアイデンティティの涵養も大切と思うが、知識として教えても児童生徒にとって強く自覚するに至らないのではないか。異文化と接して日本の特質、日本人の認識に思いを馳せさせるのがよい方法と思われる。その点から、高校生留学、国際的視野の涵養は有意義であろう。また、現代のように地方のことが国際社会と関係し世界の相互依存性が強まっていることを考えれば、Ｅ・Ｏ・ライシャワーが強調していたように世界共同社会（地球社会）の成員意識を高めるために、国民アイデンティティに加えてアジアのような広範な地域のアイデンティティや地球市民アイデンティティのことも考慮する必要があるのではなかろうか。そうすれば、日本国や日本人を相対的に把握する国際感覚（インターナショナル・マインド）も身につくものと思われる。

第2章　国際教育の限界

最近、外国語教育、国際理解教育、多文化教育などの国際教育が重視されるようになってきているが、まだ多くの問題があることを示す。外国語としての画一的に実施される英語教育、国民の育成との関係が重視される国際理解教育、欧米重視の海外子女教育、同化主義・奪文化化傾向の強い帰国・外国人児童生徒の教育などである。我が国の国際教育は、限界に達しているのではないかと指摘する。

それと関連して日本の教育の特色は、伝統的に集団中心主義を基本とする画一的教育を行ってきていることに見られる。一九八〇年代半ば頃、臨時教育審議会は個性重視の原則を掲げ画一主義、閉鎖性、硬直性の打破を訴えたが、いまだに実現していない。日本では、戦前から中央集権体制の下に単一的教育システムを発展させ、多文化教育、民族教育を重視してこなかった。このことは国際教育、地球市民教育の推進にとって大きな問題である。

1　これまでの国際教育

(1)外国語教育

従来、我が国の外国語教育は、中学校と高等学校において主に英語を学習することになっていたが、二〇〇八年三月告示の小学校学習指導要領で、小学校五、六年生を対象とした「外国語活動」の導入が提示され、二〇一一年四月より実施された。

二〇一〇年度の学習指導要領において「外国語活動」(小学校)、「外国語」(中学校)と規定されているが、その内容は学習指導要領に主として英語と記載されているように、実際はほとんど英語教育に限られている。さらに、文部科学省は、二〇一三年一二月にグローバル化に対応した英語教育改革実施計画を発表し、その中に小学校英語の教科化実施計画として、小学校の中学年でコミュニケーション能力の素地を養うための活動型の授業を一週間に一コマから二コマ程度、高学年では教科型の授業を三コマ程度実施し、初歩的な英語の運用能力を養うとした(「グローバル化に対応した英語教育改革実施計画」文部科学省、二〇一四年)。

このことは、今日の世界における多言語化状況を反映していないといえよう。アジア共同体の確立が政治的目標に挙げられる時代にあって、アジアの言語をまったく教育の対象としないというのは、国際理解、異文化理解促進の点から見ても不自然な方法と思われる。

筆者がしばしば教育調査に赴くタイでは、中学校において英語に加えて仏語、日本語、中国語、独語、高等学校では、英語以外に仏語、独語、中国語、日本語、アラビア語などを選択科目に指定し、実際に中国語や日本語の学習者が増えている。シンガポールでも中学校において仏語、独語、日本語、インドネシアでは、高等学校において仏語、独語、日本語、アラビア語の選択を可能にしている。ベトナムでは、中学校・高等学校とも英語、ロシア語、仏語の中から一言語の学習を選択必修にしている。

韓国では、一九九七年度から英語科を小学校三年生からの必修科目にした。中学校では、二〇〇一年度以降、生活外国語という科目が設けられ、第二外国語を学べるようにした。韓国においても小学校の英語教育の教科化・必修化については賛否両論があったが、最終的に大統領を中心とする政府の強力なリーダーシップのもと、グローバル化という時代的ニーズを重視して導入が決定したという（樋口、二〇〇八年、一三二頁。ハム、二〇〇三年、六一七〜六一八頁）。二〇一四年度では、中学校および高等学校において八種類の第二外国語（ドイツ語、フランス語、スペイン語、日本語、中国語、ロシア語、アラビア語、ベトナム語）を設定し、そのうち一言語を選べるようにしている。この選択教科には、中学校において三年間で最大一五三時間、高等学校では第二外国語を含む「生活教養」領域の時間として一七二時間（一時間は五〇分）が配当されている。しかし、諸言語には人気・不人気があり、二〇〇六〜二〇一〇年度において普通高等学校での第二外国語の履修状況をみると、日本語が最も多くて六二・五%、次いで中国語二六・七%、以下は少なくドイツ語四・九%、フランス語四・八%、スペイン語・ロシア語・ベトナム語は一%以下、アラビア語〇%となっていた[1]（金、二〇一四年、六六〜六九頁、七一頁）。

もっとも日本の高等学校においても外国語教育多様化の試みはみられる。文部科学省は二〇〇二年度から二年間にわたり「高等学校における外国語教育多様化推進事業」を行った。同事業に加わったのは、神奈川県六校（中国語）、和歌山県五校（中国語）であった。二〇〇六年度から新たに鹿児島県（韓国・朝鮮語）、北海道八校（ロシア語）が参加した。この事業の推進に当たり、各国語の教材作成、各国の地理・歴史、料理やスポーツなどを盛り込んだ教材も作成された。

残念ながら同事業は二年間で廃止になったが、取り組んだ外国語教育を継続して行っている高校もある。このような画期的事業は、拡大して全国的に実施されること、さらに小中学校においても取り組むことが望まれる。

(2)国際理解教育

①発展の概要

国際理解教育の発展状況を簡略に見てみると、第一期（一九四六〜一九七三年）は、我が国のみならず世界各国において大規模な戦争を二度と起こさないという平和の確立を目標に国際理解教育が模索された。日本では一九五一年にユネスコに加盟したことがきっかけで、ユネスコ協同学校を核として国際理解教育が推進された。一九五四年より協同実験活動事業が一五ヵ国の中等学校三三校で始まり、日本からは中学校四校、高等学校二校が参加した。初期は「人権の研究」が多かったが、一九六〇年前後には「他国、他民族の理解研究」が増加した。一九六〇年代後半には、多くの開発途上国が植民地支配から独立した影響もあり、国際協力、資源、環境等のテーマも対象となった。しかし、この事業は実験的色彩が強く日本では広がらなかった（田中、二〇〇三年、一三九〜一四一頁）。

一九七〇年代になると日本の著しい経済成長とともに国際的地位も向上し、国際社会において果たすべき役割が増大したという認識から、中央教育審議会は、一九七四年の答申において「国際社会に生きる日本の育成」を重点施策に掲げた。この基本課題を担う分野として、外国語教育、大学の国際化と並んで国際理解教育が浮上した。特に、海外児童生徒の教育に関し国際理解を深めるという観点から改善すること、および教師・指導者の海外派遣の増加を課題とした。しかし、開発途上国の貧困、先進国との格差問題などを理解させようとする開発教育はまだ取り上げられなかった。

一九八五年には臨時教育審議会が第一次答申において日本の国際化という視点に立った教育

の改革を打ち出した。具体的な内容では、留学生の受け入れ、外国の高等教育機関との交流、語学教育、海外・帰国児童生徒の教育、および国際理解教育の検討の必要性を指摘した。それを受けて、一九八九年の学習指導要領改訂で「国際教育を深め、我が国の文化と伝統を尊重する態度の育成を重視すること」とした。各地方教育委員会においても、教育指導の重要目標の一つに国際理解教育を掲げることが増加し、その推進校、協力校も多く指定された。担当教員の研修、手引きの作成なども行われ、国際理解教育が全国的に展開されるようになった。しかし、実際には多くの帰国子女教育に見られたように、外国で教育を受けた帰国児童生徒は日本人児童と異なる特質を持っているというのではなく、日本人児童生徒に比べハンディキャップを背負っていると考えられた。そのハンディキャップを取り除き、日本人児童生徒らしくなるための適応教育、あるいは再教育に力点が置かれた。

さらに、一九九〇年代になると南北問題がクローズアップされたこともあり、アジア・アフリカの実情を知らせる開発教育に関連する活動も特別活動などで紹介されるようになった。一九九六年の中央教育審議会の答申は、「国際化と教育」(第三章)を掲げ、国際理解教育の充実、外国語教育の改善、海外・帰国児童生徒の教育の改善を検討した。とりわけ外国人児童生徒の教育がはじめて重要事項として取り上げられた。同答中の影響から一九九九年の学習指導要領において「総合的な学習の時間」が新設され、その中で国際理解教育が、情報、環境、健康・

福祉とともに学習課題の例示に含められた（嶺井、二〇〇一年、九四～九六頁）。

②現　状

小学校で最も多くみられるのは、各教科における取り組みである。社会科、特別活動、生活科（一～二年生）、国語、道徳などで多く扱われている。全体としては、社会科の五、六学年で実践される事例が多い。また、学校全体における取り組みもある。児童生徒の表現力、共感性、コミュニケーション能力、異文化理解能力などは、学校生活のいろいろな場面を通して児童生徒、教員、あるいは地域住民がお互いに留意しながら獲得していくものである。

二〇〇八年の学習指導要領（小・中学校）では多少時間が削減されたが、総合的な学習の時間において教科の枠組みを越えて各種の活動が行われている。総合単元として継続的に取り組まれているが、十分に実践されてこなかった。とくに、従来、「伝統文化を継承し、日本人としての自覚に立って国際社会に貢献し得る国民の育成をはかること」（臨教審第一次答申、一九八五年）といった国家、国民を基本概念とする国家関係的国際社会の見方が有力視されてきた。これからは、ボーダーレス社会、地球社会を見据えた国際理解教育が必要である。そのため次の四分野が課題となっている（佐藤、二〇〇一年b、五八～六〇頁）（日本国際理解教育学会編著、二〇一二年、二八～三九頁）。

第一は異文化理解分野で、欧米、アジア、南アメリカ、アフリカなどさまざまな地域、国々の社会・文化の特色を紹介し、日本の社会・文化との相違を理解させる。これからは、文化の複雑化に留意することが重要である。とりわけ、東南アジア、南アジア、アフリカ諸国など開発途上国の社会・文化について理解させることが不可欠である。

第二は相互依存関係分野である。最近ではアジアの人々とのかかわりが多く取り上げられつつある。また、韓国、中国、あるいは東南アジア諸国の学校と姉妹校になり、生徒の交流を行う学校もみられる。人、物、情報等の流れを示すことにより緊密になる相互依存関係を理解させる。

第三はグローバル・イシュー分野である。地球規模で起きている平和、環境、人権、開発、難民などの問題について横断的な学習を促す。特に自分のまわりの具体的な環境や生活とグローバルな問題がいかに関連しているかを理解させるようにする。人権では、自己と他人の存在を価値あるものと認める人権意識を持たせる。環境では、地球温暖化に伴う環境変化、公害などを取り上げ環境保全の重要性について学習する。平和では、戦争の被害、難民の人々の悲惨な状況等を知って、平和のあり方、その意義について考察する。とくに、問題の多い開発途上国の社会、経済、教育、文化の状況について学ぶ必要があろう。いまだ我が国ではあまり普及していないが二〇〇三年ごろから開発教育としてそれらの問題が取り上げられるようになりつつある。

第四は未来への選択分野である。この分野では、歴史認識、市民意識、共生について学習する。歴史認識において自国中心史観、ヨーロッパ中心史観に陥ることなくアジア諸国との歴史的関係について目を向けさせる。市民意識では、地方市民、国民に加えてアジア市民、地球市民であることを自覚させる。共生分野では、日本人児童生徒ばかりでなく、外国人児童生徒、外国人成人、地域住民等とともに体験的活動、交流活動、ならびにボランティア活動等を通して共に生きることを学ぶ。ユネスコ「二一世紀教育国際委員会」の報告書「学習・秘められた宝」（一九九六年）でも、「共に生きることを学ぶ」(learning to live together) を強調しつつ、他者を発見するとともに共通目標のために共に働き、共に学ぶ共同作業の重要性を説いている。

(3) 多文化教育

海外で暮らし、日本の海外教育施設や現地校で教育を受けた後に帰国して日本の学校へ就学している帰国児童生徒、ならびに外国人の児童生徒で日本語や日本の文化をよく理解しないうちに就学してくるニューカマーの児童生徒が増えている。彼らは、基本的に日本人児童生徒と異なる文化で育っているので、ここでは多文化教育の観点からその教育を考察する。多文化教育は、アメリカにおいて一九六〇年代に民族学習 (ethnic studies) から始まり、その後、多民族教育（multi-ethnic education）、反人種主義教育（anti-racist education）を含む幅広い教育へと発展した。最近では、恵まれない女性、障がい者、貧困者なども対象に考えられるようになっている。とりわけ、様々な人種的・民族的集団の児童生徒が多数派集団の児童生徒と教育的に平等な条件で学ぶことができるよう、学校環境を変化させることに重点が置かれる（田中、五七～五九頁）。

①海外・帰国児童生徒の教育

一九六〇年代に日本が高度経済成長期に入ると企業の海外進出が盛んとなり、それとともに親に伴い海外で生活をする子ども、また海外から帰国する子どもも増え始めた。

二〇一三年四月で義務教育段階の日本人の子ども七万一六二八人が海外で生活し、在外教育施設や外国の現地校に就学している（外務省領事局政策課「海外在留邦人子女統計」）。在外教育施設としては、日本人学校や補習授業校がある。日本人学校は、海外に住む日本人の子どもを対象に国内の小中学校と同等の教育を行う機関で、文部科学大臣が認定する全日制の学校である。補習授業校は、土曜日や放課後に国内の小中学校の一部の教科について日本語で授業を行う施設である。国語中心に算数（数学）、理科、社会などを教えている。二〇一四年に世界において日本人学校は総数九〇校、補習授業校は二〇一二年に二〇二校設置されている。

表2－1　海外児童生徒の地域別・就業形態別数（2013年）

（単位：人，％）

学校／地域	日本人学校	現地校	補習授業校＋現地校等	計（％）
アジア	16,710（60.6）	9,577（34.7）	1,299（4.7）	（100）
北米	413（1.6）	12,902（50.5）	12,225（47.9）	（100）
欧州	2,624（20.5）	6,444（50.4）	3,720（29.1）	（100）
全地域の合計＊	20,878（29.2）	32,751（45.7）	17,999（25.1）	（100）

出所：文部科学省初等中等教育局「海外で学ぶ日本の子どもたち」2013年度より作成。
＊は，他の地域の児童生徒を含む。

各学校レベルにおける児童生徒数を地域別、就学形態別に見てみると、表2－1のように、二〇一三年に日本人学校に二万八七八人（二九・二％）、補習授業校・現地校等に一万七九九九人（二五・一％）、現地校とその他に三万二七五一人（四五・七％）が在籍していた。しかし、地域別にみれば、アジア地域では総数二万七五八六人のうち日本人学校に六〇・六％、現地校に三四・七％、補習授業校と現地校に四・七％が在籍していた。他方、北米地域では、総数二万五五四〇人のうち日本人学校には一・六％、現地校五〇・五％、補習授業校と現地校に四七・九％が在籍した。ヨーロッパ地域では、総数一万二七八八人でそれぞれ二〇・五％、五〇・四％、二九・一％であった（外務省領事局政策課「海外在留邦人子女数統計」、文科省生涯学習政策局政策課調査統計企画室「学校基本調査報告書」二〇一三年）。アジア地域では日本人学校へ通う児童生徒が現地校や補習授業校と現地校の児童生徒より多いが、北米地域では、逆に現地校や補習授業校と現地校へ通う児童生徒の方が日本人学校の児童生徒より圧倒的に多くなっているのである。英語重視、将来の生活への有用性への配慮ということであろうが、明治時代以来の脱亜入欧という欧米偏重の傾向が尾を引いているともみられよう。

日本人学校は、国内の学校と同様な教育を行うことが基本であり、そのため折角海外に設立されているにもかかわらず、日本の学校とまったく類似した教育を実践するところが多かった。しかし、近年、海外に設立されている利点を活かし、現地の言語、文化を学んだり現地校と各種の交流をしたりする学校も増えている。二〇一二年にバンコク郊外にある日本人学校を訪問したことがある。同校の教師に現地校との交流について聞いてみた。同校では、児童生徒数が二〇〇〇人以上もいて登校下校にバスを利用している。バスの利用に時間を要して朝、夕方に時間的余裕がなく放課後活動も十分にできていない。そのため、タイの現地校と交流したいと思っているが、あまり実現できていない。時々サッカーやバレーの交流試合をしている程度ということであった。学校を分割して規模を小さくし通学に要する時間を減らす工夫も必要であろう。

また、補習授業校は、日本への帰国後の再適応を図る媒介装置と考えられてきたが、現地や現地校において不適応を起こす児童生徒へ対処することも必要となり、また長期滞在すると現地化して日本人アイデンティティに現地のアイデンティティをあわせ持つ子どもも現れ、個々人の環境や意識の変化に対応する教育が求められている。

帰国児童生徒に対しては、一九六〇年前後には少数の私立学校において学力の回復を目的にした帰国児童生徒の教育が救済策として行われた。しかし積極的な行政施策は実施されなかった。一九六五年に東京学芸大学附属中学校に帰国生徒の特別学級が設置されたのを契機にいくつかの中学校にも同学級が設けられ受け入れが本格化した。そこでは学校における帰国生徒の適応を図るとともに適応に関する研究も行われた。適応の場合、日本の学校、クラスへの適応が強調された。外国の経験を通して学んだことを尊重するのではなく、早く日本の学校・クラスにおける学習態度、学習方法を身につけることに留意された。いうなれば、日本の学校への同化政策の表れであった。一九七〇年代では、海外における体験を軽視し「外国はがし」に結びつく傾向さえみられた。

一九七〇年代半ばになると帰国児童生徒の受け入れ体制が整備されるとともに、適応教育ばかりでなく海外で身につけた外国語能力や生活態度などの特性を伸長することが強調された。

一九八〇年代半ば以降、臨時教育審議会の答申に基づき、教育の国際化が叫ばれ、帰国児童生徒の異文化体験を一般の児童生徒も共有することの重要性が注目され、彼らに対する指導方法や教材開発も進展した。そのために、帰国児童生徒と一般の児童生徒を積極的に交流させ、相互の理解を深めさせていくことが重視された。帰国児童生徒に日本人の生活態度や行動特性、さらに価値観などを理解させ、逆に一般の児童生徒には帰国児童生徒を通して彼らの生活態度や行動特性、価値観などを学ばせる。いうなれば、帰国児童生徒と一般児童生徒の相互啓発の教育、ならびに多文化教育が強調されるようになった。それとともに帰国児童生徒の教育を通して国際理解教育も行われるようになった（佐藤、二〇〇一年a、一〇九～一一一頁）。

二〇一四（平成二六）年度の帰国児童生徒数は、合計が一万七〇八人、小学生六八六二人、中学生二六六三人、高校生二〇五〇人などとなっている（総務省統計局、e-stat より）。

②外国人児童生徒の教育

外国人児童生徒は、文科省の初等中等教育局国際教育課の報告によると二〇一四（平成二六）年度に総数七万三二八九人で、小学生四万二七二一人、中学生二万一一四三人、高校生八五八四人、特別支援学校生六三〇人、中等教育学校生二一一人となっていた。そのなかで、日本語指導が必要な外国人児童生徒数は、総数は二万九一九八人で、母語別にみれば、ポルトガル語が八三四〇人、次いで中国語六四一〇人、フィリピノ語五一五三人、スペイン語三五七六人、ベトナム語一二一五人などであった。一九九九（平成一一）年度には、総数が一万八五八五人であったので、一〇年余りで約一万人増加している（文科省、一九九九～二〇一四年度）。彼らのほとんどは、一時滞在のニューカマーであり、日本生まれ日本育ちの永住外国人児童生徒とは異なっている（文科省初等中等教育局、二〇一五年）。

このような外国人児童生徒の教育においても、帰国児童生徒の場合に類似して重点が特別学級から適応教育、特性伸長教育、多文化教育へ移行してきた流れがある。特別学級では、外国人の子どもは日本人の子どもの教育とは別枠で分離型の教育として展開された。いわば、A（マジョリティの文化）＋B（マイノリティの文化）→A＋Bという統合教育であった（佐藤、二〇〇一年b）。

日本では、なかんずく適応教育の考え方が強くみられる。それは、異文化を持つ外国人児童生徒に日本の学校の生活様式や学習方法に適応させ、早く日本人児童生徒と同様に教育を受けることができるようにさせようとする。例えば、ある調査によれば、外国人児童生徒を指導しているかなり多くの日本人教員は、「できるだけ早く日本の児童生徒と同じような態度や行動がとれるように指導する」と述べている。換言すれば、外国人の有する文化・文化的アイデンティティは保持させないで、日本文化を身につけさせようとする、同化主義的アプローチといえよう。いうならば、A（マジョリティの文化）＋B（マイノリティの文化）→Aという同化教育であった（佐藤、二〇〇一年b）。そのために、まず日本語の習得が目指され、次いで生活様式（時間厳守、整理整頓、集団規律の順守など）の習得が求められる。このことは備えている固有文化の無視につながるので奪文化化教育と呼ばれることもある（太田、二〇〇九年）。外国人児童生徒の持つ生活様式や価値観を尊重せず、むしろ剥奪する結果に終わるからである。

外国人児童生徒に対する母語教育についてみると、実際に行っている学校は少ない。ただし、教育委員会がポルトガル語やスペイン語に堪能な外国人を指導助手として雇って各学校を巡回させ、母語指導に当たらせているケースは見られる。その場合、回数の少ない点が難点である。また、浜松市のように学校外教育として「ことばの教室」を開催し、日本語に加えて母語の補充指導を行うケースもある。

一時滞在の外国人児童生徒は、いずれ母国へ帰ることが予想される。帰国後の生活や教育を考えれば、母語を忘れないようにしておくべきであろう。教員に対するある調査によれば、教員達の中に、「母語保持は家庭で行うべき」「日本語学習を優先させ、教科指導も日本語で行えるようにした方がよい」という意見とともに、「母語を忘れると、心理的発達や親子のコミュニケーションの障害などが出てくるので母語保持は必要だ」「母語が発達すれば、日本語能力の発達に役立つ」という意見もみられた（佐藤、二〇〇一年b、一九八～二〇一頁）。

日本の学校で教育を受けたブラジル人・ペルー人児童・生徒の帰国後における適応状況に関して筆者は一九九八～一九九九年度に科研調査を行った。テーマは「在日経験ブラジル人・ペルー人帰国児童・生徒の適応状況——異文化間教育の観点による分析」で、この研究プログラムには八人の研究者（内ブラジル人二人）が参加した。研究目的は、日本の学校で学んだブラジル人・ペルー人の子どもが、帰国後にうまく学校・社会に適応できているかを調べることにあった（村田、科研成果報告書、二〇〇〇年）。

一九九八年の七月二七日～八月一五日にペルーのリマ、ワンカヨ、八月一五～二八日にブラジルのサンパウロ、クイアバ、ロンドリーナ、クリチバ、カンピナス、リオ・デ・ジャネイロなどの学校・家庭を訪問して調査した。

ペルー人の調査した帰国児童・生徒は、一一～一四歳（小中学生）の二〇人であった。そのうち、「学校の勉強がよくわからない、九人」、「学習への意欲がわかない、三人」、「友人ができない（社会的不適応）、五人」がいた。困難な教科としてスペイン語一五人、数学六人、社会一一人が指摘していた。また、二人の生徒は社会のルールに強く反発し反抗的態度を示し、一人の生徒は常に級友と口喧嘩をし、不適応な状態にあった（村田、科研成果報告書、二〇〇〇年、一一九～一二三頁）。

ブラジル人の調査対象の帰国児童・生徒は、二二人で在籍校は九校であった。学校レベルの内訳は、小学生一五人、中学生六人、高校生一人であった。調査の結果、学習に困難を感じている児童・生徒は一三人いた。その内容は、ポルトガル語八人、基礎知識二人、理数科三人、地理二人であった。中には、学校へ行くのが嫌になり登校拒否を起こしている児童（一人）もいた（村田、科研成果報告書、五五～五六頁）。

登校拒否に陥っている児童の場合、親によると「日本の学校にうまく適応し、日本語は上手で学習成績も良かった」ということであった。しかし、ブラジルに帰ると、ポルトガル語がわからない、社会科が理解しにくい、友達ができない、学校では日本の学校のように音楽、美術、体育、クラブ活動などがほとんどなくて面白くない。それにいつも読んでいた「少年サンデー」の漫画雑誌が読めなくて困惑し、早く新しい「少年サンデー」を買って欲しいと親に難題を押しつけていた。

日本の学校では、いうまでもなく、ポルトガル語やスペイン語の授業は行われていない。また、ブラジルやペルーの地理や歴史もほとんど教えられていない。日本にはブラジルの学校と同じカリキュラムでポルトガル語を使いながら教育しているブラジル人学校もあるが、授業料が高く、出稼ぎに来ているブラジル人には子どもを入学させにくい事情もある。また、日本の学校では、外国人児童生徒の帰国後の適応までは考慮されていない。そこまでは無理にしても、国際理解教育の一環としてブラジルの文化・言語を授業において取り上げ日本人の子どもに興味関心を持たせる、他方、ブラジル人の児童生徒にも自国に関する学習を奨励し理解を深めさせることは可能ではないだろうか。また、ブラジル人、ペルー人の児童・生徒、特に長く日本に滞在している児童・生徒の中には、自分がブラジル人、ペルー人か日本人か戸惑っている者もいる。彼らにアイデンティティ教育を行い、自尊心を育むことも重要である。

京都女子大学で二〇一五年三月に博士号を取得した院生が研究したテーマは、「ＪＳＬ

（Japanese as a Second Language）児童の学習理解におけるつまずきの研究」であった。筆者が指導教員を務めた。研究の主題は、外国人児童が小学校において日本語学習や基礎教科の学習を行う時につまずきがみられるか、それがあるとすれば何が原因かを究明することにあった。彼女が、小学校における日本語指導の加配教員であったことから、日本語指導を行ったエジプト人（二人）、ペルー人、中国人各一人を選んで時系列的に調査した。また、彼らの親、担任教師も調査対象とした。調査結果から、学習内容に抽象的概念が現れる小学校三〜四年生からつまずきが多くなることが判明した。そして、主な原因としては、日本の文化や地理歴史についての知識や実体験（米作り、お風呂、七夕など）がないこと、日本の教師が彼らの文化的背景や母国における学習方法などを理解していないこと、日本語が不十分でどこまで理解しているのか説明できないため教師がていねいに説明しないこと、などが指摘された。外国人児童生徒にとっては、日本の文化理解、教師にとっては彼らの異文化理解を深め

図2-1　つくば市の小学校で4年生の地理を学ぶ外国人児童

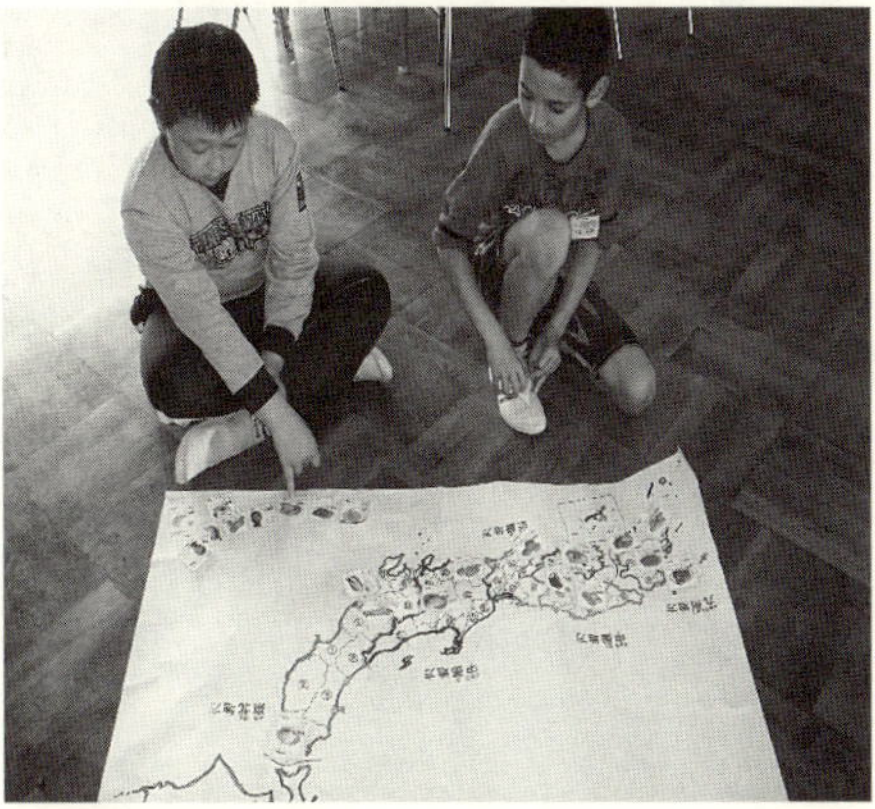

出所：小沼清香氏提供。

ることが求められるのである（小沼、二〇一五年）（図2-1）。

カミンズ（Cummins, J.）は、母語（第一言語）と第二言語の関係について言語相互依存説（Language Interdependence Hypothesis）をとなえ、学習言語能力は、母語で習得した場合も第二言語で習得した場合も共有面があって相互的に作用し合うと主張した。それは、会話、読解、語彙、作文能力などにみられるとする。一つの言語を強化すれば、必然的に共有面が強化され、別の言語も発達するというのである。いうなれば母語を通して習得した学習言語能力は、第二言語の学習能力を伸ばし、逆に第二言語を介して習得した学習言語は母語にも転移するということである（ジム・カミンズ著、中島和子訳著、二〇一一年、三一～三五頁、九四～九六頁）。ただし、敷居理論というものがあり、一定のレベルに到達した言語能力がなければ、言語能力や知能面での転移は期待できないとされている（迫田、二〇〇五年、一二八～一三三頁）。この説に従えば、「母語が発達すれば、日本語能力の発達に役立つ」ことはあり得るわけである。

いずれにしても、外国人児童生徒を受け入れている多くの学校では、外国人児童生徒に対する母語教育、ならびに彼らの民族文化、民族アイデンティティの教育は殆ど実施されていない。いわば奪文化化教育になっている。

以上述べた英語中心の外国語教育、日本の伝統文化を強調する国際理解教育、同化主義や子どもたちが固有に持つ文化を奪う奪文化主義になりがちな帰国・外国人児童生徒の教育などの国際教育は、グローバル化社会、多文化社会に対応できず、限界にきていると思われる。

これからは、多数派と少数派の児童生徒が、相互作用を通して新しい価値創造（C）を可能にするような（A＋B→C）という共生教育を実現していくことが必要であろう（佐藤、二〇〇一年b、一四一～一四二頁）。

2　単一システムの教育

(1)集団中心主義

最近の小中学校において、いじめの問題と並んで、学業不振児、不登校や学級崩壊などの多いことが報じられている。学級崩壊というのは、何人かの児童生徒が授業中に自分の席に座らず立ち歩いたり、寝転がったり、暴力をふるったり勝手な行動をして授業が成立しなくなることを指している。

どうしてこのような問題が起きているのであろうか。家庭教育のあり方、教員の質や教育方法、学校と家庭や地域社会との連携など考えられるが、大きな要因は児童生徒一人ひとりに対し適切な教育指導が行われていないことにあると思われる。言い換えれば、個性が軽視されているということである。日本の多くの学校における授業は一人の教師による一斉授業である。

一クラスに児童生徒は三〇～四〇人いるのが普通である。学級崩壊に至るクラスの子どもたちは、授業の内容が理解できない。授業についていけない。しまいに学業不振に陥る。小学校児童の場合、頑張れば挽回できるかもしれない。しかし、中学校二、三年生となると挽回は難しい。教師は平均的学力の子どもを対象として授業を行う。学業不振の子ども、能力の高い子どもに個別に対応する余裕がない。個別の児童生徒、少人数グループに対する指導はあまり行われていない。

一九八四（昭和五九）年の臨時教育審議会第一部会は、「我が国の教育荒廃の原因として、教育理念に掲げる自由と平等の価値が均衡を失して、平等のみに偏りその結果、悪平等主義と画一主義に堕落してしまっている」と批判していた。そして、一九八五（昭和六〇）年六月の第一次答申において、改革の基本項目として、①個性重視の原則、②基礎・基本の重視、③創造性・考える力・表現力の育成、④選択の機会の拡大、⑤生涯学習体系への移行、などを掲げた。とりわけ重視したのが「個性重視の原則」であった。それは、「今次教育改革において最も重要なことは、これまでの我が国の教育の根深い病弊である画一性、硬直性、閉鎖性、非国際性を打破して個人の尊厳、個性の尊重、自由・自律、自己責任の原則、すなわち個性重視の原則を確立することである」と表示された（臨時教育審議会編「教育改革に関する第一次答申」一九八五年）。引き続き一九八六（昭和六一）年四月に提出された第二次答申における教育行財政改革の項目で次のようにまとめた。「従来の教育行財政全般に見られがちであった過度の画一主義、瑣末主義、閉鎖性等を打破して、……教育の活性化と個性重視の教育が実現できるよう許認可、基準、助成、指導・助言のあり方の見直しなど、大胆かつ細心な規制緩和を進める」としていた。また、「教育を受ける側の児童、生徒、両親等の権利と意見を十分に尊重し、能力に応ずる機会均等と個別的な教育需要に弾力的に対応し得るよう、学校体系の多様化、学校・家庭・社会の諸教育機能のネットワーク化、年齢主義、資格制限等の緩和、例外の承認など、多様な機会を拡大する」と提言した（臨時教育審議会編「教育改革に関する第二次答申」一九八六年）。いうなれば、画一性、硬直性を打破して多様性、柔軟性を確保しようとした。

ここで取り上げている個性という場合、測定可能な個別的学力や成績などで表わされる認知的な個人差に対応するものと、測定が難しい興味・関心や考え方・感じ方など個性的な特性を尊重しようとするものがある。ここでは、主に前者に焦点をあてて考えてみることにする。

まず、先に示された教育改革は実施されたのであろうか。たしかに、高校教育の多様化、選択教科の拡大、大学設置基準の大綱化、大学における自己点検・自己評価の実施などが行われた。初等教育、前期中等教育では、習熟度別学習が強調され、学習の進度に応じてクラスを二つ、あるいは三つに分けて教えることが工夫された。ただし、習熟度別といっても同じ学年の学習内容についてであり、学年を超えた対応になっていない。少人数クラスの導入により特に算数などは加配教員を配当し複数の教師により指導させるということも実践された。しかし、学校週五日制が全国一斉に実施され、学級規模も弾力化されることはなく標準クラスは四〇人と定められたままである。また、二〇〇八（平成二〇）年から中学校の選択教科は標準授業時数の枠外に置かれ、選択教科を設けている中学校はほとんどなくなってしまった。

前述のように、我が国の学校では一斉授業が普通であり、しかも自動進級制になっていて児童生徒は学習した教育内容をよく理解していなくても自動的に上の学年に進級する。いうなれば、小学校・中学校の入学・卒業年齢を法的に規定した年齢主義が採用されている。年齢主義により年齢が一歳あがれば学力のあるなしにかかわらず自動的に一学年進級することになっている。また、クラスでは基本的に一人の教師が一斉の授業を行うのが普通であり、学校や学年、クラスごとに自由に変更はできない。能力別グループ指導や個人指導は実施しがたい。学習内容は国家が定める学習指導要領に従い画一的に教授することが求められる。個々の児童生徒に対し自分の考えを論理的に表現する能力を訓練している余裕もない。こうした集団的一斉主義の指導方法が採られている学校では、帰国・外国人児童生徒の多様性に応ずるといっても限界があろう。しかも、優秀な児童生徒に対する飛び級も認められていない。授業内容を理解できない児童生徒に対し、休み時間あるいは放課後にある程度特別指導を行うにしても一人の教師では限界がある。習熟度別学習にしても、その学習内容は学年内で習う教科内容に限定されており上級学年あるいは下級学年の内容は対象にしない。加配教員もないよりはよいが、あっても一学級に一人であり、個別学習の促進までには至っていない。

二〇一五年一月、京都女子大学発達教育学部を卒業した京都および大阪の公立小学校の若手教員九人、および京都府立中学校・高等学校の元校長・教頭や指導主事七人に対し授業における困難な問題は何かと聞いてみた。すると、教師の多忙化の問題と並んで異口同音に「クラスの人数が多い上に一人の教員で対応することが難しい。特に、児童一人ひとりの能力、学力に応じた指導ができず教えた内容を理解させることがむずかしい」ことを挙げていた。また、特別支援学級においても、一人ひとりの児童の障害の程度に応じて必要な支援の方法が異なるべきなのに、専門教員、人手不足により画一的な対応に追われ適切な支援指導ができず困っているということであった（山口・村田、二〇一五年、二一〇〜二一一頁）。これらの意見は、学校において個別・能力別指導が困難であること、クラスにおける一人の担任教師では対処が難しいことを示している。

韓国、中国、香港、シンガポールなどのアジア諸国では飛び級が導入されている。また、アメリカ、カナダでは、筆者が見聞したところでは、学校の授業は必ずしも一斉授業に頼るのではなく、一つのクラスに複数の教員がいて少人数の児童で構成されるグループに分けて指導を行っているケースが多かった。そのグループは、学力・進度別あるいは興味・関心別に分かれていた。

我が国には学校に限らず社会活動を集団的に行う伝統がある。日本人の集団規律の厳しさは海外においても定評がある。学校教育の主要目標の一つは、幼児・児童・生徒が仲間たちと集団的に規律正しく行動することを身につけることに置かれているともいえる。それは、保育園、幼稚園の指導のあり方を見ても歴然としている。指導上の重点は、幼児同士が同じように規律よく行動することに置かれている。集団規律を守る幼児はよい子であり、そのような規律ある行動を指導する教師はよい教師とみなされる。そのことは、基本的に小中高校共通に見られる。教師たちは、担当の学級において生徒たちを一つの集団としてまとめ規律ある態度で学習や活動に取り組ませることに最も注意を払う。個々の生徒の学力、能力に応じた指導は最大の関心事ではない。もちろん、学校は人間関係を学び、社会性を養うところでもあるので、生徒指導の面で集団規律を大切にしてもよいであろう。しかし、その方法を学習指導の面まで同様に適用することに問題があると思われる。

いずれにしろ、教育荒廃が指摘されつつも、国際化、グローバル化、情報化が迫られている我が国にとって、こうした従来の集団中心主義を基盤とする伝統的な教育志向、教育方法に固執したままでよいのであろうか。

それに日本の教育は、長年、国民教育として行われてきたが、永住外国人や一時滞在外国人の児童生徒、海外の学校で教育を受ける児童生徒が増加してくると、日本国民のみを念頭においた教育で十分なのか再考してみる必要があろう。ＥＵやＡＳＥＡＮに見られるように国家を超えた地域共同体が設立され、国民に加えてヨーロッパ市民やＡＳＥＡＮ市民の育成が大きな課題となっている。日本が所属する東アジア地域においてすぐに共同体が設立される見込みはないが、地域交流が今後一層盛んになることを考慮すれば、将来に備えてアジア市民、東アジア市民についても検討していく必要があろう。各人は地方市民、民族、国民、地域市民、地球市民のような多層的アイデンティティを有しているはずである。そのことを踏まえ、これからは国民教育に限定せず国際社会に開かれ世界とつながる地方市民、アジア・ヨーロッパなどの共同体メンバーを意識した地域市民、グローバル社会における地球市民のあり方も考えた教育でなければならないであろう。

以上述べたことから、これから国際人を育成していく時に考慮されなければならない要点として次のことがあげられよう。第一に、これまでのように集団中心主義的な教育にこだわらず、児童生徒の個性・能力に応じた個別指導、個性教育を実現できるようにする。同時に自分の考えや意見を論理的に発表できる表現力を身につけさせる。第二に、各児童生徒が国民のみならず地域市民、地球市民であるというアイデンティティをもつように配慮することである。

(2)単一的教育システム

その他、単一的教育システムを示すものとして、教育基本法、学校教育法、学校教育法施行規則などの教育法の制定がある。教育の機会均等を確保し、国民の教育水準の向上を目指して、学校や社会教育機関に関し基本となる規定を整えることは、必要なことである。しかし、教育基本法において、家庭教育、私立学校、生涯教育のことまで規定することは国民の教育の自由の保障から見ていかがなものであろうか。家庭教育は各家庭において、私立学校の運営は設置者である各学校法人において自由に考え工夫されるべきものであろう。また、学校教育法施行規則では、学級数、学級数、児童生徒の学級定員、学年編成、児童生徒数に対する教員の割合や懲戒を規定している。そのことは、一人の教員が三〇~四〇人の学級で一斉授業を行うことを前提にした規定であり、複数の教員がグループ学習、個別学習で対応することは考えられていない。

前述のように、教育内容は学習指導要領に従って決定されることになっており、すべての教科に対し、各学年において何を学習するかが定められている。学年を超えた内容の教育を行うことは不可能である。もっとも前回の学習指導要領から「総合的学習の時間」が設定され、各学校においてその内容を工夫してよいことになった。地方分権が徹底しているアメリカでは、連邦政府はカリキュラム制定に原則的に介入しない。それは、州や学校区の責任であり、従って州、学校区のカリキュラムは多様に異なっている。東南アジアのタイにおいては、カリキュラムの七〇％は国が定めるが、三〇％は地方教育区、学校が定めてよいことにしている。

学校が定める校則によっては、登校、下校時間にとどまらず、服装、髪の型、スカートの長さまで細かく規定して児童生徒を管理している。学校生活の様式が異なる外国人の児童生徒にとってはこうした校則は摩擦、トラブルが起きる原因となり得るであろう。

さらに、これまでの高校入学、大学入学の受験制度や偏差値教育も知識のつめ込みを主とする受身的教育を強いることになりがちである。この方法では、自分の思考を育み、自主的で批判的な精神を培おうとする多文化教育は発展し難いのではないだろうか。各児童生徒が考えを論理的に述べ、他人を納得させる態度を身につけさせる個性的教育の確立につながる受験制度の工夫が望まれる。その上、高校入試、大学入試（特にセンター入試）、あるいは公務員試験もほぼ同じような試験で画一的に実施されている。多様な能力、一芸に秀でた才能を評価するような特色をもつ試験もあってしかるべきであろう。

日本の教育法制によれば、国立、公立の学校・大学はいうまでもなく公教育（public education）を提供するとされているが、私立学校・大学機関も公教育機関に属するとされる。この考え方の背景には、公教育を実施すれば、国家からの補助金が得やすいという状況がある。憲法第八十九条で公の財産の支出利用の制限に関し「公金その他の公の財産は、宗教上の組織若しくは団体の使用、便益若しくは維持のため、又は公の支配に属しない慈善、教育若しくは博愛の事業に対し、これを支出し、又はその利用に供してはならない」と規定されている。この規定から公の支配に属する教育、いわば公教育の教育機関であれば公的補助を得ることができると解釈される。そのため私立学校・大学も公教育を施す教育機関であると主張している。そして、私立学校の教育は公教育に準ずる性格を帯び、私立学校は公教育機関の補充的存在とみなされてきている。しかし、「私教育は、歴史的・沿革的にいうと、公教育以前に存在したものであり、現在においても、これは自由主義、民主主義の原理にかなうものであるというべきである。したがって、私教育については、とくにその自主性が尊重されることが肝要である」（相良、一九七六年、一六三頁）とされる。アメリカ、フランスなどの欧米諸国では、私立学校・大学は私教育（private education）を行うのであり、公教育と異なるものであると一線を画している。私教育は、本来、各学校・大学の創立理念に従って独自の教育を自主的に行うことに意義を有するのであり、それでこそ個性的な教育を実施することができる。しかるに、国からの補助を受け取り国の規制を受けるようでは、独自の教育を展開することは困難になる。ここにも日本の私立学校・大学が公立・国立学校・大学と基本的に変わらず画一的な性格をもつ大きな原因がある。

教員免許制度に関し、「国家免許化」する動きがある。教員免許は、戦後に開放制度となり、教員養成系の大学でなくても必要単位および学士号または修士号の学位を取り、それを都道府県の教育委員会に申請して教員免許をもらえることになっている。その免許があれば、いずれの都道府県でも採用試験を受けて合格するとその自治体の教員になることができる。この制度に対し、自民党の教育再生実行本部は、二〇一五年五月の第四次提言の中に教員の免許を国家免許として国家資格にすることを織り込んだ。実行本部は、大学の課程を終えた後に全国共通の国家試験を行い、合格後に一～二年の研修を経て国が免許を与える制度を検討している（朝日新聞、二〇一五年五月二六日朝刊）。

これも教員資格を多元化するのではなく、単一化する方法で時代の流れに逆行しているといわざるを得ない。各都道府県、学校において求めている教員像は一様ではない。情報やコミュニケーションを重視する県もあれば、キャリア教育や職業訓練に重きをおく県もあろう。それなのに筆記試験のみならず実技や面接まで全国共通に実施するということになれば自治体、学校のニーズに対応できなくなるであろう。また、多様で人間性豊かな教員像を画一的に狭めてはならないはずである。

(3)民族教育の軽視――在日朝鮮人学校のケース

第二次世界大戦後の一九四五年に、在日朝鮮人は子どもたちに朝鮮語を学ばせるために日本各地に国語講習所を設立した。それは、一九四六年四月に三年制初等学院、六月に六年制に発展して初等教育を実施した。同年一〇月には東京朝鮮中学校が創立された。当時の学校は初等学院五二五校、中学校四校、青年学校は一〇校で生徒は全部で約四万一〇〇〇人であった。これらの学校では、朝鮮語を教育用語とし朝鮮人教材編集委員会が編集した教科書を使用した。日本語も正科として置かれた。また一九五六年四月に朝鮮大学校が創立され、一九六八年四月に各種学校として認可された（在日本朝鮮人権利擁護委員会編、一九九六年、九二〜九四頁）。また、一九七五年にすべての学校が各種学校として認可された。

他方、戦後、韓国学校も設立された。小・中・高校などを有する四校が創立されている[2]。これらの学校は、ほとんど朝鮮学校と異なり、日本の学校教育法第一条に定められている学校（一条校）として認められている。一条校として日本のカリキュラムを実施した上で韓国語による民族教育も行っている。民族教育は総合的学習の時間やクラブ活動、文化祭、韓国への修学旅行などを利用して行われている。

朝鮮学校の民族教育は、社会、歴史、地理において朝鮮に関する知識を中心とするが、日本や世界のことも教えている。美術、音楽は朝鮮の民族芸術を中心に世界的な名作も扱う。日本語教育は、日本の学校と同じレベルで教え、英語教育も重視している（在日本朝鮮人権利擁護委員会編、九五〜九六頁）。

このように、韓国学校のみならず朝鮮学校においても民族教育が行われてきているのに日本政府は基本的に民族教育を認めていない。一九六五年一二月二八日に出された文部事務次官通達「日韓の法的地位協定における教育関係事項の実施について」において、在日朝鮮人の子どもの公立小・中・高校への入学は認めたが、教育内容に関しては、「日本人子弟と同様に取り扱うものとし、教育課程の編成、実施について特別の取り扱いをすべきでないこと」と定めた（在日本朝鮮人権利擁護委員会編、一〇〇頁）。いうなれば日本の公立学校と同じ教育課程を要求し、それと異なる内容は認めないという同化主義に拘泥していた。もっとも、この通達は、二〇〇六年六月一日に福島瑞穂参議院議員の質問書に対し、地方分権一括法の施行によって効力を失っていると回答されている。

また、朝鮮学校は各都道府県において各種学校として認められている。それゆえ、公立学校で行う県・地区・全国レベルにおける体育・文化分野における行事に資格がないとされ参加が認められなかった。それでも、一九九一年に日本高等学校野球連盟がその参加を特別措置として認可し、一九九二年にようやく正式加盟が認められた。また、一九八九年にNHKは全国学校音楽コンクールへの出場を認めた。一九九一年には全国児童・生徒作品コンクールへの出品が認められた。

朝鮮高級学校卒業生に対しては、多くの公立大学や私立大学は入学を認めているが、国立大学への入学は認められてこなかった。一九五三年に文部省の大学局長が国立大学への彼らの入学資格について通達を出した。それによれば、「一、学校教育法上、当然各種学校の卒業生には大学への入学資格は認められない。二、……は各種学校であるからその高級学校の卒業生であっても大学への入学資格はなく、大学入学資格検定試験を受けなければならない」とした（在日本朝鮮人権利擁護委員会編、一〇二頁）。この通達の主旨は現在も変えられていない。各種学校の大学受験資格については、二〇〇三年秋に当初文科省が予定していた欧米系学校の他、外国人学校が本国で大学受験資格が認められている学校に拡げられ、多くのブラジル人学校や韓国学園、国交のない台湾系中華学校まで認められることになった。しかし、朝鮮学校の卒業生のみ、各大学による個別審査によって大学受験資格が認められることになった。受験を申し出て許可を得ていない国立大学は受験できないということでもある。

さらに、朝鮮学校は日本政府の教育助成を受けていない。私学への公的補助に関しては、私立学校法の第五十九条において「国又は地方公共団体は、教育の振興上必要があると認められる場合には、……学校法人に対し私立学校教育に関し必要な助成をすることができる」と定め、この規定に基づき「私立学校振興助成法」が成立している。とくに、「私立各種学校を設置した学校法人」に対しても「準用する」ことが可能であると規定している。実際にこの規定に基づき、多くの地方自治体は高くはないが、朝鮮学校に対し教育助成を行っている。にもかかわらず日本政府が同校に対し全く公的補助を行わないのは理不尽といわざるを得ない。なお、二〇一〇年からの「高校無償化」制度の実施に当たって、同法は各種学校である外国人学校まで就学支援の対象としたにもかかわらず、朝鮮学校のみを政治的理由で排除した。

地方自治体では、外国人教育や民族教育に力を入れているところもある。例えば京都教育委員会は、一九九二年三月に京都市立学校外国人教育（主として在日韓国・朝鮮人に対する民族差別をなくす教育の推進）の方針を打ち出した。京都市に在日韓国・朝鮮人が多いことに配慮し、京都市教育委員会は、すでに韓国学校・朝鮮学校の京都市中学校体育連盟への加盟や京都市中学校春季・秋季総合体育大会、京都市中学校総合文化祭への参加も認めていた。さらに外国の文化や習慣などに触れつつ他の国や民族に対する理解を深め国際協調の精神の基礎を培おうとする「こども国際クラブ」を小学校に設立していた。

そして外国人教育の方針では、次の目標を設定した。

- すべての児童・生徒に、民族や国籍の違いを認め、相互の主体性を尊重し、共に生きる国際協調の精神を養う。
- 日本人児童生徒の民族的偏見を払拭する。
- 在日韓国・朝鮮人児童・生徒の学力向上を図り、進路展望を高め、民族的自覚の基礎を培う。

その上で「日本人児童・生徒に今なお日本の社会に存在する近隣アジア諸国の人々を軽視し

たり軽蔑したり忌避する等の意識を払拭させることが重要である。とりわけ、在日韓国朝鮮人に対する民族的偏見や差別を払拭させることが重要な課題である」とした。また、「在日韓国・朝鮮人児童・生徒に学習への意欲を高め目的意識をもって主体的に学習する能力や態度を育てること、さらに民族の歴史や文化の価値について認識を高め民族として誇りを持たせることが必要である」として民族教育の重要性を指摘し実際に実践しているのである（京都市教育委員会、一九九二年、一～四頁）。

このように地方自治体が認めて実施している民族教育を国（政府）はどうして認めようとしないのか。「国際人権A規約」第十五条（文化的な生活に参加する権利）はすべての人にそれぞれの文化権を享有することを保障している。「市民的及び政治的権利に関する国際規約（B規約）」の第二十七条においても、「種族的、宗教的又は言語的少数民族が存在する国において、当該少数民族に属する者は、その集団の他の構成員とともに自己の文化を享有し、自己の宗教を信仰しかつ実践し又は自己の言語を使用する権利を否定されない」と規定し、少数民族の文化、宗教、言語を享受する権利を認めている。さらに、「子どもの権利条約」第三十条においても「少数民族・先住民の子どもの権利」として彼らの民族の文化を享有し宗教を信仰しかつ言語を使用することを認めている。日本政府の方策はこうした国際規約・国際条約で保障されている文化権を認めていないことになるのではないか。そうであれば、文化の異なる子どもたちが持っているそれぞれの民族性が尊重されない。あるいは、いまだに「単一民族国家」という幻想を持っているのではないか。その幻想は民族主義を民族排外主義に導きかねない（佐野、一九九三年、一六一頁）。いずれにしても、日本政府はいつまでも多文化の共存・共生の必要性を認識せず同化主義的な政策に固執しているのは大きな問題といわざるを得ない。

また、日本におけるインターナショナル・スクールや民族学校といった外国人学校のほとんどは、学校教育法第一条で規定されている私立学校と認可されず、今もって各種学校扱い（学校教育法第一三四条規定）である。無認可校も多い。民族学校には、韓国学校、中華学校、インドネシア学校東京、日本フィンランド学校、神戸ドイツ学園、ブラジル系の各種学校などの学校が多数存在する。このことについて、何度か外国人学校やインターナショナル・スクールの校長に面談した時に「日本の学校と同じように税金を払っているのにどうして私立学校として認めてもらえないのか、大変不満に思っている」ということであった。但し、韓国学校には私立学校として認められている学校が多くなっている。

エズラ・ヴォーゲル教授は、著書『ジャパンアズナンバーワン（*Japan as No. 1*）――アメリカへの教訓』（一九七九年）において次のように述べている。「日本人は、自分たちが仲間と認める人には公正な取扱いをするが、日本に住む韓国人、中国人、欧米人には、日本人と同じ扱いをしない傾向が強い」として、異端者、対立相手、少数者を冷遇する傾向があると指摘している。このことは、朝鮮人の民族教育、外国人学校を各種学校扱いにし私立学校として認めないことに表れているように思われる。

注

（1）韓国の外国語教育については、石川裕之氏の説明に依存した。

（2）四校は、白頭学院（建国小中高校）、金剛学園（小中高校）、京都国際学園（中高校）、東京韓国学校（小中高校、各種学校）である。

第3章　国際力の形成

本章では、地球市民の育成に関する我が国の国際理解教育、グローバル人材育成の実践例を考察する。国際理解教育の実践例には、小中高校における異文化理解、異文化間交流、海外スタディツアー、開発途上国・アジア理解、帰国児童生徒との共同学習などが含まれている。また、グローバル人材の育成についても日本の関連する大学教育プログラムおよび韓国の国際化対応を重視する才能教育プログラムを検討する。第1節(3)(4)の韓国のケース記述は石川裕之が執筆した。地球市民、グローバル人材に共通に求められるのが国際力である。それについて木の成長になぞらえて根（態度、価値観）、幹（知識、コミュニケーション能力）、葉（行動力）の部分を検討し、国際力の中身を考察する。また、日本の学校教育の国際化にとって基本的な問題である単一システムを是正していくために多元的教育システムの構築が求められる。そのシステムの重要性と特色について明らかにする。

1　国際理解教育、グローバル人材育成の実践例

国際化・グローバル化する社会に対応した国際力を身につけるには、いかなる教育が必要であろうか。そのことを、近年における小・中・高校における国際理解教育、ならびに大学におけるグローバル人材育成の実践例を検討することにより考察してみたい。なお、グローバル化に対応した人材に関しては、初等中等教育レベルの才能教育に力を入れている隣の韓国の例を参照してみる。

(1)国際理解教育の実践例

①韓国・朝鮮の文化や言語の学習──京都市K小学校

京都市のK小学校では、全学年を通じて韓国・朝鮮の文化や歴史を学んでいる。戦後、同小学校が設立されて以来、人権教育を重視し、日本人と外国人、男女間、健常者と障害者間等の平等について日本国憲法や世界人権宣言などを活用しながら教えてきた。人権教育との関係から韓国・朝鮮の社会・文化、日本との歴史的関係などを学習内容に含めてきた経緯がある。総合的な学習の時間が導入されてからは主にその時間を使って行われているが、第一〜二学年で

は生活科の時間に取り上げている。

第一～二学年では、生活科や音楽の時間に、韓国・朝鮮の遊びや歌を学びつつその文化に親しませると同時に日本の文化と似ていることに気づかせようとしている。第三学年では、総合的学習の時間に韓国・朝鮮の遊び、音楽に加え、話・物語を聞かせ、日本の文化との類似点と相違点を学ばせる。第五学年では、児童に韓国・朝鮮のさまざまな文化について調べさせる。また近くにある「朝鮮中高級学校」の生徒と交流させつつ、学習内容や生活の特色を学ばせ、異文化を理解し尊重する態度を養う。第六学年では、日本と韓国、朝鮮の歴史的関係を理解させるように社会科の学習と関係づけながら学習させる。また、戦争の歴史を学びつつ平和について考察し、自らの生き方に結び付ける。そして、児童たちは、学習しつつ自分の考えをまとめる。また、韓国語・朝鮮語については、児童が日本語との類似語を調べる時に学習している。そのあいさつ言葉（アンニョン、カムセハムニダなど）は外国語活動の時間に練習している。

②ゲストティーチャーの話を聞く――京都市Ｓ中学校

京都市のＳ中学校では、従来から特別活動あるいは社会科の時間を利用して人権教育を行ってきている。同校に在日韓国・朝鮮人や障がいをもつ生徒がいることを配慮して、二〇〇二年度より、多文化共生に注目しつつ国際理解教育に力を入れてきた。

二〇〇四年度から毎年、韓国人、タイ人、スウェーデン人など外国人講師をゲストティーチャーとして派遣してもらって出張授業を行っている。それは総合的学習の時間に実施されている。派遣を依頼するのは、京都ＹＷＣＡや京都国際交流協会である。

二〇一四年六月六日（金）の午後に筆者は同校を訪問し、タイ人元留学生（立命館大学）、韓国人留学生（立命館大学）の授業を聞かせてもらった。両留学生とも、最初にタイと韓国の基本的なあいさつ、母語の文字の特徴などを紹介し、その後、日本のイメージについて話しがあった。「ハイテクの国」「サムライの国」「空気や水がきれい」「薬も安全で安心して飲める」などである。加えて彼らの日本における経験、特に困難な体験に話が及んだ。

タイ人元留学生（男子）は、「親切にしてくれる日本人が多くうれしかった」「お風呂が入りにくくシャワーだけにしている」「納豆が食べられなかった」「タイ語を使うと相手にしてくれなくなり弱った」「アパート探し、アルバイト探しが困難であった」「病気になり病院へ行った時、医師の説明がわからなくて困った」「ホームステイ先で親が子どもを叩くのを見てショックを受けた」などの経験を紹介した。

韓国人留学生（女子）は、「ラオスにいる弟を訪問した時に、ラオスの貧しい子どもへ日本のＮＧＯからたくさんの支援があることを知り、日本留学を決意した」「韓国人は日本から出ていけというヘイト・スピーチを聞いてショックを受けた」「軽い交通事故にあった時に、日本人の扱いが冷たかった」「二〇一一年の東日本大震災の時に、多くの韓国人留学生は影響を恐れて帰国した。私は帰国後しばらくして再来日した」「差別をなくし、外国人と仲良くすることが大切です」などのスピーチがあった。

このような外国人留学生の日本における直接の体験談を聞くことにより、日本のいかなることに外国人は興味を持ち参考にしているか、またいかなることに違和感や困難を感じているのかを理解するよい契機となるであろう。それと同時に、日本人の生活、文化に対する見方、感じ方を改めて考え直す機会にもなるのではないだろうか。

図3-1　京都の中学校におけるゲストティーチャーの授業

出所：京都 YWCA　APT の HP，2015年より。

なお、京都YWCAは、外国人支援プログラムの一つとしてアプト（APT：Asian People Together）というプログラムを設立し、外国人が日本で生活するときに遭遇する問題についての電話相談や多文化共育プログラムを推進している。多文化共育プログラムでは、外国人児童生徒が利用する教材研究、小中学校への国際理解教育・人権教育・多文化教育などに関するゲストティーチャーの紹介、ワークショップや講演会、特定課題の研修会などを行っている（図3-1）。

③アジア諸国での海外研修――静岡県O高等学校

アジア体験学習に力を入れている静岡県のO高等学校の海外研修プログラムも興味深い。同校を支援するオイスカ（OISCA）は、一九六一（昭和三六）年に設立され、主にアジア太平洋地域の農業技術研修等を通して人材育成を展開している。国内外に研修センターを有し、農業技術研修を行うとともに、植林活動を中心として環境保全活動も推進している。

同校では、高校二年生の時に生徒全員がアジア諸国への研修コースに参加することになっている。環境保全を学習目標とする研修は二週間（ミャンマー、インドなど）、国際ボランティア・スタディツアーは一〇～一四日間、タイ、マレーシア、インドネシア、インドなどで行われる。その間、地元の高校生、教師たちと寝食を共にしつつ農作業（田畑作業、養鶏・養豚、調理、木材加工など）や植林活動を行っている。また、農家におけるホームステイ、現地における英語・現地語授業への参加、現地高校生とのスポーツ交流や懇談会を実践し、異文化交流を経験させている。こうした共同の作業・異文化体験を通して、人間として互いに尊重し合いながら、アジア地域の一員、さらにアジア市民としての連帯感を持たせようとしていることは注目される。

なお、同校には週に一度「比較文化」の授業があり、国際比較教育ならびに日本の文化の理解にも努めている。

図3-2　チョンクニア水上寺子屋

雨季と乾季で移動する。

出所：岡憲司氏提供。

図3-3　地雷除去現場で

このプロテクターでは，手足は守れない。

④カンボジア・スタディツアー——大阪市T高等学校

大阪市T高校が行っているカンボジア・スタディツアーも印象的なプログラムである。高校生たちが一〇日余りカンボジアに滞在し、カンボジアの小中高校生と交流するとともに、運営されている寺子屋を訪ねて世界寺子屋運動の実際とその意義について学んでいる（図3-2）。

二〇〇八年の例では、高校の授業見学後に日本の戦後復興や教育についてのプレゼンテーション、紙風船や剣玉を使っての交流、共同の清掃活動を行っていた。また、ポル・ポト派による監禁現場・虐殺現場、地雷処理現場を見学して、命の貴さ、人権や平和の大切さを学んでいる（図3-3）。スラム住民がゴミ山で金属やビニールを集めて、生計を立てている様子も見学した。物売りの子ども、物もらいをする子どもを見て、生徒たちは物品購入の是非、児童労働のあり方などについて意見交換を行った。さらに、現地のカンボジアの大学生とともに衛生環境の改善、識字教育支援などのプロジェクトに実践協力した。それらの経験は、カンボジアの人々の生活や異文化を理解しつつ社会を変えていく主体性をもった市民として成長する一歩ともなっている。

T高校では、一九八四年に国際科を開設した。同科では必修科目として第二外国語があり、中国語、韓国語、フランス語、スペイン語の四ヵ国語の中から一言語を選んで学習することになっている。また「国際理解」という科目があり、一年次二単位、二年次一単位、三年次二単位習得できる。

「国際理解Ⅰ」(一年生対象)では、国連とユネスコ、日中・日韓などの時事問題、戦争中の日本とアジアの民衆、戦後世代と戦争責任、青年海外協力隊、人権対立と人権抑圧などについて学ぶ。

「国際理解Ⅱ」(二年生対象)では、韓国研修旅行に向けて、日本と韓国の歴史的関係や現在の関係について学ぶ。韓国研修旅行では、「慶州ナザレ園」(韓国残留日本人の老人ホーム)、「木浦矯正園」(日本人が作った韓国人孤児のための施設)や「独立記念館」も訪ねている。

「国際理解Ⅲ」(三年生対象)では、人口問題、環境問題、児童労働と児童売買、野生動物の保護、NGO「グリンピース」、対人地雷、生物多様性の保護、核兵器の問題などを取り上げている。いうなれば、地球的課題(グローバル・イシュー)についての授業を行っている(岡、二〇一三年、四〇四~四〇九頁)。

⑤帰国生徒との共同学習——京都D国際中学校・高等学校

同校は一九八〇(昭和五五)年に高等学校、一九八八(昭和六三)年に中学校が設立され、中高一貫教育を行っている。同校の生徒の三分の二が海外での生活経験がある「帰国生徒」で、三分の一が国内一般生徒である。帰国生徒と国内一般生徒が一緒に教育を受けつつ、相互に日本と世界を理解・認識し、グローバルな感覚を身につけさせようとしている。帰国生徒には、外国で吸収した文化を発揮しつつ、自分の考えや意見を積極的に発表させるように工夫している。外国はがしの教育、奪文化化教育などは行っていない。

知・徳・体を重視する全人教育が目標であるが、広い知識と深い知性を体系的に身につけつつ、個性を伸ばし興味をじっくり追求させる中高一貫教育を目指している。英語や主要教科の授業は、習熟度別にクラスを分け、各自の能力を十分に発揮して、知識を得させようとしている。また、国語、数学、理科、社会、聖書のクラスでは、大人数クラスと少人数クラスに分けて授業を行っている。日本語能力が十分でない生徒、未習熟分野をもつ生徒には、少人数クラスにおいてきめ細かい指導を行う。

語学教育の面では、英語教育は三段階に分けている。基礎から学ぶGクラス、英語で思考し表現できる生徒が対象のSaクラス、英語で学んだ経験のある生徒が対象のSbクラスである。

第二外国語として、ドイツ語、フランス語、スペイン語、中国語、韓国・朝鮮語が設定されている。高校生ならびに中学生のうち外国で学習経験のある生徒、英語のSa、Sbクラスの生徒は、上述の外国語の中から一つ選択履修させている。他言語に触れることは、その国の文化・歴史などに関心を広げるきっかけになるという考えからである。

教育目標としては、建学の精神であるキリスト教主義や学習する知識を基にして世界平和に貢献し、国際社会において信頼されるグローバル人材を育てることも目指している。平和について考える機会として、平和学習、ビデオ・講演、平和週間に加えて、長崎研修旅行（中学二年生三学期）、沖縄研修旅行（高校二年三学期）も行っている。また、人権週間を設けて、「部落差別」、「人権差別」、「障害者差別」、「性差別」などさまざまな差別に関するテーマを取り上げ、実情を知るとともに互いの違いを認め合い、差別を許さない心情を育てようとしている。

(2)グローバル人材育成の実践

これから国際社会、課題をもつ地球社会で活動し、活躍するためにいかなる人材が必要であろうか。国際問題、地球的課題解決のためにリーダーシップを発揮できる人材にはいかなる素質・性格が求められるであろうか。そのあり方を日本の諸大学のグローバル人材の育成、および韓国の才能教育の例を見て考えてみたい。

①大学のグローバル人材育成プログラム

大学教育に関して、文部科学省は、二〇〇九～二〇一〇年度に大学・研究者の協力を得て「グローバル人材育成のための大学教育プログラム」という研究プログラムを実施した。その成果概要に一二の大学の革新的教育プログラムが紹介されている（北村、二〇一〇年）。

例えば、関西学院大学は、国連ボランティア計画と連携して「国連学生ボランティア」プログラムを実践している。その中で教育、環境、保険などの分野に学生ボランティアの派遣を行っていて、九ヵ国へ五〇人以上（二〇〇九年までに）の学生を送り出した。派遣期間は五ヵ月である。同プログラムは、「世界の人々に貢献し、共生できる次代を担う人材を育成」を目指している。学生たちは開発途上国の人々と共に生活し、仕事をする。国際協力現場で実践経験を積みさまざまな課題に取り組む。

自然科学系の学生を対象とするものでは、東京大学の国際開発農学専修（学部）、農学国際専攻（大学院）プログラムがある。統合的な農学の展開を目的に実践性、学際性、国際性、専門性の四つの観点を重視している。国際性の観点から、英語教育に加えて海外現場の経験の機会を設けている。とくに大学院では、インドネシアなど東南アジアの大学生とチームを組み、農村調査や討論会を行っている。

恵泉女学園大学の人間社会学部国際社会学科は、フィールドスタディ・プログラムを行っている。学生が海外で実体験に基づいて国際問題を理解することを重視し、アジアや欧米の諸国でフィールドスタディという海外体験学習をさせている。それにより、社会的公正をグローバルに目指す市民の育成を目的とする。短期のプログラムは、一〇〜一四日間で、人権、平和、貧困、ジェンダー、NGOの役割などについて学ぶ。長期のものは、タイのチェンマイ大学で五ヵ月実施する。教員も現地に常駐して指導・調整に当たっている。

神戸大学では、二〇〇八年度より国際公務員養成を目指した教育プログラムを展開している。そこでは、体系的な専門性の習得とともに、英語による講義を通して「外国語運用能力」の向上、交渉スキルやプレゼント・スキルの訓練により「実践的能力」の涵養に努めている。さらに、海外実習やインターンシップへの参加で総合力を高めつつ国際公務員に必要な資質を伸ばそうとしている。学生たちは、インターンとして世界銀行、国連人権高等弁務官事務所、国連生物多様性条約事務局、国連軍縮研究所等に派遣され、政策調査、国家報告書の整理等の専門的な業務に携わってきている。その期間は、三〜六ヵ月程度となっている。

その他、早稲田大学の「Waseda Intern Program」、摂南大学の「PBL（Problem Based Learning）型実践教育プログラム」などが挙げられている。いずれのプログラムにも共通にみられるのが、学生たちを海外に派遣して仕事の実践、国際交流、ならびに外国の学生との共同調査、討論会などを体験させていることである。

このように、変化している国際社会、課題をもつ地球社会で生活し、生き抜いていくためにいかなる能力をもった市民を育成しなければならないか、またこれらの国際社会、地球社会で活動し、活躍するためにいかなる人材が必要であろうか。国際問題、地球的課題解決のためにリーダーシップを発揮できる人材にはいかなる素質が求められるであろうか。Ｅ・Ｏ・ライシャワー博士がいう世界市民、世界共同社会は、筆者がいう地球社会と同様な意味で使われていると思うが、彼の主張も考慮して地球市民、グローバル人材をいかに考えればよいか検討したい。

②京都大学のプログラム

京都大学においても、グローバルリーダーとなる人材育成のために、各種の改革プログラムが実施されている。その内容を元京大総長である松本紘氏の著『京都から大学を変える』（祥伝社新書、二〇一四年）を素に考察してみる。

これからの現代社会における地球規模の資源・エネルギー・環境問題などに取り組み解決していくためには、幅広い教養と深い専門性、それに柔軟な思考力と実行力を備えなければならない。その上に広い視野（高度な俯瞰力）が必要とされる。その要求に応えるために、二〇一三年四月に文理融合の分野横断型の総合生存学館（通称「思修館」）と呼ばれる大学院が創設された（松本、一八四～一八七頁）。

そこでは思修（思索によって得られる智慧）および修慧《しゅえ》（実践によって得られる智慧）が重視され、広い視野で物事を処理する柔軟な思考力を身につけさせようとしている。その基礎として、異文化理解力、自分・自国理解力、および言語力としての外国語能力の涵養に努める。自分・自国理解力では、自国の文化と歴史を理解して、自己の考えを表現する能力を意味している。これらを合わせて松本氏は「異・自・言」と呼びそれに深い専門性（太い枝の専門性）が備わることで広い視野（高度の俯瞰力）が育成されると期待している（松本、一七二～一八八頁）。

その教育課程をみると、一年生（国内）と二年生（海外）において体験学習が組まれている。社会貢献（社会サービス）をしながら学ぶ方法である。また、二年生と三年生の時に「総合学術基盤講義」と銘うって、八分野（①医薬・生命、②情報・環境、③理工、④人文・哲学、⑤芸術、⑦経済・経営、⑧法律・政治）の学識を通して高い俯瞰力を備えさせようとする。四年生では、「国際実践教育」を行い、海外の研究機関や国際機関において海外武者修行を体験し、異文化理解を深め、外国語能力を高めるとともに現場における問題解決能力を養わせる。五年生には、「プロジェクト・ベースラーニング」として、学生自らプロジェクトを考えて企画立案し実行することを求めている（松本、一九三～一九六頁）。

いうなれば、広い教養、海外体験実習、プロジェクト実践を課してグローバル人材の育成を目指している。

二〇〇九年度からは、国際的に活躍する優秀な若手研究者の育成を目的として「白眉プロジェクト」が開設された。学問分野、国籍を問わず国際公募により年に二〇人までを年俸制特定教員（准教授、助教）として採用している。任期は五年で、その間に雑用や義務がなく、研究活動に専念できるように工夫している。とくに、文科系、理科系にこだわらず横断的視点から地球的な課題に独自に研究を切り開くことが期待されている（松本、二〇〇四～二〇〇八頁）。

また、二〇一二年度より、若手人材海外派遣事業として「ジョン万プログラム」も開始された。海外における研究・学習の機会を得たい若手研究者（教員）、学生、職員に対し、国際的な活動を奨励することを目的とする全学的プログラムである。海外の大学や、研究機関、国際機関で滞在し、活動できる仕組みとなっている。研究者（教員）には渡航費だけでなく研究室の人的負担（留守の間）にも配慮している（松本、二〇九～二一二頁）。

近年、学生に対して一定期間の海外留学を義務づける大学が増えてきている。例えば、一橋大学は二〇一八年までに約一〇〇〇人の新入学生全員に、四週間ほどの語学留学を経験させる。また、立教大学は、新入生全員に留学を促している。早稲田大学も、開学一五〇周年となる二〇三二年までに、約四～五万人の学部生全員に長短期の海外留学を経験させる制度を整備することを発表している。留学先は欧米やオーストラリア・ニュージーランドが中心になっているが、関西外国語大学のように中国語圏への留学を奨励したり、亜細亜大学のように中国への留学やインターンを経験させる制度を整えたりしているところもある。

こうした大学における「留学必修化」の動きに伴い、これまで懸念されていた海外留学数の減少も底打ちの傾向がみられる（週刊東洋経済、二〇一四年八月二日号、六八～六九頁）。

(3)韓国における才能教育の取り組み

急速にグローバル化する二一世紀の知識基盤社会において、隣国の韓国はどのような人材育成の取り組みを進めているのであろうか。本項では韓国を事例に、グローバル化（韓国では一般的に「世界化」と呼ばれる）に対応した人材育成の取り組みの現状と課題について、日本との比較を念頭に置きつつ見ていきたい。韓国は天然資源に恵まれず、日本と比べれば国内市場も小さいため外需に頼らざるを得ない。二〇一三年の韓国の輸出依存度は四二・九％に達しており、しかも年々高まる傾向にある。輸出依存度が高いということはそれだけ世界経済の影響を受けやすく、グローバルな競争を勝ち抜かねば成り立たない経済構造をもっているということを意味する。従って、韓国にとってグローバル競争を勝ち抜く人材を育成することは文字通り死活問題である。韓国では、グローバル化に対応した人材育成のために、特に外国語教育と才能教育に力を入れている（韓国では「英才教育」と呼ばれる）。本項では才能教育に焦点を当てることとするが、私立セクターで行われているユニークな取り組みについても取り上げてみたい。

①国家の生き残りをかけた才能教育の振興——才能教育実施の時代的背景

「二一世紀の知識基盤社会においては、一人の卓越した才能をもつ子どもが数万から数百万人の国民を養っていく力をもつ」。こうした言葉が韓国においてしばしば登場するようになったのは二〇〇〇年代以降のことである（石川、二〇一一年、二二二頁）。実際、グローバル化した知識基盤社会においては、一人の優れた人物の存在がその人物を輩出した国に大きな名誉と莫大な利益をもたらすことも少なくない。マイクロソフト社を創業したビル・ゲイツ元会長などが最もよい例であろう。こうした状況の中、韓国は国家発展に結びつく分野で優れた才能をもつ子どもに集中的に投資を行い、国際的な競争力をもつ人材として育成・活用していくことでグローバル競争を勝ち抜くための活路を見出そうとしている。

才能教育とは、簡潔にいえば、特定の分野で優れた能力と適性を示す子どもの才能を伸ばすことを目的として行われる教育的措置の総称である。才能教育の根幹には一人ひとりの子どもの能力と適性に応じた教育機会を提供するという目的が存在しており、社会のリーダーを育成することを主目的とするエリート教育とは元来別物である。しかし数学・科学分野の才能教育のように、個人の能力と適性に応じた教育機会の提供がそのまま当該分野におけるリーダー（優れた科学者）の育成につながる場合もある。

韓国で才能教育が公的に実施されるようになったのは今から約三〇年前、一九八三年に科学者養成を目的とする科学高校が設立されて以来のことである。その後も外国語高校や芸術高校、体育高校など各分野の高度専門人材を養成する高校が続々と設立されていった。しかし、当初からこうした学校の存在は公教育の平等性に背くものであるという声も少なくなかった。特に一九九〇年代に入ってこれらの学校から名門大学に多くの進学者が出るようになると、才能教育はもはや受験教育へと変質してしまったとして社会から強い批判を浴びることとなった。ところが一九九〇年代終盤にこうした状況を一変させる事態が起こる。韓国を襲ったアジア通貨危機である。

一九九七年にタイから始まったアジア通貨危機は韓国経済にも大打撃を与え、通貨と株価は暴落し、企業が次々と倒産、街にはリストラの嵐が吹き荒れた。一九九五年のＷＴＯ加盟に続く一九九六年のＯＥＣＤ加盟によって華々しく経済先進国の仲間入りを果たした韓国であったが、その翌年には国家が破綻寸前に追い込まれるという、まさに「天国から地獄へ」の経験を味わったのである。未曾有の経済危機によってグローバル化の脅威を痛感した韓国の人々は、二一世紀のグローバル化社会を生き抜くには世界との激しい競争に勝ち抜いていかなければならず、その際に韓国がもつ唯一の武器は人的資源（Human Resource）であるという認識を広く共有するに至った。才能教育の必要性もこの国家の生き残りという観点から再評価され、グローバル競争に勝ち抜く人材を育成するための切り札と認識されるようになったのである。こうしたなか、二〇〇〇年には才能教育のための特別法である「英才教育振興法」が制定され、二〇〇二年以降は五年ごとに政府によって「英才教育振興総合計画」が策定されるようになるなど、今や才能教育は国家教育政策の柱の一つとして位置づけられている。日本が戦後一貫して公的な才能教育の実施に対し慎重な姿勢をとり続けているのとは対照的といえる。

②才能教育機関の種類と特徴

現在、韓国には多種多様な才能教育機関が存在しており、二〇一三年時点で約三〇〇〇の機関で同年齢層の二・五％に相当する約一六万人の子どもたちが才能教育を受けている（表3-1）。韓国の才能教育機関を大きく分けると、初・中等教育法施行令第九十条に基づく「特殊目的高校」と、英才教育振興法に基づく「英才教育機関」の二つのカテゴリーに分類できる。特殊目的高校には科学高校や外国語高校、芸術高校、体育高校など各分野に専門特化した才能教育を行うための特別学校が含まれる。一方の英才教育機関には、特別学校形態の「英才学

表3-1　才能教育機関の類型・種類と現況（2013年）

（単位：機関，名）

<table>
<tr><th>機関の類型</th><th colspan="2">機関の種類</th><th colspan="2">機関数</th><th colspan="2">教育対象数</th></tr>
<tr><td rowspan="4">特殊目的高校</td><td colspan="2">科学高校</td><td colspan="2">21</td><td colspan="2">3,748</td></tr>
<tr><td colspan="2">外国語高校</td><td colspan="2">31</td><td colspan="2">21,973</td></tr>
<tr><td colspan="2">芸術高校</td><td colspan="2">27</td><td colspan="2">17,051</td></tr>
<tr><td colspan="2">体育高校</td><td colspan="2">14</td><td colspan="2">3,599</td></tr>
<tr><td colspan="3">小　計</td><td colspan="2">93</td><td colspan="2">46,371</td></tr>
<tr><td colspan="3">同年齢層に占める割合</td><td colspan="2">—</td><td colspan="2">2.4%</td></tr>
<tr><td rowspan="4">英才教育機関</td><td colspan="2">英才学校</td><td colspan="2">4</td><td colspan="2">1,515</td></tr>
<tr><td rowspan="2">英才教育院</td><td>教育庁英才教育院</td><td rowspan="2">335</td><td>269</td><td rowspan="2">41,302</td><td>32,579</td></tr>
<tr><td>大学附設英才教育院</td><td>66</td><td>8,723</td></tr>
<tr><td colspan="2">英才学級</td><td colspan="2">2,651</td><td colspan="2">74,856</td></tr>
<tr><td colspan="3">小　計</td><td colspan="2">2,990</td><td colspan="2">117,673</td></tr>
<tr><td colspan="3">同年齢層に占める割合</td><td colspan="2">—</td><td colspan="2">1.8%</td></tr>
<tr><td colspan="3">合　計</td><td colspan="2">3,083</td><td colspan="2">164,044</td></tr>
<tr><td colspan="3">同年齢層に占める割合</td><td colspan="2">—</td><td colspan="2">2.5%</td></tr>
</table>

出所：KAIST 附設韓国科学英才学校，2013年，3頁。韓国教育開発院，2014年，20頁，27頁。教育部，韓国教育開発院，2013年，16頁，30頁，学校アルリミをもとに筆者が作成。
注：英才学校の教育対象者数には英才学校転換前（旧科学高校時代）に入学した者を含む。

校」や、地域の学校施設や近隣の大学の施設を利用して週末や夏休みなどに拡充教育を行う「英才教育院」、地域の学校施設を利用して放課後や特別活動の時間などに拡充教育を行う「英才学級」が存在している。英才学校が正規課程の高校であるのに対し、英才教育院と英才学級は非正規課程であり、前者は主に中学生を、後者は主に小学生を教育の対象としている点が異なる。なお、英才教育院と英才学級の受講料は原則無償であり、費用は地方自治体が負担する。

また、韓国における才能教育の特徴の一つに、実施分野が数学・科学分野に大きく偏っていることがある。例えば科学高校、英才学校、英才教育院、英才学級の四つの才能教育機関で学んでいる教育対象者のうち、情報科学を含む数学・科学分野のプログラムを履修している者が実に全体の九割近く（八六・二％）を占めている。その他に、発明分野（三・七％）、人文・社会分野（三・三％）、芸術分野（二・八％）、外国語分野（二・七％）、スポーツ分野（〇・五％）など多様な分野で才能教育が行われているものの、数学・科学分野と比べるときわめて低い割合にとどまっている（韓国教育開発院、二〇一四年、二四頁）。こうした数学・科学分野偏重の背景としては、数学・科学分野の才能の認定基準が比較的明確であることやプログラムや評価方法の蓄積が多いことなども関係しているであろう。しかし何よりも、韓国の才能教育が優秀な科学者の育成を最大の目的としていることが最も大きく影響していると考えられる。

③才能教育の実践——英才学校を事例に

才能教育プログラムのあり方は機関ごとに異なるが、ここでは韓国を代表する才能教育機関である英才学校の例を見てみよう（石川、一六九〜一八八頁。筆者による京畿科学英才学校での現地調査、二〇一三年九月四日）。英才学校は政府の指定によって設立・運営される正規学校であり、

図３-４　韓国科学英才学校の校内にある「ノーベル公園」

出所：筆者撮影。以下図３-６まで同じ。

二〇一四年に新たに二校が指定され、現在全国に六校が存在している。これらはすべて科学高校から転換した「科学英才学校」である。英才学校は全寮制を敷いており、生徒の募集対象地域は全国単位である。各校の入学定員は一〇〇～一四〇名程度と小規模であり、徹底した少数精鋭主義がとられている。才能教育機関の教育対象者のうち英才学校に在籍しているのは約一％に過ぎず、韓国の才能教育機関の頂点に立つ存在として位置づけられている。ある英才学校の生徒の知能指数は平均一四五であるともいわれ、これは同年齢層の上位一％以内に相当する。英才学校が目指すのは、自然科学系のノーベル賞をねらえるような世界的な科学者の養成である。そのことを象徴するように、初の英才学校として二〇〇三年に設立された韓国科学英才学校の校内には、将来卒業生からノーベル賞受賞者が出た際にその銅像を建てるための公園まで作られている（図３-４）。

韓国では正規課程の学校のカリキュラムは通常、国家カリキュラムである教育課程の縛りを

図３‐５　韓国科学英才学校の校舎（左）と京畿科学英才学校附設の科学英才研究センター（右）

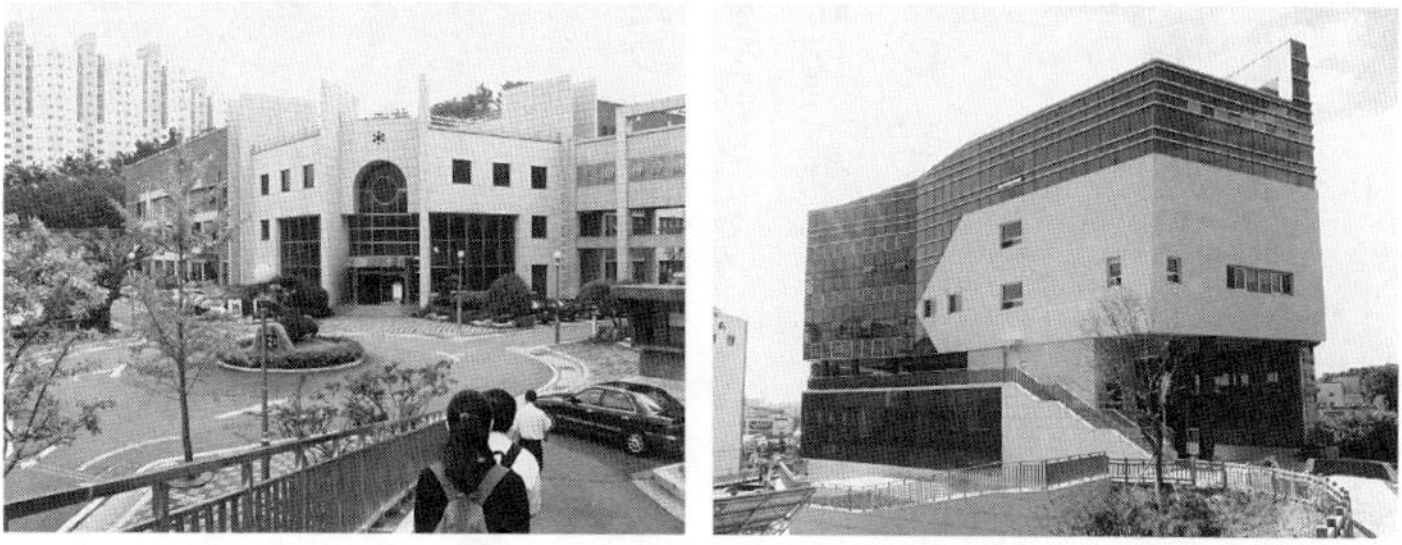

受ける。しかし英才教育振興法に基づき設立される英才学校は例外であり、学校ごとで自由にカリキュラムを編成する権利が保障されている。また、英才学校では知識の獲得よりも優秀な科学者として必要な創造力や問題解決能力の涵養に重点が置かれている（図３‐５）。このため授業には生徒による発表や討論が積極的に取り入れられており、研究活動や卒論作成なども重視されている。さらに大部分の授業は英語で進められ、教科書も英語の原書を用いる。当然教員も選りすぐりの者が配置されており、博士学位所持者も多い。なお、英才学校の卒業生には理工系の名門大学への無試験入学枠が保障されている。

このように一見公教育の平等性に反するような施策も、優れた科学者が将来自国や自国民にもたらす利益を期待することで正当化されている。すなわち韓国の才能教育関係者の言葉を借りれば、「英才教育は一般教育よりさらに多くの費用がかかるものの、生産的な投資であるといえる。一人の創造的な最高級の頭脳は百万人以上を養うことができるから」（チョ、二〇〇二年、二〇頁）ということである。逆にいえば、韓国では国家や国民に広く利益をもたらすことが期待できない分野については、公的な才能教育の対象になりにくいということでもある。上述した実施分野の科学・数学分野への偏重も、このことを物語っている。

では最後に、私立セクターで行われているユニークな取り組みについて見てみよう。

(4)私立セクターのユニークな取り組み――民族史観高校を事例に

①民族史観高校とは

韓国の中東部、江原道横城郡の山麓に位置する民族史観高校は、イギリスのパブリック・スクールをモデルに、一九九六年に大手乳業メーカーの会長（当時）によって設立された全寮制私立高校である。[1] 同校の教育目的は、「民族精神で武装した世界的指導者養成」にある。ただしこれはエスノセントリズム（自民族中心主義）を志向するという意味ではなく、自民族の歴史・文化への誇りや愛着を持ちつつも、それを基礎にして自国や世界に広く貢献できるリーダーを育てようという趣旨である。同校は韓国で最も入学が難しい有名進学校の一つであり、歴代校長には元教育部長官（日本の文部科学大臣に相当）やソウル大学名誉教授が名を連ねる。

なお同校もノーベル賞受賞者の輩出を標榜しており、正門から校舎に向かう長い道の右側には「本校出身ノーベル賞受賞者の銅像」と記された台座がずらりと一五基も設置されている（図

図3-6　民族史観高校の校舎（左）と「本校出身ノーベル賞受賞者の銅像」と記された台座（右）

3-6）。

②民族主義とグローバル化志向を融合させた人材育成

同校では民族主義とグローバル化志向を融合させたユニークな教育を実践している（諏訪・諸、二〇〇五年、三七～一九九頁。民族史観高等学校ウェブサイト。筆者による民族史観高校での現地調査、二〇一二年三月一二日）。同校の制服は韓国の伝統衣装（韓服）を改良したものであり、校舎も伝統建築風に統一され、伝統音楽や伝統武芸が必修科目として置かれている。一方で、同校は「英語常用政策（English Only Policy：EOP）」という独特な教育方針を定めており、寄宿舎等を含め校内では二四時間英語を使用することを生徒に義務づけている。当然授業も、国語や歴史などの一部教科を除いてすべて英語で行われる。また、詳しくは後述するが同校の卒業生は海外の大学に数多く進学するため、海外大学進学希望者のための「国際クラス」も設けられている。このように一見不思議に感じられる民族主義とグローバル化志向の融合（あるいは併存）も、生徒個人を中心にして自民族（自国）から人類（世界）へと広がる同心円状のアイデンティティや世界観を意識することで矛盾なく受け入れられているという[2]。

同校のカリキュラムは、民族の誇りを育てるための「民族主体性教育」と生徒の優れた才能を伸ばすための才能教育を二本柱としている。一クラスあたりの生徒数は一四名前後であり、徹底した少人数教育が行われる。また、授業は各教科担当の教員の研究室で行われることが多く、ゼミ形式や討論形式の授業が重視されている。このようにユニークな教育実践が可能なのは同校が、一般の高校と異なり自律的なカリキュラム編成が認められる「自律型私立高校」の指定を受けているためである。これは同校の取り組みが政府や地方教育当局から高く評価されていることを意味している[3]。

さらに、同校は教員の質が高いことでも知られている。教員は全員修士以上の学位をもっており、基本的に英語で授業を行うことができる。こうした優秀な教員をリクルートするために賃金を普通の高校の一・五倍に設定しているという。また、同校は自律型私立高校の指定を受けているため教員免許を持たない者でも教員を務めることが可能である。なかには放送局記者や旅行家といった珍しい経歴をもつ教員もいるという。

ただし、こうした恵まれた教育環境を整えるための学費は高額であり、同校の二〇一三年時点の学費は寄宿舎費などを含めて年間二一二七万ウォン（約二一〇万円）と、一般の公立高校の約八倍の額になっている（京郷新聞、二〇一四年三月一二日付）。このため一部からは、優秀で裕福な子どもしか進学できない「貴族学校」であるとの批判もある。

③めざましい進学実績と外向き志向

同校の高い人気を支えているのは、そのユニークで質の高い教育内容とともに、めざましい進学実績である。同校はソウル大学をはじめとする国内の名門大学のみならず、ハーバード大学やマサチューセッツ工科大学、オックスフォード大学など英米圏を中心に海外の名門大学にも数多くの進学者を送り出しており、一九九九〜二〇一四年までの累積進学者数は国内大学が八六三名、海外大学が七一八名とほぼ均衡している（民族史観高等学校ウェブサイト）。とくに二〇〇七年にはアメリカの名門大学への高校別進学率（進学者数／最高学年の生徒数）で同校が世界第二五位（在米の学校を除けば世界第一位）に入り、韓国内でも大きなニュースとなった（韓国日報、二〇〇七年一二月三日付）。岩渕はグローバル人材育成に関連して「内向きの日本人、外向きの韓国人」という表現を使っているが（岩渕、二〇一三年、五六〜五七頁）、民族史観高校の例はまさに韓国の若きエリート候補生たちがもつ強烈な外向き志向を示す例といえよう。

これまで見てきたように、韓国はグローバル化に対応した人材育成にきわめて熱心に取り組んでおり、才能教育などの教育改革を積極的に推進していた。また、こうした取り組みの中で「国際語」としての英語が有する存在感は絶対的ともいえるものであった。そしてそれらの背景には、グローバル競争の中で韓国が置かれた厳しい状況が横たわっていることも分かった。英才学校や民族史観高校の事例の中にはそのまま日本に適用することが難しい部分もある。もちろん本項で扱ったのは韓国の取り組みの一部であるし、中にはやや行き過ぎではないかという印象を受ける事例もあったかもしれない。しかしながら、有望な分野や人材を見定め、そこに集中的に投資するという一点突破の人材育成のあり方は、リーダーシップを重んじ、活用可能な資源の制限を受けつつグローバルな舞台で戦う韓国らしい戦略ともいえる。また、英語を重視する外向き志向、専門特化した才能教育、民族主義とグローバル志向の融合、自律型私立学校など、日本が参考とすべき点も多いであろう。

一方で、グローバル競争に勝ち抜くことを意識するあまり、韓国の取り組みには「子ども＝資源」「教育＝人的資源開発」という認識が色濃く反映されていることも明らかになった。しかしながら、これに対しては次のような疑問も浮かぶ。激化するグローバル競争の渦中においては、教育や子どもは本当に国家存続・発展という至上目的を達成するための手段や資源に過ぎないのであろうか。もしそうであるとすれば、その目的を達成した先にあるものはいったい何なのか。二一世紀の世界を席巻するグローバル化の流れは一向にその勢いをゆるめる気配をみせない。だからこそ、韓国の事例が突きつけるこうした問いは我々にとっても無関係でなく、ともに考えていくべき課題であるといえよう。

2　必要な国際力

(1)国際力の涵養

国際化社会・グローバル化社会には、そこで活躍する国際力を備えた地球市民、国際人材・グローバル人材が必要とされよう。

では、国際力とは何であろうか。学力を考える時に木の成長になぞらえて考察するモデルがある。そのモデルに沿って考えてみると、国際力の基盤にあたる根の部分として偏見や差別にとらわれない態度や公平な感覚、異文化や異質なものに対する興味・関心、それとともに異文化に対する寛容で共感性を育む価値観を身につけさせることが根本的に重要であろう。

アメリカのアンチバイアス教育の専門家であるルイーズ・ダーマン・スパークス（Louise Derman Sparks）の研究によれば、偏見は子どもが三歳（時にはもっと早期）の頃から抱くようになるということなので、早い段階から偏見・差別感を持たず異文化の人々と公平な感覚で接する態度を養うことが大切である（山田、二〇〇一年、一九六〜一九八頁）。その上で、人々は基本的に人間として尊厳性を有し、また共通性を多くもつ存在であるから寛容に接する必要があるという価値観を持たせるように育成しなければならない。それは人々の人権尊重の態度につながるものである。また、これからの国際社会においては、国民としてのアイデンティティのみならず、地域市民（アジア市民、東アジア市民など）であり、かつ地球市民であるという多層的アイデンティティを自覚させることも必要であろう。

そのような素質を有する根が張れば、次に大きな幹が育つことになる。幹としては、まず、世界の地理・歴史、異文化あるいは国際組織等に関する知識が求められよう。とりわけ、異文化に相違はあっても優劣はなく対等な存在であるという文化相対主義的な見方を身につけさせなければならない。さらに、世界の人々と対話するための外国語能力、情報の高度化に対応する情報処理能力、ならびに自分の意見を発表し理解してもらえるように論理的に思考し説明する能力、いわば自己表現力などのコミュニケーション能力を伸ばすことが求められる。外国語能力は前述のように英語の習得のみに腐心するのではなく、多言語社会で運用できるようにアジア言語、他のヨーロッパ言語、アフリカ言語などの学習にも留意すべきである。言語はあくまでコミュニケーション手段であり、表現の中味であると考え、意見を主張できることが肝要である。その意味からも自己表現力を磨いておく必要がある。

日本では、日本人同士の場合「あうんの呼吸」「暗黙の了解」と言われるように論理的言語表現に頼らなくてもコミュニケーションが成り立つ。しかし、異なった考え方、異なった表現法を取る人々とは、身振り手振り、感情表現では、考え、意見を深く理解してもらうことは困難である。その上、日本人の間では一般的傾向として相手と徹底的な議論をして考え方、意見の相違、あるいは類似性を理解し合うという習慣がない。また、日本社会は「コンセンサス社会」と呼ばれることもあるが、日本人はとかく直接的な対立を避け、相手を傷つけないようによく配慮する。互いに対立、対決することはよくないという思いがあり、意見の対立は人間関係の対立に発展しがちである。日本人ウサギ論という見方もある。ウサギは耳が長く情報を素早くキャッチする。しかし、ウサギの口は小さく強く自己主張することが不得意である。異文化の方々とコミュニケーションを取ろうとする時に自分の意見を述べられないようでは通用しない。論理的な表現で意見を出し合い、議論を通して相互理解に達する自己表現力を身につける必要がある。

以上の根と幹が育っていれば、葉として、世界の人々とお互いに主体的な地球市民として協調し協働していく行動力を発揮できるようになるであろう。行動力の基礎には、伝統文化を理解しつつ、異文化の新しい考え方、生活の仕方を受け入れていく思考・判断力も大切である。行動力には、異質な人々と共同プロジェクトに参加し、地方的、国家的、地域的、グローバルな諸課題に取り組む協働力、異質なアイデアに共感しつつ新しい生活・共同体をイメージする想像力も有用となろう。そして、その行動力には目標を実現しようとする時に直面するさまざまな問題を解決する問題解決能力やそれらの問題解決を図りつつ新しい社会・文化を構築して行く創造力も含まれるであろう。創造力を発揮するためには、異文化の人々と共に学び合い、共に創り合う共創力も要請されよう。

以上の国際力に求められる中味を理解しやすいように根、幹、葉をもつ木の略図（「国際力の成長」）として図3-7に表した。いうまでもなく、この国際力の成長には、適切な外国語教育、国際理解教育、多文化教育が強く関係している。

上述の国際理解教育、日本の諸大学、韓国のケースを含めたグローバル人材育成の例、ならびに国際力の中身の検討を踏まえて考えてみれば、今後、育成が期待される地球市民、グローバル人材には基本的に以下のような素質・性格が要請されるであろう。

① 地方民、国民にとどまらず、すべての人々に対する人間性の尊厳を重んじ、人権尊重の価値観をもつこと。

② 異文化の人々と公平感を持って対等に交流しつつ、国際社会において自分の考え・意見を主張できる個性を確立していること。

③ 地球的課題に取り組み、地球の平和構築に貢献しようとするグローバル・マインドをも

図3-7　国際力の成長

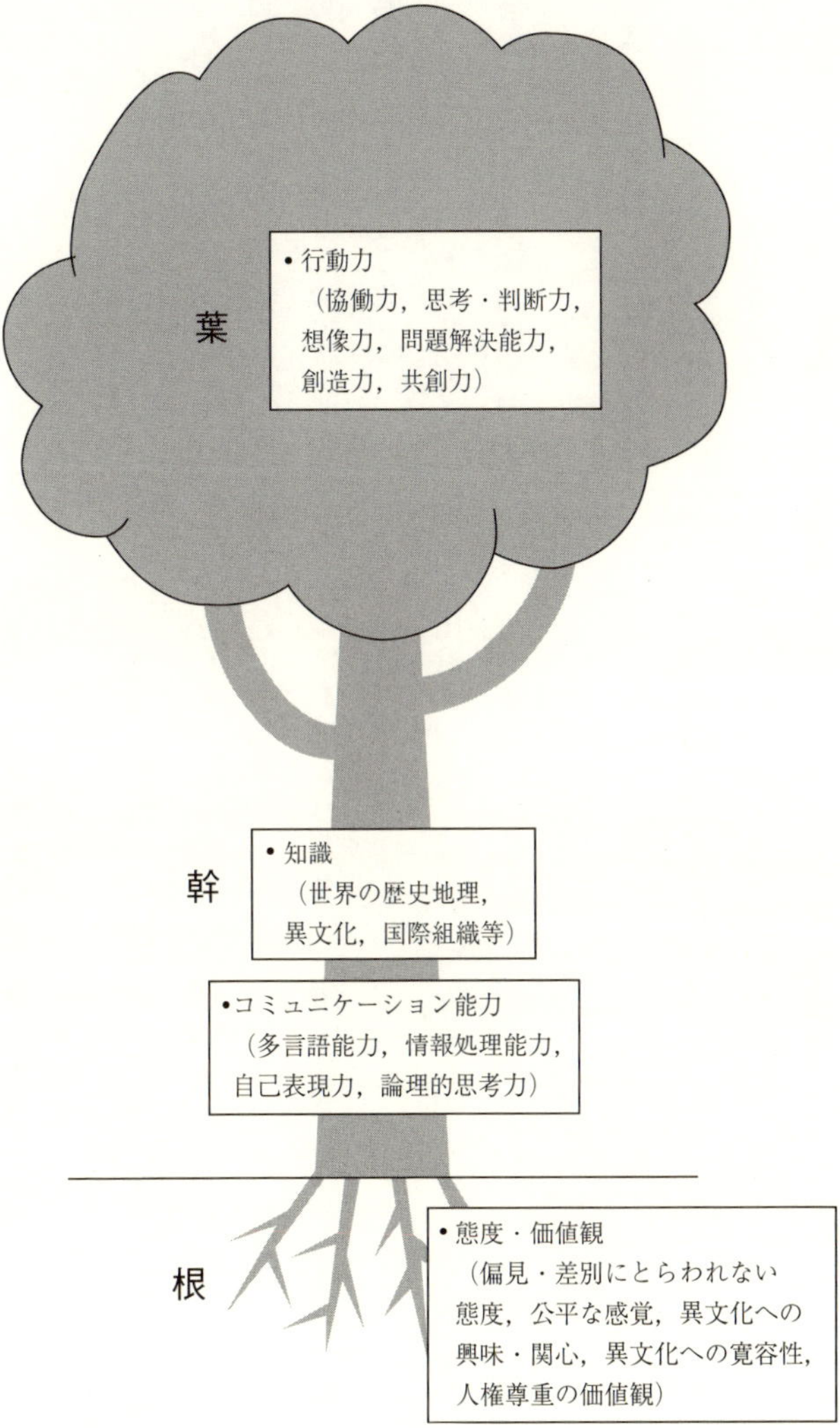

出所：筆者作成。

ち地球社会の一員としての自覚をもつこと。
④ 異文化に知的好奇心を持ちかつ異文化・自文化を理解しつつ多様な見方ができるような広い視野を有すること。
⑤ 多文化社会においては、人権を抑圧され多数派から排除されがちな移民、外国人定住者、障害者などのマイノリティ・グループがいる。彼らの存在を認識し、彼らの能力・文化を評価するような多文化共生の重要性を認めること。
⑥ 外国語能力、情報処理能力を身につけ、世界の人々と一緒に地球的課題の解決に向けて協働で取り組むこと。
⑦ 異文化、マイノリティの人々と共に働き、共に協力しつつ新しい調和した平和な共同体構築に向けて積極的に努力すること、である。

(2)多元的教育システムの必要性

上述のごとく日本の教育は伝統的に中央集権体制の下で整備されてきた結果、いろいろな側面で単一システムとなっていることが分かった。統一的な学校制度（六・三・三制）、学校教育法に基づく修業年限、教育資格、懲戒、教科、教科書、教材の使用、および学校教育法施行規則による学則、学級の編成、指導要領、学級数、校務分掌、学習指導要領などが細かく規定され全国一律に適用されている。それらの影響の下に実施される年数主義の教育、集団中心主義的な教育、一斉授業、同一な教育内容などにより個性重視の教育は実現できないままになっている。それに異文化をもつ外国人児童・生徒に対して彼らの母語や母文化を尊重した教育を考慮せず、日本の学校、教育への適応を強調して同化主義、奪文化主義に陥っている。同時に、国民教育を重視しつつ国民アイデンティティの形成に留意するが、アジア市民、地球市民といった多層的アイデンティティの育成は考慮されてこなかった。

一九八五年に栗本一男氏は『国際化時代と日本人――異なるシステムへの対応』と題する本を刊行し、日本の社会システムについて次のように述べていた。「現在の日本は中央に権力・財力を集中した単一化された、または単一化傾向をもつシステムをもっています。……そのために、日本はかつての清朝中国のように、外部の変化に対して単一化した反応しか持てないようになっているように私には思えるのです」と。さらに「日本社会が多様な受け入れシステムを準備することが、将来の日本の国際化の手段として不可欠だと考えるのです。帰国子女の適応の問題は、海外に出た時より、海外から帰った時の方が問題が大きいと言われるのは、外の社会には異質なものに対処してゆくメカニズムがあるのに、日本にはそのメカニズムがないことです。これは社会の特殊性というだけのことです」と（栗本、一九八五年、二〇二頁）。続けて教育の特質に関して「今の日本では、子どもの個性、他と異なった才能を認め、これを育てる形が制度として成立していないのです」「今の日本の教育制度は、特異な才能を若芽のうちにすり潰す作用をもっています」（栗本、一七九頁、一九四頁）とも述べている。

アメリカ、カナダ、オーストラリアなどでは、異質なものの存在を認め異文化の価値を認めている。しかし、日本では、韓国・朝鮮、中国、ブラジルなどの異文化は日本のものと異質であるということから評価されず、時には抑圧、排除されてきた。こうしたやり方では、異文化を背景に持つ外国人の反発を招き、疎外感を持たせることになりかねない（熊谷、二〇一一年、一二五～一三二頁）。

日本人もタイ人も外国へ出かけても現地に留まることなくいずれ帰国する人が多いといわれる。どうしてであろうか。これに関して栗本一男氏は次のように説明している。「タイ国も日本もその伝統的な生活システムの中に外の生活システムとの共通項をあまりもたない。それぞれ自国語で教育や訓練・社会・経済生活のすべてが事足りることに表れています。……自国語への依存率が高いところほど自己完結システムをもっています」（栗本、一〇七頁）。異質なシステムと接する生活をしていないタイ人、日本人は自国へ帰ってしまいがちということである。

また、栗本一男氏は、同著で「日本ゆで卵論」を紹介している。日本人は世界全体を国内と国外に峻別して考える。ゆで卵で、黄身の部分は日本、白身は国外として区分され、国内も国外も均質と考えられているというのである（栗本、一七～一八頁）。たしかに、日本では同一人種、同一言語、同一生活文化などで均質化されていると思われている。しかも、日本には内と外を区分して使い分け、自分は内側のものとして固定し外側の者を「よそ者」として排除する傾向が強い（吉村、一九九〇年、七二〜七四頁）。新しく後から入った人は、前からある古いもの、長く存在する伝統に同化し和していくことが重要という社会規範が存在する。そこでは、新しい異質なもの、異質な人々は評価されず伝統的規範、文化への同調、同化が求められる。ほとんどの外国では、このように生活文化が均質化されていない。民族的に混住し、多数の少数民族が同居している。筆者が在住したマレーシアではマレー系、中国系、インド系市民で構成されていた。何度も調査に行ったタイでも、タイ族が多数を占めるが、東北地方には、ラオス人、カンボジア人、北部には山地少数民族、南部にはマレー系イスラーム教徒が多くみられる。アメリカ、カナダ、オーストラリアなどの移民国家では、多様な人種の移民で構成されている。こういう国々では「ゆで卵型」の国家観は通用しない。これらの国々では、異文化の人々が共存・共生していくための多元システムが工夫されているのである。

もっとも、日本文化も地方によってそれぞれ特質をもっていて決して均一ではない。日本国民は起源的には多元的でもある。北方および南方アジアから文化が長年にわたって流入して堆積し、受容・集積型の文化を持つに至っている。神道と仏教の長期にわたる相互浸透と共生の歴史、漢字受容と変化の歴史、儒教の伝来と影響の変化などを見ても、日本文化は、本来、多元性を有し多重構造になっていることを認識する必要があろう。伝統的には、日本独特の多様性や柔軟性を持っているはずで、そのことを再発見して確認することが大切である。まして、異文化の外国文化が入ってくればますます多様化してくる。日本を均質化した社会と考えず、多様な文化を持つ社会であり今後ますます増える異質な文化を尊重し多文化と共生していく多元的システムを確立する工夫に迫られているのである（栗本、二〇〇八～二一五頁。吉村、七二頁、七八～七九頁。佐々木、一九九七年、三一九～三二二頁）。

東南アジア諸国や中国においても多様な民族、文化を抱え、それらを尊重する多元的システムを工夫している。例えば、マレーシアでは、マレー人以外に、多数の中国人、インド人がおり、彼らの文化、言語に配慮して初等教育では、マレー語小学校、中国語小学校、タミル語小学校が認められている。インドネシア、フィリピンには多様な民族が混在しているので、小学校低学年では、教授用語として国語（バハサ・インドネシア）、あるいは公用語（フィリピン語、英語）以外に地方民族語の使用を認めている。また、インドネシアでは、イスラーム教徒がイスラーム教育を希望するならば、公立の普通初等中等学校（スコラ）以外に公立のイスラーム学校（マドラサ）に就学することが認められている。いわば、公立学校が二重制度になっているのである。タイでは、公立学校においても宗教教育が認められているが、多数派の人々が信仰する仏教ばかりでなく少数派のキリスト教やイスラーム教も教えられている。

また、栗本氏は社会システムとして「官のシステム」と「民のシステム」があることを指摘している。「多くの民族の活躍の舞台となった中国では、元来、『官』または『公』のシステムに立つ生き方と、これに含まれない部外者の生き方である『民』または『私』の生き方のシステムが併存する社会であった」。官のシステムというのは、「システム固有の働きにより物事を処理する方式で、相手の立場や都合を考慮しません。自己の競技のルールを相手に強要します」。これに対し、「民のシステムは、常に自己のシステムと他のシステムの相対的な立場の認識があり、我と彼の共通項を求めることや、別の次元での解釈により、共通項を作り物事を処理するやり方です」と。「官のシステムを強力にすればするほど、システム相互間の調整の柔軟さは失われます」。「官僚化が進むということは、組織が民から官へ移行することでシステムが強固になってゆくということですが、逆にみれば他のシステムとの関連でその場に応じた柔軟な判断を働かせる余地がなくなってくることです」と説明している。「今までの日本の近代化のプロセスは、目標が明確であったために官主導で、官が全体をコントロールしてやってきたのですが、今では条件が全く変わってしまいました」（栗本、七〇頁、七五〜七六頁）。そして、国際化に伴い、国内の問題は国際的な問題に直結している。従来、限られた数の国際問題担当の専門家だけで諸問題を処理してきたが、これからは多数の人が国際的な分野に関与せざるを得なくなっている、などの状況を明らかにしている。

今後は、「一つのシステムに結び付けられていない個人としての立場が行動や判断の中心になることで、民として在来のシステムに拘束されない自由な発想と行動が表面に出てきます」（栗本、一〇三頁）ということで、柔軟な民のシステムの発展を期待している。中央政府による計画案を受け入れて画一的に実施する「公のシステム」では、多様なシステムは発展しない。個々人の自由で柔軟な発想を活かす「民のシステム」こそ、多元的なシステムの確立を促すことになると思われる。民のシステムを教育分野でみれば、創設の精神に基づき自由に教育を創意工夫する各種の私立学校、自由裁量権を与えられた地方教育行政の下に各児童生徒のニーズに対応したり、地方の特色を生かした教育を地方住民とともに工夫したりする、多様な公立、私立学校の発展を鼓舞する多元的教育システムを意味しよう。これからは、こうした多元的教育システムの確立が大きな課題であると思われる。

今後、国際化社会、グローバル化社会、および情報化社会に対応した適切な教育を整備してゆくためには、基本的に異質のものを受け入れて多様な日本文化と共存し、日本人・外国人が協働していけるような多元的教育システムを構築することが重要なのである。そして、日本において伝統的に規範、基準とされてきたものを大胆に変更し、社会・教育システムを閉鎖型から開放型へ変えていかねばならない（吉村、七九頁）。

注

（1）なお、同乳業メーカーはその後業績不振に陥り他社に売却されたため、現在民族史観高校とは無関係である。ただし元会長は創立以来一貫して同校の理事長を務めている。

（2）この点に関し同校の教員は次のように述べている。「民族史観高校では他人のことを思いやる教育をしています。民族とはすなわち家族を越えた他人のことです。民族のことを思いやることができれば、民族を越えた他人である世界人類を思いやることができるようになると考えています」（筆者・石川による民族史観高校での現地調査、二〇一二年三月一二日）。

（3）自律型私立高校の指定は、教育部長官（日本の文部科学大臣に相当）の同意に基づき市・道教育監（日本の都道府県教育委員会教育長に相当）が行う。

第4章　異文化遭遇と多文化教育——地球市民育成の取り組み1

本章では、地球市民育成と関連する多文化教育の歴史と現状の特質を異文化遭遇の観点からアメリカ、カナダ、オーストラリア、イギリスのケースを見てみることにしたい。いかなる考え方、教育運営、教育方法が重視されてきているかに留意する。とりわけアメリカでは、母語や母文化を尊重し、差異の視座を重視する個性教育、学年枠を越えた能力別学習が盛んである。多文化主義政策を採用するカナダでも個別指導に力点を置きつつ、公用語に加えて継承語（母語）学習に取り組んできている。オーストラリアでは、「グローバルに考えてローカルに行動する」という方針で展開されている地球市民教育の実践例を参照する。イギリスについては、一九九〇年代後半から注目されている多文化社会における創造性・文化教育の動向を検討してみる。これはすべての子どもたちに個性的な創造性を発揮させようとするものである。なお、第3節のオーストラリアの取り組みについては見世千賀子、続く第4節のイギリスの試みについては渋谷恵が担当した。

1　アメリカにおける多文化の子どもへの差異の視座

アメリカでは、一九世紀初頭から半ばにかけて、新しい移民（アイルランド系、ドイツ系、南ヨーロッパ・東ヨーロッパ移民等）をアメリカの生活に適応させるために「アメリカ化」（Americanization）が試みられた。アメリカ社会は、民族社会（ethnic community）に分かれて分離するのではなく、共有の言語（英語）、共有の文化をもつことにより言語的、文化的に統一されるべきという考えに基づいていた。そのために最初に行われたのは、白人文化への同化（アングロ・コンフォーミティ）であった。一九世紀後半から二〇世紀の初めにかけて、アメリカの公立学校はこの方針で教育が促進された（コルデイロ／レーガン／マルチネス、二〇〇三年、三〇頁）。とくに、アングロ・コンフォーミティの支持者は、起きている民族対立・紛争を減らすために、各民族に白人文化の共通教育に対する取り組みを奨励し、文化的な分離主義に陥ることを回避しようとした。

二〇世紀半ごろから各種の民族集団が集まって新しい社会を形成するというメルティング・ポットの考え方が支持されていた。それは白人たちが中心になるのではなく、多様な移民集団が混合した文化を作り上げ、新しいアメリカ社会を構築しようとする理論であった。しかし、実際には、そのことは実現が難しく、ＷＡＳＰ（白人、アングロサクソン、プロテスタントの人々）が中心の白人文化への同化が進展した。

一九六〇年以降、教育実践、社会運動においてみられるようになったのは文化多元主義であった。それを象徴する意味で使われるのは「サラダ・ボール」社会論である。各種の野菜（白菜、大根、ニンジン、キュウリ、トマトなど）で構成されるサラダのように、社会は多様な民族文化集団によって構成されると考える。学校においても、英語ばかりでなく他の言語を教える、教科書に白人以外の人々の記述を掲載する、非白人の社会への貢献を取り上げるなどの試みが行われている。

次にサラダ・ボール社会の考え方から、多文化教育を実施している例をみてみる。

マサチューセッツ州にあるアマースト市のＡ小学校で一九七〇年代初めに実践されたケースを考察してみる。同校では、授業の教育用語である英語ができないという理由で、問題児や邪魔者扱いされることはない。この小学校には、ベトナム、カンボジアの難民の児童、中南米からの移民の児童が増え、三分の一が外国人または移民の子どもであった。彼らは多様な母語を使用し、異なる文化を背景にしている。Ｒ先生のクラスでは、このような多様な文化をもつ児童に対し白人文化を押しつけることはしない。彼らの母語や文化を尊重する多様な個性教育を展開している（横田、一九九七年、一五五〜一五六頁）。

例えば、音楽教育も、西洋古典音楽のみではなく、アメリカの音楽やアジア系、ラテン系の音楽も取り上げる。音楽室には、世界各国の楽器が備えつけてある。グループ学習では、グループで競争し合うだけでなく、協力し合って新しい曲を作曲する。児童たちの出身国の音楽が尊重される。その際、楽譜の読めない児童には読める児童が教え、リズム感覚の豊かな児童はその面から作曲に貢献する。グループでの作曲となれば、楽譜の書き方、リズムの取り方、音程の合わせ方などで対立が生じ、いらだち、けんかに発展することもある。しかし、対立をそのままにしてけんか別れするのではなく、対立から互いを理解し合い、共通に解決する方法を学んでよりよい作曲に至り進歩する。ただし、児童が相談して定めたルール、約束は必ず守ることにしている。音楽室には、次のような約束事が張り出されている（横田、一六〇～一六四頁）。

a．自分自身を尊敬すること。
b．他の人を尊重すること。
c．責任をもつこと、である。

また、A小学校では、児童の肌の色、人種、出自、性、母語などと関係なく、いずれの児童も平等に扱われ、彼らが身につけているいずれの文化も尊重される。そして、暴力は禁止され一緒に定めた共通のルールは固く順守する。このようにすべての児童が人間として、個人として尊重されるということは、基本的に人権が重んじられていることを意味する。人権を知識として教えるだけではなく学校の実生活において生かされている。その人権教育の基礎の上に児童がもつ多文化が尊重され発揮されているのである。多様な個性をもつ児童が互いに相違点を尊重しつつ人権を重んじ共通のルールを守って共生を図る。このようにして多文化教育のねらいが実現するのである（横田、一六八〜一七〇頁）。

多文化教育の見方によれば、児童たちは、各自の言語（母語）、人種、宗教、文化などが受け入れられ尊重されていることを理解すると、互いの文化に優劣をつけることを止め、友人の異なる文化を尊重し合う態度が取れるようになるという。児童が自分自身のクラスで受け入れられていることを感じれば、児童と教師の間に信頼関係が生まれる。そうなれば頑張ろうという気持ちが出てきて、自信を持てるようになり成績、学力も向上してくる。そして、学校へ来ることも楽しくなってくるという（Gollinick, Donna M. & Philip Chinn, 1990）。A小学校のR先生のクラスでは、こうした考え方が生かされ、生徒各自のアイデンティティを文化の一部として尊重しつつ、子どもが大切にされているという認識と自信を育むように指導し、それと同時に教師と生徒の信頼関係を築いていた（横田、一五九頁）。

このように、異文化を背景とする子どもたちを等しく扱い個性を尊重する前提として、子どもに対する見方、視野の工夫が必要である。子どもに対する見方には、「欠損の視座」と「差異の視座」が考えられる。「欠損の視座」では、文化の相違（差異）があった場合に劣った文化をもつ子どもは、埋める、補わなければならない欠陥をもっていると考える。例えば、一九六〇年代には、その欠陥を矯正的または補償的教育プログラムによって補う必要があるとみなされた。他の行動や慣習などの文化の相違についても同様な議論が行われ、多くの人々からその視座が支持されたが、段々と受け入れられなくなってきている。

それに対し、「差異の視座」では、文化的差異（相違）が認識されると、その差異は単なる差異に過ぎず、優劣はなくそれぞれ文化は等しく価値を有するというふうに文化相対主義の考え方で判断する。そういうふうにみなされれば、異なる文化をもつ子どもたちは、各人が個性的で自分たちの個性は尊重されていると感じるのである。子どもの人権を尊重しつつ、個性的能力、学力を発揮させるためには、「差異の視座」が必要であろう（コルデイロ／レーガン／マルチネス、二〇〇三年、三八～三九頁）。

一九七二年八月から一九七三年八月に筆者がカリフォルニア大学バークレー校へ留学していた時に、バークレー市や近くのオークランド市のいくつかの小学校や幼稚園を視察してまわった。また、一九八七年一〇月にカリフォルニア州のロスアンジェルス市でアメリカにおける日本人児童生徒に関する調査を行った時も日本人学校や補習校に加えてアメリカの現地校も数校視察した。

それら現地小学校の視察を通じて強く感じたのは、第一に集団中心教育ではなく個別教育を行っている点であった。クラスで授業を参観すると、英語、算数、社会などの教科では児童たちがグループに分かれ複数の教員が指導に当たっていた。そのグループは基本的に能力別になっているが、社会、理科では、児童の興味・適性に応じてグループごとに扱っているテーマが違うこともあり興味深かった。教員には、長期の教育実習生に加え、子どもの親もクラスに招かれ、自分の子どもではなく他人の子どもの指導に当たっていた。

数学や英語のクラスでは、児童たちは exercise book を使用し、各児童の能力、進度に応じて使用している exercise book は異なっていた。クラスの一角に各児童の進度表が貼ってあり、それをみると算数に関して、どのレベルの学習までマスターし、現在どのレベルの学習をしているのか一目瞭然となっていた。四学年のクラスなのだが、ある児童は、まだ二学年、三学年の学習をしており、また別の児童はすでに小学校レベルを終わって中学校一年、二年生のレベルの学習をしているケースもみられた。こうした学年を越えて学習を行うことは、日本のように年数主義、学年制を固執している国では考えられない能力別学習である。私が、前述のバークレー校へ留学した時、はじめに英語研修が一ヵ月程あり、インターナショナル・ハウスに滞在していた。その時、朝食や夕食の時はいつも同じ中学生三人に出会った。知人を訪ねてきているのかと思ったが、何度も会うので、アメリカの学生に彼らは何をしに来ているのか聞いてみると、彼らは大学院へ数学の勉強に来ているのだと聞いて大変驚いた。日本では、小中高校において飛び級も認められていない。まして、中学生が大学院で学習することなど考えられないことである。後でその中学生と一緒に勉強しているという日本人留学生に話を聞くと、彼らは大変優秀で、日本人留学生もたちうちできないくらいだという驚異の内容であった。

一九八七年一〇月二四日～一一月七日にロスアンジェルスのいくつかの小学校を訪ねてクラスの授業を参観させてもらったところ、教授用語に英語以外の言語を使用しているクラスがあった。ベトナム語、広東語、スペイン語で授業を行うクラスである。それぞれのクラスはベトナム、中国系、メキシコやペルーなど中南米系の児童で構成されていた。教師は学校地区に住む父兄や住民で、教員免許を所有している方を優先的に雇用していた。当時は、ベトナム、カンボジアからの難民が多く滞在していたし、中南米からの移民も多かった。それにしても、日本では外国人児童生徒が少ないこともあるが国語以外の言語で授業を行うことは考えられない。

訪問した学校の校長に、どうして英語以外の言語（母語）を教授用語として活用するのかを聞いてみた。すると、マスターしている母語で学習すれば、学習内容を理解しやすいし、後に英語が上手くなってくれれば、英語の授業に切り替えていく。身についていない英語で授業してもついてくることができず、内容が理解できない児童は、学習につまずいてしまい、学習への興味を失う。そして自信喪失になりかねない。それ故、母語による授業は大切であると思うとのことであった。このことは、第2章第一節の外国人児童生徒の教育の箇所で指摘したように、カミングがとなえる母語と第二言語の関係に関する「第二言語相互依存仮説」に該当すると思われる。換言すれば、母語できちんと思考し表現できる子どもは、後に第二言語である英語によって学習しても学力は伸びるということである。

いずれにしても、カリフォルニア州では、教授用語として英語を使用すべきか、母語の使用を認めるべきかについて意見が分かれていた。それで州民による選挙が行われ、英語支持派が勝利した。その結果、一九八六年に州法が改定され、カリフォルニア州では、共通語、公用語は英語であることが規定された。それにより、同州の公立学校では英語で教育されるのが原則となっている。ただし、上記のように補助用語として各種の母語は使用されている。

一九九八年にもカリフォルニア州において「州内の公立学校におけるバイリンガル教育の廃止」（住民提案二二七）に関して住民投票が行われ、六一％対三九％でそれが承認された（永谷、二〇〇二年）。これにより、カリフォルニア州に多い黒人やヒスパニック系の子どもの学校における成績不振が改善されると期待された。

二〇〇二年には全米五〇州のうち二七州が州の公用語を英語にすることを規定している。そのうち一三州はそれを一九八〇年代に規定している。後の二三州は公用語を英語に限定していない。ハワイ州は、一九七八年に英語と現地のハワイ語の二言語を公用語として制定した。一九九〇年代以降、アメリカでは社会科における参加型学習としてサービス・ラーニングという教育方法が取り入れられている。それは、学力向上と市民的責任の促進を目的としている。カリフォルニア州のフレスノ郡では、リーダーシップ研修と兼ねて、放課後にサービス・ラーニングを行っている。その内容について山田千明は次のように述べている。「社会科という一教科に限定せず、放課後の楽しい活動を通して、敬意、責任を反映した意思決定の練習を行うプログラムである。また、コンフリクトの解消や問題解決の方法を共に探求し、人々や文化の多様性を正しく認識することを学ぶ。さらに、学習者は市民としての参画スキルや市民的価値を学ぶために自分たちの学校やコミュニティに貢献する」。その例として、「白血病治療に関する募金活動」や「ビーチボールを使っての円陣パス」などが行われている（山田、二〇〇七年、一三〇頁）。

2　カナダの個別指導・母語重視の多文化共生教育

伝統的な移民国家であるカナダにおいても移民による多様な民族を抱えつつ、各民族の文化を尊重しながら国民統合を図ってきた。従来、移民の少数民族の異文化は、カナダの主流文化であったアングロサクソン系文化への同化が図られていた。ところが、一九六〇年代にフランス系移民が多いケベック州の独立を志向するケベック・ナショナリズムの影響もあり、英語とフランス語、イギリス系とフランス系の文化、すなわち「二言語・二文化主義」が主流となった。一九六三年に連邦議会に「二言語・二文化勅命委員会」が設置された。しかし、イギリス系・フランス系以外の民族集団がこの「二言語・二文化主義」に不快感を表明し、自らの権益の公的保障を求めた。その動きを受け一九六九年に、同委員会報告の第四巻は、英仏系以外の民族集団がカナダ文化の向上に寄与するとし、カナダ社会へ平等に参加することで、同化ではなく統合するよう勧告した（宝利、二〇〇一年、四五～四六頁）。いうなれば、イギリス系とフランス系のカナダという二元性と、民族的・文化的多元性という現実を両立させる多文化主義が模索された（牧野、一九九九年、一三～一五頁）。そして、一九七一年に世界に先駆けて連邦政府は「多文化主義に関する連邦政策」を制定し、多文化主義政策の実行を宣言した。この宣言は一九八八年に法制化された。多文化主義政策が採用された後には、サラダ・ボールに喩えられるような、多様な民族の文化を尊重するモザイク国家を目指している。

多文化主義政策とは、一つの国家の中にさまざまな文化をもつ多様な民族が存在することは有利であるという見方に基づいて、国民の多様性を尊重し、カナダに住むすべての人々が平等に社会参加できるような国づくりを目指す政策である。この多文化主義を進めるため連邦政府は、次の四つの支援政策を掲げた（宝利、四五〜四六頁）。
①民族文化集団が自らのアイデンティティを保障し、育成することを支援する。
②民族文化集団が障壁を乗り越え、カナダ社会に全面的に参加することを支援する。
③すべての民族集団が相互に創造的な交流をすることを支援する。
④新しいカナダ住民が少なくとも公用語の一つを習得するために支援する。

この支援策に従って、多文化主義教育が推進されている。多文化主義教育とは、独自の民族的、文化的背景をもつ子どもに、自分の文化に誇りを持たせ、自他の文化の相違を認識させ寛容の精神を養うとともに、多様な民族と文化を尊重する態度を培おうとする教育である。

とくに、英語・フランス語の公用語以外の母語の教育を継承語（heritage language, langue d'origine）教育として重視してきている。母語は言語のみならず文化遺産として保存し、その習得により市民の民族的・文化的アイデンティティを保持させようとする狙いがある。例えば、オンタリオ州の「多文化主義に関するオンタリオ諮問審議会」は、一九七四年に継承語教育の方針を定めた。それは、①継承語の教育に学校施設を利用すること、②継承語の学習を単位認定し、正規の中等教育カリキュラムに位置づけること、③継承語を教える教師の養成・訓練を図ること、の三つである（宝利、一二一〜一二三頁）。多くの州では、継承語を正式教科として認めていないが、放課後や休み時間、他の教科時間に学習することは奨励されている。

その後の一九八二年、憲法「権利と自由に関するカナダ憲章」の第一五条において「すべての個人は法の下に平等であり、一切の差別、特に人種、出身国籍もしくは出身民族、宗教などを理由として差別を受けることなく、法の平等の保護と利益を享受する権利を有する」と規定した。また、同憲法第二十三条において統合言語教育権を定め、カナダ市民であれば、いずれの国の出身者であっても言語教育を受けることができる権利を保障した。

このような理念に基づき継承語が優先的政策課題として扱われている。また、学力の実態を測り教育効果を検証するため、ＰＩＳＡに参加した生徒の追跡調査を実施し、いち早く調査研究をまとめ発表した。このように国を上げて移民の教育効果に関わる研究が積み重ねられている。

カナダの小学校における具体的な教育方法の例を見てみたい。州のケネディ・パブリック・スクールでは、コーポラティブ・プログラム（Cooperative Program）に力を入れている。例えば、算数であれば、計算の仕方を一斉授業で教えておいて、その後、各自で計算問題を解き、さらにグループで答え合わせをしたり、早く解けた児童が苦手な児童に教えたりする。図工の時間には、ある作品の作り方や道具の使い方を一斉授業で学んでおいて、グループごとに児童が協力し合って一つの作品を仕上げる。その際に、民族、言語の異なる児童生徒も一緒に参加し助け合う。教師は、グループ学習の時には、グループを回り必要な助言や指導を行うが、基本的に児童の自主性を尊重し指示はしない（牧野、五七～五八頁）。

また、同校の図書館では司書教諭が中心になって全校の子ども一人ひとりの読書計画を作り読書指導をしている。児童たちに読書の楽しみを教えつつ学校が重視している識字に関して大切な役割を担っている。さらに、各クラスの課題研究を支援することで、児童に図書の検索や調べものの方法を学ばせることで個別学習を支援している（牧野、六二頁）。

京都女子大学発達教育研究科に在籍した小沼清香は、二〇一五年に提出した博士論文「JSL（Japanese as a Second Language）児童の学習理解におけるつまずきの要因と克服方法――茨城県つくば市とカナダのアルバータ州エドモントン市における事例研究をもとに」の中で、エドモントン市においてESL（English as a Second Language）教育を受ける移民の子どものつまずきに関して調査研究を行ったことに言及している（図4-1、図4-2）。調査対象校は、アルバータ大学近くにあるG小学校、エドモントン市の中心にあるD中学校、J中学校であった。小学生の中には、中国語、アラビア語、韓国語、ヒンディ語、セルビア語、ペルシャ語、タガログ語などを母語とする移民の児童は多かった。他方、中学生では、多くの移民生徒が、ソマリア語、アラビア語、中国語、韓国語、スペイン語、タガログ語などを母語としていた。

彼女が行ったつまずきに関する教員へのインタビュー調査結果によると、言語、思考、文化の面から次のような原因が挙げられた（小沼、二〇一五年、一二四～一二六頁）。

①言語面

・語彙や文脈の前後関係、慣用句・熟語の表現が難しい。

・歴史の用語や説明内容を理解できない。

・社会化の知識理解が困難である。

・新しい語彙の理解と習得がしにくい。

図4-1　エドモントン市の小学校における保護者ボランティアによるグループ学習

出所：小沼清香氏提供。

図4-2　エドモントン市の中学校におけるソマリア出身生徒に対するESL個人指導

出所：図4-1と同じ。

②思考面

・割り算・掛け算の意味がわからない。

・算数の文章問題が難しい。

・英語、社会科などで表面的理解に留まっていて、抽象的概念が入ると理解が困難になる。

③文化、習慣面

・母語による読み書きの経験が少なく、基本からの練習が必要である。

・ソマリアの生徒は、クルアーン（イスラーム教の聖典）暗記の学習しかしてこなかったため丸暗記する学習を好む。

・机に座って学習する習慣をつけるまでに苦労した。

・カナダでの生活経験が少ないため、"I ride camel"と言ってしまう（"I ride on a horse"が普通）。

これらのつまずきの原因は日本のつくば市におけるＪＳＬの児童生徒と大体類似した結果であった。一方、つまずきの克服方法になると日本にみられないような方法が採られている（小沼、一二六〜一三二頁）。

その特色の第一は、母語・アイデンティティの尊重である。

・児童生徒の保護者に家庭では母語を大切にし、よく教えるように呼びかける。

・母語（特にスペイン語）ができる児童生徒にスペイン語タイムを作り、学級の友達にスペイン語を教える時間を用意する。母語を話せる児童生徒は自信をもつ。
・児童生徒のアイデンティティの確立を重視し、一人ひとりに自信を持たせるように指導する。

第二は、個別指導である。

・一斉授業はあまり行わず、個別に課題を提供して取り組ませる。
・いくつものグループに分け、時間を区切って学習内容を変え、いろいろな活動を同時に行わせる。個別に児童生徒の学習進度の記録を取り、学習の達成度や困難点を分かりやすくし、それを保護者と面談する時に活用する。

第三は、分かりやすい指導方法である。

・絵やジェスチャーを使い、視覚に訴えて内容を分かりやすく伝える。
・授業によって机の配置を変える。コの字型、アーチ型、縦二列型、グループ型などを工夫する。
・算数・理科では、本やビデオを見せたり読ませたりするだけでなく、実際に、実験や実験活動を取り入れて体験型学習を心がける。

第四は、多文化環境の設定である。

- 世界地図や外国写真、ＥＳＬ児童生徒の出身国の国旗などを掲示する。
- 放送朝会において校長・教頭が外国人生徒の母語であいさつしたり、外国の行事を紹介したりする。

第五は、外部からの支援である。

- 保護者やボランティアが週に二回来校して授業を手伝う。音読練習、単語や文章の読み方の確認、反復練習などを行う。
- 大学生のボランティアが授業にチーム・ティーチング（ＴＴ）の教員として入り手伝う。児童がわからない英語はやさしい表現に換えて説明する。
- 放課後教室を設け、大学生がボランティアとして入り宿題を手伝う。ＥＳＬ担当教員も一緒に指導に加わる。その教室のおかげでＥＳＬ生徒は勉強意欲を維持している。

前述の外国人児童生徒のつまずきの原因と克服方法の調査分析から見えてくるカナダの多文化主義教育の特色をまとめておく（小沼、一三三〜一三四頁）。

第一は、ＥＳＬ児童生徒が言語について特別ニーズを持ち、そのニーズに応える個別的な指導・支援をしていくという理念が実践されていることである。具体的には、個別の言語レベルに合わせた指導を行う。とりわけ一人ひとりの実態に対応できるように生徒対教師の比率を考慮し少人数グループに分けた指導を取り入れる。

その指導の際にも教師が児童生徒に教え込むという態度ではなく、ジム・カミンズが指摘するように「教師と児童生徒の間に協働的な力関係を創り出すこと」を重視し、「教師と児童生徒が相互接触（インターアクション）の中で、児童・生徒（また教師）の言語的、文化的、知的アイデンティティが肯定されると、学校で成功することにも自信が持てるようなパワーが生まれてくる」（カミンズ著、中島訳著、二〇一一年、一〇二頁）ようになる。いうなれば、子どもに受身的に学習させるのではなく力をつける（エンパワーする）ように指導している。学校は知識を伝授する場と限定せず、教師も児童生徒も共に学ぶ相互学習の場と考える。

第二に、母語を重視した多文化共生教育を実現している。ジム・カミンズ、マルセル・ダネシは、カナダにおいて多文化主義の中核として母語（継承語）が推進されていると述べ、「なぜ公立学校のなかで継承語を強化すべきかというと、その根拠は継承語教育が個々の子ども、民族文化コミュニティ、そしてカナダ社会全体に与える潜在的な影響力にあると言える。……自らの文化と言語のうえに形成された人格的、概念的基盤は、子どもに自信を与え、知的発達を促し、そして多言語の習得に成功させるのである」と説明している（カミンズ／ダネシ、二〇〇五年、九〇～九七頁）。自分の母語や文化が大切にされていると感じれば、自分が受け入れられていることがわかり、自信が持てるようになる。そうすれば自尊心の確立にもつながり、学習意欲も高まってくる。

また、異なる母語をもつ多様な児童生徒が身近に存在する多文化的な世界で学習する。そこでは、新しく移民してきた少数民族の児童生徒も以前から居住している多数派の白人児童生徒も、共に関心をもち尊重し合いながら自分たちを互いに変革していこうとする多文化共生の学級、学校となっている。

カナダにおける市民性教育の特色をみると、連邦政府ではカリキュラムを直接編成できないため教材の提供や助成金プログラムなどを通して市民育成を働きかけている。市民権・移民省では、学校教育に関して「シティズンシップ週間」を設けて市民性教育を奨励し、教育活動事例集を発行している。二〇〇〇年代に発行された教材では、移民への理解促進、多様な人々からなるカナダの称揚、カナダへの帰属意識や参加の促進などがテーマにされている。各州の試みでは、社会科を中心にしながらも総合的なテーマ学習を設定する州（アルバータ）、「文化と社会」のような学際的教科により教育する州（ブリティッシュ・コロンビア、ユーコン、サスカチュアン）などがみられる。

これらのシティズンシップ教育を通じて次のような要素や能力を育成しようとしている。①カナダ人であると同時に世界市民（citizen of world）でもあるというアイデンティティ、②人権の認識と尊重、③市民としての責任と義務の受容、④一般的な社会的価値への熟慮されたコミットメント、⑤公的生活に参加するための能力、⑥理知的に考え行動する能力、である（岸田、二〇〇七年、一一三～一一五頁)。

3　オーストラリアの学校における地球市民教育の取り組み

(1)地球市民教育の取り組み

オーストラリアの地球市民教育への取り組みの実際は、学校によって多様である。本項では、全豪社会科教育学会会長のタトバル氏を中心に作成された地球市民教育の優れた実践例を集めて掲載した冊子「オーストラリアにおける地球市民教育のさまざまな取り組み」(Libby Tudball, Lindy Stirling, 2011) から、その一端を紹介する。

オーストラリアにおいて地球市民教育という用語が使用され始めたのは、一九九〇年代以降とされ、その取り組みは、一九九〇年代半ばから行われた国レベルにおける教育指針や教材開発によって発展してきた。同時期に、国レベルでは、「シビックス・シティズンシップ (Civics Citizenship)」、いわゆる市民性教育に関する教材開発も推進されていた。しかし、ここにはグローバルな視点はみられず国内志向のオーストラリア市民の育成が想定されていた。グローバルな市民の育成とオーストラリア国内向けの市民の育成ということが、別々に並行して考えられていたといえる。

また、オーストラリアは多文化主義の国として知られている。一九七〇年代半ば以降に展開されてきた多文化教育の成果の一つは言語教育の発展である。とくに、英語以外の言語の学習については、正規のカリキュラムの中に位置づけられ、小学校段階から多くの学校で行われている。多文化教育において、異文化理解教育、反人種差別教育等が展開されてきたが、市民性教育という視点は当初は見られなかった。それが、現在は多文化社会を前提とし、ローカル、ナショナル、グローバルなレベルでの市民の育成が、総体として目指されるようになっているのである。その背景には、次のような新たな展開がある。

現在のオーストラリアの学校教育は、二〇〇八年に連邦政府と州政府が合同で決定した教育目標の下で展開されており、次の二つの大目標がある。一つ目は、学校教育における公正と卓越性を促進するというもの、二つ目が、オーストラリアのすべての子どもたちを達成学習者、自信に満ちた創造的な個人、そして、見識ある行動的な市民に育成する、というものである。その目標の達成にむけて、オーストラリアのナショナルカリキュラムでは、とくに七つの汎用的な能力の育成に焦点を当てている。それは、リテラシー、ニューメラシー（数学的能力）、ICT能力、批判的・創造的思考、個人的・社会的能力、倫理的理解、異文化間理解である。また、ナショナルカリキュラムには、個々の学習領域を通底する三つのクロスカリキュラム・プライオリティがある。それは、アボリジニーとトーレス海峡島嶼民の歴史と文化、アジアとオーストラリアとのつながり、持続可能性の重視である。こうした、共通目標とカリキュラムを持ちつつ、実際の学校教育は、歴史的に、各州・直轄区に権限があるため、それぞれ独自の教育政策を展開している。さらに、各州内においても、具体的なカリキュラムの編成は各学校で行われているため、それぞれの学校が学校や地域の課題に応じた多様な教育を行っている。このようななかで、どのような形で地球市民教育を取り入れていくかについては、学校に応じて多様なものとなっているのである。

次にオーストラリアの学校教育における地球市民教育と関わりのある代表的な実践例を考察してみる。

(2)グレイズポイント小学校での「曲がり角での文化交流」

ニューサウスウェールズ州のグレイズポイント小学校（Grays Point Public School）では、自分たちが一つの人類、一つの地球であることを強く意識しており、「グローバルに考えて、ローカルで行動する」ことを基本としていた。この学校は、自分たちが地域で活動することによって、違いを生み出すことができることを強く確信していた。学校関係者の願いは、地球市民教育を通して、児童に真の学習経験をもたせること、生徒が実際に、多様な文化的言語的背景をもつ人々やそのような人々の生活、経験とつながることであった。

校長はかつて、英語を母語としない背景（NESB：Non English Speaking Background）の生徒の割合が高い学校に勤務した経験があった。その時の経験をアングロ系白人の生徒の多い、この学校に広めたかったという。オーストラリアは多民族社会として知られているが、その民族構成にはかなり地域差がある。そこで、この学校では、同じ州内のオーバーン小学校（Auburn Public School）という九五％がＮＥＳＢの児童で構成されている学校と文化交流を行うことを決断した。このオーバーン小学校には、とくに、イラク、アフガニスタンからの生徒が多く在籍していた。グレイズポイント小学校は、二〇〇五年一二月にシドニー郊外のクロヌラビーチで起こった、白人系住民とレバノン人を中心とする中東系イスラーム教徒住民との間の衝突・暴動以降に続く、民族集団間の否定的な感情に向き合いたいと考えていた。

最初に彼らは、作文を交換することから始めた。生徒たちは、各々の住んでいる地域、彼らの信条・価値観に関する物語等について紹介し合った。その後、児童たちが直接交流する場が設定された。まず、グレイズポイント小学校の児童が、オーバーン小学校を訪問した。そこで生徒たちは、多様な文化的背景をもつ仲間たちと入り混じって交流し、さまざまな民族料理を食べたり、話をしたりする活動に参加した。その間、同伴した保護者は、地域にあるモスクを訪問し、イスラーム教について学んだ。この交流の後に、両校では生徒たちの関係を継続するために、Ｅメールの交換が行われた。

次に、オーバーン小学校の児童のグレイズポイント小学校への訪問が行われた。両校の児童は一緒に、近くにある王立国立公園を訪問し、レンジャーからこの地域の先住民の話や環境問題について話を聞いた。そして、公園内のブッシュ（林）を通って、学校まで歩いて帰った。この交流で、双方の学校の児童やスタッフは、改めてお互いの考え方や経験の中にある共通点や相違点を見出す等、きわめて多くの学びがあったという。

この交流の他に、グレイズポイント小学校では、「ステレオタイプ」について探求する授業が行われた。児童は、メディアが、いかに自分たちの認識に影響を与えているかについて学んだ。メディアリテラシー学習は、正規のカリキュラムに組み込まれていった。

グレイズポイント小学校では、グローバルな結びつきを確実にするために、学年を超えて、学校全体で地球市民教育に取り組むことを重要視していた。児童は三年生ぐらいから自分や身近なところを超えて、グローバルなレベルで物事を考えていくことができると考えられ、取り組みが行われた。この学校では、さらに地域全体で地球市民意識を育んでいることを示すために、地域で、他の近隣の学校も巻き込んだ、環境問題をテーマにしたイベント活動も行われた。

こうした活動や学習の結果、児童は、文化的な違いがあっても、お互いに、価値観はかなり似ているということを学んだ。また、イベントを行ったことで、自分たちの取る行動が、他の人々に影響を与えることができるということも理解した。五、六年生は、さらなる学習として、自分とは何者なのか、アイデンティティを考えることによって、より深くそれに付随する異文化間の課題について理解を進めた。さらに発展的に、彼らは社会的公正、人権、環境の問題について探求し始めているという。スタッフは、この取り組みの結果、地球市民意識を育むための活動をより積極的に行うようになった。

「曲がり角での文化交流」(Cultural Exchange Around the Corner) とは、海外との国際的な交流ではなく、身近なところにある人々との異文化間交流を指している。いわゆるアングロ系の白人で英語を母語とする家庭の多いこの学校での、同じ州内にある多民族な学校、とくにイスラーム系の生徒の多い学校との交流の取り組みは、レイシズムやエスニック集団間の負の感情に対抗しようとする身近な文化交流という点で、意義深い。食べものを一緒に食べたり、遊んだりするいわゆる表層的な文化交流だけでなく、ローカルなレベルで一緒に学ぶ活動を行うことによって、そこからグローバルなレベルにつながる環境問題について、さらに双方に共通点や相違点について学びが深められている点が興味深い。このような取り組みが地域や保護者を巻き込んだ活動である点も重要である。五、六年生では文化間の諸問題や社会的公正、人権、環境の問題に学習を発展させており、白人系の多い学校であっても、こうした学校、地域全体の取り組みによって、ローカルな多文化状況とグローバルな環境がつながった地球市民の育成に向けた、より深い学びの可能性が示されているといえよう。

(3)イングルファーム小学校の「ミニチュアのグローバル・ヴィレッジ」

南オーストラリア州のイングルファーム小学校は（Ingle Farm Primary School)、アデレードの中心から約一五キロの場所にあり、文化的にきわめて多様で、社会・経済的に不利益を被っている家庭の子どもが多い。およそ四五ヵ国の背景があり、家庭全体では三五の言語が使用されている。この学校には、英語を母語としない子どもと、移民・難民として来豪したばかりで集中的な英語の支援が必要である子どものための教育プログラムがある。さながらミニチュアのグローバル・ヴィレッジ（A Global Village in Miniature）といえよう。

この学校では主に、目的の共有、より良い人間関係づくり、開かれたコミュニケーション、一人ひとりの児童のアイデンティティの確立にプライオリティを置いている。学校の目標は、児童を、多様性を尊重する市民、より良い市民、より行動的な市民にするために、態度、価値、信条を育むことである。

校長は学校の状況と地球市民教育への取り組みの背景について、次のように述べている。

「私たちの学校と地域社会には多様性や複雑性に応じるため、新たな教育のモデルとアプローチが必要であった。そうしなければ、生徒は、学習面でも社会に出た後にも失敗をくり返してしまうという現実があった。長きにわたって、多様な文化的背景をもつ人種の入り混じった生徒がこの学校には存籍していた。彼らに応じる課題と向き合うため、私たちは地球市民教育に取り組み、それを発展させようと挑んだのです」。

学校では、まず、毎年新学期の最初の二週間に、どのクラスも「アイデンティティ」をテーマにした活動を行い、子どもたちが教室に持ち込む多様な文化的背景を称賛することに焦点を当てている。そして、次に、「レイシズムに対抗する」「うまくやっていく」ことをテーマに、生徒たちは工夫しつつ共同の活動に取り組んだ。これらの目標は、学校全体の教育に深く取り込まれている。

教職員は、生徒に、社会に対する責任をもち、他者の信条・価値・文化・物の見方を尊重し、より良い関係性を築ける、自信に満ちた、達成感をもつ市民になってもらいたいと考えおり、この学校では、リテラシーと生徒のウェルビーイング（より良い育ち）に焦点を当てながら、「探究するコミュニティ」（community of inquiry）を形成することを通して、地球市民教育に取り組んでいる。そして「フレンドリーな子ども、フレンドリーな教室——教室における社会的スキルと自信を持たせる教育」という教材を使用している。協力的で、仲の良いクラスをつくるために、生活スキル向上のためのプログラムを行っている。このプログラムは、学校や日常生活でより幸せを感じるために、どのようにして適切な目標を設定するかを、生徒に教えるためのカリキュラムである。プログラムは、あらゆる年齢の生徒に応じており、自信、努力と遂行、ハプニング、思考、感情、行為、自己受容・自尊感情、目標設定、時間の管理、組織、友達との関係性づくり、葛藤への対処に関するスキルを生徒の身につけさせるものである。これらは、個々の経験を、成功体験に導くための基本的な態度や動機づけのスキルとなっている。生徒はネガティブではなく、ポジティブに考えることを教えられる。例えば、「私はできない」より、「私はできる」と言えるようにすることである。

また、子どもたちには、教室や学校で、間違えても大丈夫だということが強調される。間違いを受容するためには、各教室で、建設的なクラス（教室、学級）のアイデンティティを創造することが必要である。そのためには、生徒同士が互いを信じること、互いを尊敬すること、目標を共有すること、ありのままの自分が受け入れられるという準備が教室に整っていることがカギとなる。集団で協力すれば、個人で行うよりもっと良いことが可能になるという信念のもとに、教室や学校全体で、組織的な努力が行われている。

この学校では社会・経済的に不利益を被っている家庭が多く、生徒は日々の生活や自らの実体験を通して、社会的公正と人権について、また不公正や不公平とは何かについて、話し合い学んでいる。

同学校ではまた、学校組織、カリキュラム開発、そして教室での実践については、包括性、受容、グローバルな視点に基礎をおいている。そして教育計画、教育活動の中に、効果的に埋め込まれたグローバルな視点は地域社会と共有されている。おかげで教職員、保護者、生徒に

図4-3　世界につながる教室

「友だちは世界のどこからきたのかな？」

出所：菅原雅枝氏提供。

は、自らの経験、信条、価値をオープンに共有しようとする意思があるという。多様な背景や信条をもつ生徒が、日々の生活において、十分に安心感をもって、新しいことに挑戦しようとする姿がみられた時、こうした取り組みの成果が感じられたという。

同学校での最も大きなチャレンジの一つは、いかになじみのない文化プログラムを扱い学習するか、また、この社会で成功するために生徒を十分に巻き込むようなプログラムをいかにつくるか、ということであった。四五ヵ国を代表する生徒たちは、互いに肯定的で、ポジティブであり、地域の多くの大人たちよりうまく対応しており、調和的に、共に生活していた。自尊感情と肯定的な自己概念は、学習上の効果を上げるために、最も重要なことであるとされる。

同学校では、小学校の段階において、文化的に多様な背景をもつ生徒、難民や移民として来豪したばかりの生徒に対し、生徒のアイデンティティに焦点を当て、多様性を尊重する市民を育成しようとしている点が興味深い（図４－３）。個々の存在が肯定的に認められるなかで行われる学習が、自己の課題を社会的な課題として捉え、お互いにとって、真の学習成果をもたらしていると考えられる。

(4)アデレードハイスクールの「人権――地球市民教育への学校全体でのアプローチ」

一九〇八年に設立されたアデレードハイスクールは、南オーストラリア州で最も古い中等教育学校である。ハイスクールは、日本の中学校と高等学校を合わせた六年間一貫となっている。学校では、七言語（フランス語、イタリア語、ドイツ語、現代ギリシャ語、中国語、日本語、スペイン語）の教育が行われている。学校には、英語以外の言語背景（ＮＥＳＢ）の生徒が六〇％を占め、四三のエスニックグループを代表している。三〇％の生徒が、経済的なサポートを受けている。カリキュラムの中に、グローバルな視点を取り込むことは、この学校の長期的な課題の一つであった。なぜなら、この学校の生徒は文化的に幅広く多様であり、国際的なつながりを代表しているからである。この学校では、すでに生徒が主体となって活動しているグループがいくつかあった。そこで、これらの集団を軸に、「人権」という共通のテーマを設定し、それぞれのグループが協力して取り組むことが計画された。活動のねらいは、多文化主義への理解を深めること、異文化間の相互理解を促進することとされた。この学校で活動する生徒グループは次の四つである。募金活動グループ（Interact）、生徒会役員会（SRC：Students' Representative Council）、Prefects グループ（広報的な役割をもつ）、ピアサポートグループ（八年生で入会する、当事者の立場に近い者で構成されたグループ）。

校長は、次のように述べている。

「地球市民性の考え方は、この学校のカリキュラムに反映されている。文化的に異なる背景をもつ生徒が調和的に活動する日々の学校生活の中で、生徒間や生徒と教職員間の相互作用の中に現れている。生徒は、さまざまな課題を通して、各々の生徒のもつ多様な文化のパースペクティブに触れることで、その文化背景からグローバルなレベルに関連づけて個々人の理解を深める機会を与えられている」。

グローバルなレベルでの公正さに関する課題のアクション学習は、この学校の人権プログラム（Human Right Program）の核となっている。この取り組みは、とくに、学習領域「社会と環境」（SOSE：Studies of Society and Environment）での学習と生徒会役員会の活動の目玉となっている。彼らは、この時期インドに学校を建てるための募金活動を行った。グローバリゼーションと相互依存関係については、「ミニチュア・アース」というビデオクリップを使ったり、人権に関するデータを示す国旗を使ったりして、学習が進められた。また、持続可能な未来というテーマについて、とくに、インターネットで視聴できる国連の子ども兵士に関するウェブサイトを利用して探究された。グローバルなレベルでの人権を考える重要性がどのように伝わっているかが、生徒自身の活動における考え方や行動に現れている。また、保護者からのフィードバックにも、この学校の教職員や生徒が考え、行動していることに、そのメッセージがいかに影響を与えているかが現れている。

こうしたさまざまなプログラム活動の結果、生徒たちは、成果の一つとして多くの募金を集めることができた。しかしより重要なことは、多くの教職員・生徒の中に、グローバルな課題と価値（例えば、戦争、貧困）について、より深い理解が見られるようになったことである。具体的には、教職員と生徒の双方から、学校を超えて、地域、国レベルでもっとメッセージを広げていこうとする意欲がみられるということであった。こうした取り組みを行ったことで、生徒も教職員も他の学校にも良い影響を与えることができ、また多くを巻き込む達成感を味わい、勇気づけられたという。さらにまた、学校のウェブサイトへの多くのアクセスもさらなる支えになったという。この学校の生徒や教職員は、他の中等教育学校や小学校で、人権に関するワークショップを行った。そして国の人権教育委員会から、シティズンシップ・人道賞を受けている。生徒や教職員は、気づきを増すことが、単に知識を与えるよりも深いインパクトを与えられることを学んだ。生徒は、さらに広い世界において、これらの領域で活動し続けるための刺激を受け、学校を卒業した後もこうした社会的課題に関わり、参加が増えた。また教職員は、生徒の熱意が素晴らしい発想を生み、人々をつないでいくことを学んだという。同時に子どもを理解することと、本来備わっている善を信じることが重要だと感じたという。同学校では、今後、人権と価値についてさらにカリキュラムに取り入れていきたいと考えている。また、小学校と互いに学び合えることは何かを理解するために、より交流を育んでいきたいと考えている。

同中等教育学校での取り組みは、学校や地域というローカルなレベルでの取り組みが、グローバルなレベルでの市民の育成につながっているという点で重要である。社会に影響を与える活動を効果的に行うためには、先にも述べたが、人々の気づきを増やすことが、単に知識を与えるよりも、よりインパクトを与えることができるという点も示唆的である。こうした活動を学校で行ったことが、卒業した後、社会に出てからの市民としての活動につながっている点はきわめて興味深い。

(5)移民博物館の異文化理解と地球市民性を育むプログラム

移民博物館（Immigration Museum）は、一九九八年、ビクトリア州メルボルンに旧税関の建物を改築して設立された（図4-4）。ここでは、展示を通して世界各地からオーストラリアに移住してきたさまざまな人々の物語を探求できるようになっており、教育スタッフによる初等・中等教育段階の児童生徒向けの教育プログラムがある（図4-5、図4-6）。また、教員向けの移民や文化的多様性に関する研修プログラムもある。例えば、「地球市民性――われわれの文化的多様性の理解」プログラムでは、オーストラリアへの移住の際に持ち込まれるスーツケースの中身を通して、初等教育段階、中等教育段階それぞれの学習レベルに合わせて、多様な背景をもつ移民や難民の移住の物語や文化について学んでいく。

ここにはたくさんのスーツケースが用意されているが、それらはすべて実際にオーストラリアへの移住の際に使用されていたものである。例えば図4-7のように、ユダヤ教徒のスーツケースには儀式で使用される道具やガウンが入っている。地図や関係する資料も入れられており、彼らがどこから、なぜオーストラリアへ来たのかを学ぶ。

図4-4　移民博物館の外観

出所：筆者撮影。

初等教育段階三、四年生向けのベトナム難民のスーツケースには、出国した時に乗ったボートの写真やベトナムでの生活の様子を示す写真、編笠等が入っている。子どもたちは、実際に編笠をかぶって、ベトナムでの人々の生活に思いをはせる。また別のベトナム難民のスーツケー

図４－５　移民博物館のパンフレット

出所：図４－４と同じ。

図４－６　移民博物館内の学習室

出所：図４－４と同じ。

図４－７　移民・難民が運んだスーツケース

出所：図４－４と同じ。

スを開けてみると、その中は空っぽである。取るものもとりあえず、ボートに乗って本国を離れた女性が数日間の漂流の後、マレーシアの難民キャンプへ送られて、そこで数ヵ月の生活を経て、オーストラリアへの移住が決まった際に持ち込んだものである。その女性は、飛行機から新生活を始めるメルボルンに降り立つ際に、何ももっていない自分の姿をオーストラリア人に見られることをとても恥ずかしく思い、大事な結婚指輪を売って赤いスーツケースを買った。スーツケースの中は、プライドでいっぱいだったのである。

子どもたちはこうした学習を通して、故郷を離れて人々がオーストラリアへ移民をする理由、年代や個々人によって移民にはさまざまな物語があること、そしてそれらの人々によって、現代のオーストラリア社会が形成され、文化の多様性や多様なアイデンティティが存在することを学んでいく。さらに、ビクトリア州民になること、オーストラリア国民になることにはどんな意味があるのかについて考える。こうしたグローバルな移動について学ぶことは、地球市民性への気づきとそれを探求する学習につながっているのである。

(6)オーストラリアにおける市民性教育の展開

先に述べた通り、連邦政府レベルでは一九九〇年代から二〇〇〇年代にかけて、グローバルな地球市民性の育成とオーストラリア国内向けの市民性の育成が、別々に並行して構想されていたといえる。

オーストラリアで市民性教育（シティズンシップ教育）に関心が集まったのは、一九九〇年代に入ってからである。とくに連邦政府レベルで、オーストラリア市民／国民として「知識ある行動的市民の育成」を目指す、公民科・市民性教育（Civics-Citizenship education）の推進がきわめて重要視された。

一九九八年には、連邦政府の補助金によって「民主主義発見」キットという、オーストラリアの政治や歴史等に関するテキスト、CD—R、HP等の一連の教材が開発された。それは、全国の初等・中等教育学校に無償で配布された。この教材は、オーストラリアの政治制度や歴史について体系的に学習させようとした点において斬新であったが、国内志向の市民性の育成が想定されており、地球市民性への言及はみられなかった。

こうした教材を使用した学習の成果を測るために、二〇〇四年からは六年生と一〇年生を対象に、学習到達度評価（ナショナル・アセスメント）が試行されている。そこでは、公民科（シビックス）を市民制度に関する知識と理解、市民性（シティズンシップ）を参加のための資質とスキルとして、二つの側面から学習到達度がはかられている。

現在は、オーストラリア・カリキュラム、いわゆるナショナル・カリキュラムの中の、人文・社会科学領域の中に、公民科・市民性が一つの教科として位置づけられている。ここには、グローバルな視点、地球市民性の育成が明示され、ナショナル・カリキュラムの中で、公民科・市民性教育は初等教育段階の三年生から一〇年生まで実施されることになっている。各学年ごとに、公民科・市民性に関する知識・理解と、スキルの二つの側面から内容が構成されている。知識・理解については、①政府と民主主義、②法と市民、③市民性、多様性、アイデンティティの三つの領域から学習を進める。スキルについては、①問いと探求、②分析・統合・解釈、③意見形成のための情報の利用、④問題解決と意思決定、⑤課題の特定、可能な解決法、行動のための計画に向けたグループ学習、⑥コミュニケーションと省察、⑦文化的アイデンティティの省察と他者との共通点・相違点，という七項目が挙げられている。こうしたカリキュラムを通して，市民性教育では，オーストラリアの市民生活にローカルなレベル，リージョナルなレベル（州レベル），グローバルなレベルで参加するための資質や能力を育成すること，ダイナミックな多文化的・多宗教的社会である民主主義国家としてのオーストラリアに，見識ある行動的市民として生涯にわたって所属感をもち，市民生活に関わっていくような生徒を育成することが目指されている。今後このような各州で共通に実施されるべき公民科・市民性教育カリキュラムに基づきつつ，それぞれの州においては州独自の方針も考慮して，市民性教育が展開されていくことになる。

本節では，以上の通り四つの事例と近年における市民性教育の動向について紹介したが，これらの地球市民教育の取り組み例から得られる示唆は，主に次の二点である。

一点目は，オーストラリア国内の多様性についての学習と，国外のグローバルなレベルについての学習が有機的につながっている点である。それによって，子どもたちの文化的に多様な背景が生かされており，自尊感情をもつことにもつながっている。そうした国内とグローバルなレベルの相互的な学習の往還によって，ローカルなレベルの市民とグローバルなレベルの市民としての自己の存在がつながっていくのではないだろうか。

二点目は，生徒やスタッフをすべて巻き込んだ形の学校全体での取り組み，さらには，保護者や近隣の他の学校も巻き込んだ地域全体での取り組みが行われている点である。そのことが、新しい学校文化や価値、新しい地域社会づくりや地域の価値づくりにつながっていっているといえよう。個人の多様性やアイデンティティを排除しない、ローカルな市民、グローバルな市民の育成を目指していると考えられる。

4 イギリスの多文化社会における創造性・文化教育

(1)教育における「創造性」と「文化」

グローバル化が進展するなか、文化の多様性を尊重し、異なる文化背景をもつ人々の共生を目指す多文化教育の実践が各地で行われている。

イギリスにおいては、一九七〇年代より文化の多様性を尊重し、異なる文化の理解を図ろうとする多文化教育の理念が提示され、カリキュラム改革の必要性が提言されてきた（佐藤・小口、二〇〇〇年、一〇二～一〇七頁）。一九七九年に設置された民族的マイノリティの子どもたちに関する調査委員会は、一九八五年に報告書「万人のための教育（Education for All）」を公表し、多様な文化の価値をすべての子どもたちに理解させることの重要性を指摘している。一九八〇年代以降は、学校で多文化を学び理解するだけではなく、人種間の差別や偏見の解消、制度や社会構造の改革を提唱する反人種差別教育などの取り組みが広がった。その一方、多文化主義を批判する動きも強まり、多文化社会におけるコミュニティ結合（Community Cohesion）をめざす施策が進められている（佐久間、二〇一四年、三～四頁、七五～七八頁）。

これと合わせて一九九〇年代後半から、文化の動態的な理解と創造のプロセスに注目する動きもみられる。一九九八年に設立された「創造性・文化教育審議会（NACCCE：National Advisory Committee on Creative and Cultural Education）」は、報告書「私たちみんなの未来：創造性、文化、教育（All Our Futures：Creativity, Culture and Education, 以下ロビンソン・レポート）」（一九九九年）において、文化の変化や創造に関する理解、文化理解を通じたアイデンティティ構築や自己表現、自尊感情の醸成などを強調し、複雑で多様な社会において創造的に生きていくための教育を提唱した。こうした動態的な文化理解と創造性への着目は、多文化社会における共生の戦略として、どのような可能性と課題をもつのであろうか。

そこで本項では、イギリス「創造性・文化教育審議会（NACCCE）」による提言から、多文化社会における文化と創造の関わりに関する議論を整理した上で、その議論の背景となる理念や施策について検討する。さらに文化と創造性の教育をめぐる近年の動向をふまえ、多文化社会における創造的な文化教育の可能性と課題について論じる。

(2)「創造性・文化教育審議会」による議論と提言

イギリスでは一九九七年の労働党政権成立以降、基礎学力の向上とともに、文化や価値が多様化する社会の中で積極的に生きていく力の重要性に関心が寄せられるようになり、一九九八年、教育・雇用省（DfEE：Department for Education and Employment）、文化・メディア・スポーツ省（DCMS：Department for Culture, Media and Sport）の諮問機関として、創造性・文化教育審議会が発足した。

委員長を務めたのは、当時ウォリック大学教授であったケン・ロビンソンである。ロビンソンは、ドラマやアートを取り入れた学習に長年関わった経験をもとに、創造性や創造性教育の重要性を提唱し、イギリス国内のみならず世界的にも強い影響力をもっていた。審議委員は学校関係者に加え、俳優、作家、科学者、デザイナー、民間企業の代表、メディア関係者など、文化の表現・創造・流通に関わるさまざまな分野の関係者から構成されており、オブザーバーとして教育・雇用省、文化・メディア・スポーツ省、教育水準局（OFSTED：Office for Standards in Education）、資格・カリキュラム機構（QCA：Qualification and Curriculum Authority）、教員研修機構（TTA：Teacher Training Agency）の代表者が加わっている（NACCCE, 1999, pp. 3～4）。

同審議会による検討の過程では二〇〇以上の組織や個人から意見を受けるとともに、専門分野ごとの諮問会も開催された。これらの諮問会は、芸術・工芸・デザイン、教育における芸術家、芸術教育マネージャー、創造力開発、ダンス教育、演劇教育、ファッションデザイン、初等教育、科学教育、中等教育カリキュラム、水準・効率性、工業教育、多文化教育、労働・創造性・経済など一四の分野にわたっており、それぞれの専門家および実務者からの意見集約が行われている。

審議会での議論は、こうした意見集約や関連機関との調整を経て、一九九九年、先述のロビンソン・レポートとして公表された。同報告書が強調するのは、現在の社会が前例のない変化に直面しているという認識である。未来を生きる子どもたちは、急速な産業構造の変化や技術革新への対応、社会的格差や人種間の葛藤が進む中での社会的統合、多様な文化が交錯する社会における自己の確立など、多くの課題を抱えている。これらの課題を乗り越え、今後の複雑で不確実な時代を生きていくためには、子どもたち一人ひとりがそれぞれの個性（能力、適性、経歴）を生かして創造性を発揮すること、またその過程を通じて自尊心とアイデンティティを高めるとともに、文化の多様性と変化・生成のプロセスを理解し尊重することが必要であるという（NACCCE, pp. 18~70）。

そのために審議会が提言するのは、文化教育と創造性教育の充実である。文化教育とは、複雑で多様な社会や生活様式に積極的に対応していくための教育であり、自らを形成している文化の理解とともに、文化の多様性、変化と創造のプロセスを学ぶことの重要性が指摘された。

また創造性教育とは、若者の独自のアイディアや行動に関する能力を養う教育形態であり、芸術などの特定の教科を超えて教育活動全体での取り組みが求められるという。その方向性としては、①子どもたちの創造的な潜在能力を育てる「創造性を育てる指導（Teaching for Creativity）」、②教員が創造的な方法で指導を行う「創造的指導（Creative Teaching）」、③子どもたちが創造的な活動を通して学ぶ「創造的学習（Creative Learning）」などが挙げられている。

ロビンソン・レポートでは、これら文化や創造性に関する学習を推進するためには、学校など教育関係機関だけではなく、地方行政組織や企業、民間団体などさまざまな組織や団体のアクションが必要であるとして、以下の原則を提示した（NACCCE, pp. 12～13）。

①創造性・文化教育の重要性が、カリキュラム全体に対する学校の方針、ナショナル・カリキュラムに関する政府の政策の中に明確に認識されること。

②教師や他の専門職は、若者の創造力と文化理解の発展を促進するための方法を活用できるよう研修が求められること。

③若者が必要とし、かつ適切である創造性・文化教育を提供するため、学校と外部機関とのパートナーシップを促進すること。

こうした基本的な方針に基づき、創造性・教育文化審議会は、関連各省庁に具体的な提言を行っている。まず教育・雇用省に対しては、創造性と文化に関する教育をナショナル・カリキュラムに導入するためのレビューを求め、学習過程の見直し、アートを媒介にした創造的活動の推進を要請した。また資格・カリキュラム機構に対しては、創造性と文化的発たちのためのカリキュラムの構築、さまざまな教科での実践案の作成などを求めている（NACCCE, pp. 72～100)。さらに創造性と文化に関する教育を推進するため、学校と地域関連機関との連携、外部資金や資源の活用、人材養成の必要性も提言された。

(3)ロビンソン・レポートにみる文化と創造性

ではロビンソン・レポートは文化や創造性をどのように捉えているのだろうか。また、その議論の中で文化と創造性はどのように結び付けられているのだろうか。

同レポートは、文化を「異なる社会集団やコミュニティを特徴づける価値や行動の型」であり、共通の価値や信念によって結びつけられるコミュニティや社会グループの生活様式全体を含むものであるとする（NACCCE, p. 47)。これまでの文化教育においては、オペラやクラッシクなどの高尚文化、特に西洋の伝統に根ざした文化の理解と鑑賞を求めるものが多かった。これに対し同レポートは、イギリスを含む多くの国では、民族や世代、宗教などによるさまざまな集団がそれぞれ文化的なアイデンティティを表現し、互いに重なり、影響を及ぼしあっており、その総体が文化であり文化の実践であるとする。この観点からすれば、若者が楽しむ映画やテレビ、音楽、また若者が作り出す新しい言葉やファッション、アートも文化であり、文化とそれに基づく文化的アイデンティティの創造と再創造のプロセスと考えられる。

このように異なる集団が互いに影響を及ぼしながら錯綜して存在する社会においては、文化の特質として、次の三点を理解することが重要であるとする（NACCE, pp. 44～54）。

①文化のダイナミクス：文化は、法制度、宗教、技術、経済、社会関係など社会におけるさまざまなシステムや要素との関わりの中でのみ理解することができる。例えば技術革新によるインターネットの普及は私たちの表現や生活様式に影響を与え、新しい文化を生み出している。また文化は文化相互の交流、借用、転換の過程からも変化していく。文化はさまざまな領域、さまざまな伝統との関わりの中で、ダイナミックに創造される。

②文化の多様性：英国は多様な文化コミュニティから成り立っている。多くの異なる民族的伝統、宗教的信念、政治的信念、言語や方言によって異なるコミュニティがあり、これらと重なってそれぞれの地域の伝統、地方と都市など環境の違い、生活様式の違いにより異なる文化集団が存在する。

③文化の進化：文化のダイナミクスと多様性の結果として、現代の文化は前例がないほどの変化を遂げている。文化の変化は直線的でも画一的でもなく、予測できない。教育は子どもたちがこうした変化に最大限対応できるようにしなければならない。

このように創造性・文化教育審議会は、文化を広く定義した上で、文化の多様性とともに、社会と文化および文化間の相互作用、文化の変化・創造の過程に着目する。これを踏まえた文化教育の目標は以下の四点であった（NACCCE, pp. 54～58）。

①自文化に基づく価値の認識・探求・理解：現代の若者は複数の異なる文化グループに同時に属し、それぞれの集団の中で自己を表現している。服装やおしゃべり、音楽などもそうした自己表現の形である。彼らは家庭、友人、ストリート文化、メディア、商業文化など多くの媒体による錯綜した文化の影響の中で自己を確立するという複雑な課題に直面しており、その過程を支援する必要がある。

②異なる文化の理解による文化の多様性の奨励と理解：他の文化がもつ態度、価値、伝統と関わることで文化の多様性を奨励し理解できるようにする。他の文化に対する日常的な経験がなければ、これから直面する文化的に多様な社会に対応することができない。多様な社会について学び、多民族・多文化なイギリスで生きることができるようにする教育が必要である。

③文化や価値の構築に関する歴史的な理解：価値や行動の型は多くの要因によって歴史的に形成されたものであり、時代とともに変化している。そのため現時点での文化だけではなく、文化や価値の歴史的構築過程を理解することで、若者は異なる文化が互いに関わり合

い、文化を作り上げてきたさまざまな方法をも学ぶことができる。また異なる文化や経験の独自性とともに、それらが地球全体としての文化を形成しているという認識も重要である。

④文化の進化、変化の過程とその可能性についての理解：過去に関する知識は現在を理解するために必要であるが、過去だけではなく未来に向けた変化の方向性について理解させることが重要である。

これらの目標からは、多様な文化の中で生きる個人の自己理解や自己表現、個人としての成長を基礎としつつ、「多民族・多文化な英国（multi-ethnic and multicultural Britain）」で生きるために必要な多文化の理解と奨励、文化が形成される過程の理解が求められていることが分かる。とくに③④においては、文化のダイナミクスや進化の観点に基づき、生成変化するものとしての文化とそのプロセスが重視されている。

ロビンソン・レポートは、こうした文化の多様性と進化は、人間の創造性の豊かさと複雑さから生み出されてきたものであり、創造性と文化には深い結びつきがあるという。創造的過程は人々が共有している文化的文脈から直接引き出されるものであり、文化なくして創造性は存在しない。さまざまな文化が交錯し、急速に変化する社会において、それぞれの文化的背景を活かしながら創造性を発揮して生きる。自己を確立し表現するとともに、新しい文化の創造に関わっていく。こうしたプロセスの中で個人も成長し、また文化、社会も変化していく。同レポートは文化と創造性、個人と社会の関係を結びつけることで、急速に変化する社会における教育のモデルを提示したといえる。

⑷ロビンソン・レポートによる提言の背景

これまで見てきた提言の背景には、一九九〇年代における創造性および創造性教育研究の成果、イギリスにおける創造性産業の推進、文化による社会的包摂施策、公的機関と民間によるパートナーシップの推進など、さまざまな要素が関わっている。

創造性の研究においては、特別な才能をもつ「天才」の研究に関心が寄せられていた歴史的経緯もあり、創造性とは斬新で革新的な創造を可能とする突出した個人の資質として捉える見方も強い。これに対して、適切な状況のもとで、必要な知識と情報が与えられれば、すべての人が何らかの分野において創造的な達成をすることができるという立場から、生活の中での実践、問題解決の過程として創造性を捉える見方もある（夏堀、二〇〇五年、一頁）。一九九〇年代のイギリスにおいては、後者の個人の達成を重視する立場から、急速に変化する社会に対応するための資質として、また自尊感情やモチベーションを高めるための方策として創造性教育を提唱する動きがみられた（Craft, 1997；Fryer, 1996）。創造的過程における自己実現を重視するマスローの創造性理論（Maslow, 1964）や、創造性の個人的側面と社会的・文化的側面の関係を考慮したチクセントミハイの創造性理論（Csikszentmihaly, 1996）、ガードナーの多重知能理論（Gardner, 1983）などの影響もあり、心理学を基礎とした創造性研究、創造性教育研究の成果が多く活用されている。

またイギリスにおける創造産業育成施策を反映し、ポップカルチャー、デザイン、ファッションなど多様な分野における新たな製品開発やサービスの振興、文化を活かした観光開発、新ブランドの創出など、新たな価値や知識を創造することで活気ある社会を目指そうとする経済戦略の影響も強くみられる。こうした観点からも、多様な文化の存在と交錯は価値の創造の基礎として評価されることとなる。また新たな産業に対応する人材の育成も課題であった。創造性・文化審議会の諮問機関の一つである文化・メディア・スポーツ省は、創造産業の発展のためには、個人の創造性や技能、才能を活かすことが重要であると考え、子どもたちへの創造性教育、創造産業での就業に向けた支援の必要性を認識していた。イギリスにおける新たな産業分野の振興のためにも、創造性・文化教育の充実が求められたのである。

経済における文化への注目とともに、社会的包摂の観点からも文化、とりわけ芸術の役割が論じられてきた。一九九〇年代後半には、ブレア政権により、社会的排除対策室（SEU：

Social Exclusion Unit）が設立され、関係省庁の連携による一八の政策検討チーム（PAT：Policy Action Team）による活動がなされた。このうち第一八政策検討チームは、スポーツや文化活動などが、貧困地域における保健、犯罪、雇用、教育の問題を解決するのに重要であるとして、文化・メディア・スポーツ省、教育・雇用省、アーツ・カウンシル等の対応を求めている（PAT, 1999）。同時期には、貧困地域における芸術活動の効果に関する研究も多く出されており、教育における文化的活動、創造的活動への関心が高まっていた。

またこうした経済、社会の活性化は、政府のみで実現できるものではないとして、公的機関、民間セクター等のパートナーシップも重視されている。

ロビンソン・レポートの提言を見ると、これらの理論や戦略に依拠しながら、社会が急速に変容し、文化や価値の多様化が進むイギリス社会における新しい教育の方向性を提示しようとした意図がうかがえる。すでに見たように、その理論的背景、意図、戦略は多岐にわたっており、それらが教育における「創造性」と「文化」という大きな枠組みの中で提示された。ロビンソン・レポートが提唱する創造性・文化教育には、錯綜するさまざまな期待と負担がかけられていたともいえるだろう。

(5)二〇〇〇年以降における創造性と文化の教育の展開

ロビンソン・レポートを受け、また以前からの活動の継続も含め、一九九〇年代後半から創造性・文化教育について、いくつかの大きな動きがみられた（Craft, 2005a, pp. 10～15；Wilson, 2005, pp. 9～15：弓野・渋谷監訳、二〇〇九年、三三頁）。

報告書が提言したカリキュラム改革については、教育・技能省（DfES：Department for Education and Skills）による報告書「卓越と楽しみ（Excellence and Enjoyment）」（二〇〇三年五月）において創造性に関する教育が位置づけられ、創造的・革新的アプローチの開発が進められた（DfES, 2003）。

とくに活発な推進を行っていたのは、資格・カリキュラム機構である。同機構は二〇〇〇年、一二〇人の教師によるパイロットプロジェクト「創造性――見つけよう！伸ばそう！（Creativity：Find it! Promote it!）」を開始し、二〇〇三年には一〇〇〇校での実施に拡大している。実践を通じて得られた知見は、学校のカリキュラムの中に創造性を取り入れるためのガイドラインとして同機構のウェブサイトに公開された（QCA, 2005）。また、その一部は冊子体としてまとめられている（QCA, 2004）。

これらのガイドラインは、創造性を育てるための活動として、①疑問をもつ、課題にチャレンジする、②関連付けを行う、関係を発見する、③予測する、④アイディアを探索し、さまざまな可能性を検討する（オプション思考）、⑤アイディア、行動、結果を振りかえるといった内容を挙げている。「創造性――見つけよう！伸ばそう！」プロジェクトでは、どんな教科であれ、どんな年齢の児童生徒に対してであれ、創造的な思考や活動を見出すことができるとして、歴史や科学などの教科の中で上記の活動を取り入れた授業が試みられ、キーステージごと、科目ごとに授業案が提示された（QCA, 2005）。

以上のような授業の改善と合わせて、外部機関との連携による創造的学習の推進が図られている。ロビンソン・レポートを受けて、文化・メディア・スポーツ省は、二〇〇二年からアーツ・カウンシルとの協働によるクリエイティブ・パートナーシップ事業を展開してきた。同事業は、学校と創造的な活動を行っている機関や企業、個人との連携を深めることで、特に貧困地域に住む若者の創造性と意欲を高めることが目的である。絵画、ドラマ、作曲、作詞、デザイン、プログラミング、数学家などさまざまな領域で創造的な活動を行っている専門家が長期的に学校と関わり、教員との協働で授業や課外活動を行うことで、子どもたちの創造力、自尊心、意欲を高めるとともに、教員の資質や学校環境の向上にもつながることが意図されていた（OFSTED, 2006）。

例えば、ロンドン・ハックニー地区に位置するジュビリー小学校では、二〇〇三年、地域の音楽団体であるハックニー音楽トラスト（HMDT：Hackney Music Development Trust）をパートナーとし、二〇〇三年から学校の文化的多様性を表現するオペラ制作プロジェクトが実施された（吉本、二〇〇八年）。ハックニー地区は移民や難民としてイギリスに来た住民が多い地域であり、子どもたちの国籍や文化的背景も多様である。プロジェクトでは、子どもたちの家族の歴史の聞き取りをもとに、子どもたち自身が台本を作り、舞台セットと衣装のデザイン、リハーサル、運営準備を積み重ね、二〇〇四年七月、オリジナルオペラ「世界はすべて彼らの来る前にあった（The World Was All Before Them）」の上演を行った。

この過程には、ハックニー音楽トラストの作家、作曲家、演出家、音楽ディレクター、デザイナー、衣装、アシスタントディレクター、プロダクションマネージャー、照明デザイナーの九名がチームとして関わり、ワークショップや実地の指導が行われている。この準備過程では、教員との協働によって、オペラの素材や準備に関わるさまざまな要素を用いた教育が模索され、地理での諸外国の学習、数学での距離の学習、歴史での移民の学習、作文といった言語活動などクロスカリキュラムによる学習が進められた（吉本、二〇〇八年）。クリエイティブ・パートナーとの協働によって、学校カリキュラムの改善や教師の創造的な指導実践がみられたという（HDMT, 2004）。またこれらの活動を通じて子どもたちが自らの来歴と多様性を学ぶとともに、家族や学校スタッフも含めた学校コミュニティが、それぞれの来歴、経験、物語を共有する機会ともなった。ジュビリー小学校では「学級を超えるアート」プロジェクトなど、アートを媒介にすることで、児童、学校スタッフ、保護者が協働し、コミュニティの統合を目指す実践を行っている（Hackney Learning Trust, 2010）。

教育水準局の報告書によれば、二〇〇六年までに二五〇〇の学校で三五〇〇の個人・機関との連携が図られ、学校での創造的活動に関わることができるように六二〇〇人のアーティストが研修を実施したという（OFSTED, 2006, p. 5）。すでにみたように文化・スポーツ・メディア省はイギリスにおける創造産業の振興を推進しており、二〇〇八年に公表された施策「創造的な英国（Creative Britain）」（二〇〇八年）においても、子どもたちへの創造性教育への取り組みが求められた（DCMS, 2008, pp. 14～24；天野・太下、二〇〇九年、一一七～一一八頁）。

⑹多文化社会における創造性・文化教育の課題と可能性

創造性教育の研究者であり提唱者でもあるアンナ・クラフトは、創造性教育の可能性を評価しつつも、多文化の教室の中で特定の文化背景に基づく創造性が育てられていることへの懸念、また創造産業との結びつきの中で、個人の創造性や文化的な個性が市場での価値によって評価されることへの懸念など、創造性教育が抱える課題を提起している（Craft, 2005a, 2005b）。

すでにみたように創造性・文化教育という枠組みの中には、子どもたちの創造性の育成、自尊心や意欲の喚起、教員の創造的指導能力の向上、創造産業の振興、地域活性化、社会的包摂など、多くの目標とアプローチが含まれている。そのため、関わる機関やプロジェクトの性質によって、その重点の置き方にも違いがあり、それぞれの実践プロセスや成果の評価を難しくもしている。

また保守党への政権移行後、新たに改訂された二〇一四年カリキュラムにおいては、創造性が適切に扱われていないとの批判もある（Wyse, 2014）。創造性教育の推進に積極的な役割を果たしていた資格・カリキュラム機構は二〇〇七年に改編された。さらに、その業務を受け継いだ資格・カリキュラム開発機構（QCDA：Qualification and Curriculum Development Agency）も二〇一二年、財政難を理由に廃止されており、創造性と文化に着目した教育には停滞がみられる。創造性教育に関するガイドラインや授業案を公開していた「創造性――見つけよう！伸ばそう！」のウェブサイト（QCA, 2005）も、改編の過程で閉鎖された状況である。

このように創造性と文化の教育については、政権の交代による変化などもあり、今後の動向を予測することは難しい。しかしながら、二〇〇〇年以降の創造性と文化をめぐる検討においては、常にロビンソン・レポートが引用されており、その影響力は大きいものがある。とくに文化のダイナミクスと多様性、その交錯の中で進化するものとしての文化に対する理解、また多様性の中での自己理解と自己表現、アイデンティティの創造という視点は、多文化社会における教育を考える上で重要な点であると思われる。

アイデンティティの可変性、また相互の関係性の視点は、シティズンシップ教育に関する議論と実践にも見ることができる。労働党政権下の一九九七年、イギリスではシティズンシップ教育に関する諮問委員会が組織され、その報告書「シティズンシップのための教育と学校における民主主義教育（クリック・レポート）」（一九九八年）の提言をもとに、二〇〇二年からは中学校段階（キーステージ三・四）における科目としての導入が進められた。同報告は、シティズンシップ教育の重要な要素として「社会的・道徳的責任」「コミュニティ参加」「政治的リテラシー」の三点を挙げている（窪田、二〇〇七年、一九〇頁；QCA, 1998, pp. 40～41）

これに加えて二〇〇七年に発表された政策報告書「カリキュラム・レビュー――多様性とシティズンシップ（アジェグボ・レポート）」においては、第四の要素として「アイデンティティと多様性――英国でともに暮らすこと」が追記された（Ajegbo, et al., 2007, pp. 89～97）。これを受けて提示されたナショナル・カリキュラムでは、①アイデンティティの複雑さと可変性の尊重、イギリスの市民である意味の多様な解釈の理解、②多様な国家、地域、エスニック、宗教の文化、集団やコミュニティ、それらの関連についての探求、③英国と他の欧州諸国、より広い世界との相互の関係性の考慮、④コミュニティの連帯、コミュニティに変化をもたらすさまざまな影響力の探求などの項目が挙げられている（北山、二〇一四年、六一～六七頁）。このようにアジェグボ・レポートに基づくシティズンシップ教育では、個人のアイデンティティの多様性、重層性を前提としながら、イギリスでともに生きる市民としての意識を醸成するアプローチが提唱されている。また地域の課題と国やグローバルなレベルとのつながり、グローバル・シティズンシップへの言及など、個人と地域、国、世界とのつながりも重視している（Ajegbo, et al., 2007）。

ロビンソン・レポートは、そのアプローチと共有する点を多くするものではあるが、創造的活動や文化的活動を通じて、自己の感情に形と意味を与え表現していくこと、それぞれの強みや個性を活かして能力を発揮して創造的に生きること、多様な創造を互いに認め、相互の交流の中で「多民族・多文化な英国（multi-ethnic and multicultural Britain）」を創造していくことなど、文化とアイデンティティの表現と創造のプロセスを重視する。さらに、そうした個人の創造のプロセスが、地域社会への参画や地域の活性化、経済の活性化と結びつき、新たな文化と社会の創造につながるという循環が想定されており、多文化社会における教育の課題とともに、一つの可能性を提示しているということができるだろう。

第5章　新しい共同体の創造——地球市民育成の取り組み2

本章では、地球市民育成の取り組みとして学校教育に限定せず広い視野から異文化の遭遇に始まり、対話、協働、共同生活などを経て新しい共同体の構築に至るケースを検討する。外国人留学生と日本人学生が共同生活を送る京都「国際学生の家」、イスラーム教徒と仏教徒の平和共生を目指す「平和センター」、労働の分かち合いを基に地方開発を実践してきたサルボダヤ・シュラマダーナ運動、それに地域共同体の教育を実践しつつあるＡＳＥＡＮ・ＥＵの事例を考察する。それらは、多元システムを創造する方法の模索でもある。異文化が遭遇するとあつれき、葛藤、対立を起こしがちで、共同体の構築はそれを乗り越え克服する道を探ることにもつながる。

1 京都「国際学生の家」

京都「国際学生の家」（Kyoto International Student House）は、一九六五年に外国人留学生と日本人学生が共同生活を行うことを目的として設立された。スイスの神父であった創設者のコーラー博士（Dr. Werner Kohler）は、国籍、人種、文化、宗教などの異なる学生がこの家において共同生活を送りつつ、共生社会のモデル作りを目指した。京都「国際学生の家」は別名「出会いの家 "Haus der Begegnung"」とも呼ばれ、信条、考え方、生活習慣などを異にする人々（学生）が出会い一緒に生活しつつ、さまざまな共通経験を通して、新しい共同体作りを行ってきている。共同プログラムの中には、セミナー、共同夕食（コモンミール）、各種の行事（国際食事祭、スポーツデー、旅行、感謝祭、クリスマスパーティなど）、役割分担などがある。共同夕食は、二週間に一度（普通は金曜日）行われ、寮生が交替でお国の料理を調理して提供する。寮生全員、ハウス・ペアレントの家族がテーブルを囲んで夕食を共にする。その際に、自己紹介、連絡事項の伝達とともに寮生が生活や勉強に関する意見を述べることもある。役割分担には、廊下・居間・トイレの掃除、新聞・雑誌の整理、Year Book の編集、イベントのお世話係などがある（図5-1参照）。

この「国際学生の家」には、二〇一五年三月までに七九ヶ国、九五二名の寮生が居住した。国籍をみると、日本人（三〇三名）、中国人（五二名）、韓国人（四八名）、アメリカ人（四四名）、タイ人（四二名）等が多かった。なお、一九九六年度より女子学生も入寮できるようになった。

人々は、とかく自分が育った社会環境の慣習、生活様式、態度、考え方などを尊重し、自己中心的になりがちである。この「国際学生の家」では、異なる文化をもつ学生たちが共同生活を通し、時には摩擦、あつれき、紛争を体験しつつも自分たちが有する考え方、態度、習慣をお互いに疑問視し、新しい共同体作りに挑戦している。その家の「目的と原則」は、コーラー博士の発案であったが、毎年発行されている"Year Book"に次のように記されている（Kyoto International House, 2013, p. 84）。

"Life Together is life in relation with others, with those we like and those we dislike, with those who have different convictions and opinions. Life Together means love and respect for those who are different. We have the freedom to agree to disagree with one another.

We all have a natural inclination to favor our own beliefs and concepts. The house members let themselves be mutually questioned and challenged in their opinions, aptitude and habits. By nature we are inclined to have relations with, and fulfill responsibilities to, our own family group and those of our own social milieu or those that are useful to us. We aim to outgrow these self-centered inclinations. Life Together allows for diversity and runs counter to conformity and unconformity. The traditional Societies classify people according to their educational, political, moral and financial standards. Life Together transcends these traditional classes.

Life Together is an adventure and an experiment. "Hous der Begegnung" in Kyoto practices in small dimention a new form of society. This new society is both conservative and revolutionary in that it respects the past with its traditions and looks to the future with its possibilities. It is a form of society which is renewing itself in free self-criticism of its members."

上述の原則で、とくに次の三点が特徴的である。第一に、この国際学生の家では、異なる信条や意見をもつ学生が共同生活を行いつつ、互いに自由に議論し各メンバーの意見、性癖、習慣に同意したり反対したりすることができる。第二に、人々は、とかく自分の属するグループの考え方、生き方に拘泥し自己中心的になりがちである。こうした傾向から抜け出し、伝統社会にみられる政治的、教育的、道徳的、金銭的な基準に従って人々を区分したり差別したりすることはせず互いに尊重しつつ平等に生活する。第三に、この家は「出会いの家」とも呼ばれるが、異なる考え、異なる生活様式の持ち主が共同生活を通してコミュニケーションを取りつつ自分を見つめなおし自己批判的に自分たちを日々革新していく新しい挑戦的実験的な社会の構築を目指そうとしている。

筆者も、一九六五～一九六八年までハウスでの共同生活を経験した。いろいろな異なる生活態度、考え方をもつ学生たちと生活を共にしつつ、「異文化を知り、違いを越えて共生するハウス」であることを実感した。メンバーの考え方や意見、態度が異なるので、時には言い争ったり、けんかをしたり、対立に発展することもあった。そうした経験を経て、相互理解を深め、各メンバーが新しい考え方、見方、態度、信条を身につければ、新しい共同体、社会の形成に貢献できるのではないであろうか。同ハウスに滞在した学生たちは、年一回発行されてきた“Year Book”に、ハウスの体験に基づく感想や意見を記述している。その中にハウスに関して次のような表現がみられた。「世界中の人々と平和的に交流するところ」「共に生きることを学び合うところ」「エスノセントリズム、偏見などの壁を取り除くところ」「バイアスや固定したものの見方を乗り越えさせるところ」「いろんな人とつき合う場」「相互理解の場」「すばらしい出会いの家」などである。「意見、考え方、習慣の異なる人々と接することの多い実社会においてハウスの経験が大いに役立っている」という元ハウスのメンバーで社会人になっているOBの方々の報告も多く掲載されていた。

筆者が滞在していた時に大変驚いた経験がある。ハウスの設立当初から寮生は日本式の役割分担の考えで全員が何らかの役割を担うことになっていた。掃除係になっていたあるインド人寮生がほとんど掃除をしようとしない。とくにトイレの掃除はまったくしなかった。それである日、日本人のコミティ・メンバー四人が集まって彼を呼び出しトイレへ一緒に行き、掃除をするべきだと箒や雑巾を渡し、実行を強く迫った。彼はそれでも「嫌だ」と言って抵抗し、遂には泣きだし逃げて行った。コミティ・メンバーは分担を拒否する彼の行動にあきれ怒っていた。しかし、後で彼をよく知っているインド人の先輩友人の話によれば、彼はインドで最も高いカーストのバラモン出身で、掃除などしたことがなく、それは下層のカーストの者がすることと心得ていて、どうしてもする気になれないはずだということであった。まさに異文化を背景にもつ人との対応・交流の困難さを味わった。

また、ハウスの創設間もないころ、組織や生活に関する規則をいかにするか問題となり、全体会議で検討された。その時、アメリカ人の法学専攻の寮生が、きわめて細かい規則を考えてきて提案し、それを強く主張するので多くのメンバーが閉口したことも覚えている。結局、大まかな規則にすることで落ち着いたが、検討する議論は長引いた。

ハウス運営の特色として注目されるのは、第一に「ハウス・ペアレント」(学寮管理者)がいて家族で寮生と共に生活し、生活のアドバイス、勉学援助やカウンセリングを行っていることである。設立当初から三五年間はスイス人と日本人二組のハウス・ペアレントがいた。その後は日本人一家族のハウス・ペアレントのみとなっている。このハウス・ペアレントを補佐するのが学寮運営委員会である。同委員会は大学の留学生担当教官やハウスの元寮生で構成され、主に学生の入寮時の面接やカウンセリングを引き受けている。第二に「チーム」という考え方が採用されたことである。チームは、ハウス・ペアレントと寮生代表(五名)で構成され、ハウス運営上の問題を話し合い、運営の基本的アイデアや実践方針をまとめる。その内容には、運営規則、共同イベント、寮生の役割分担、予算作成などが含まれている。そこでも、各種の異なった考え方・アプローチの提案、新しい発想が歓迎され、異なる意見を尊重しつつ新しい共同体の創設に向けた合意を見つけようとする工夫がみられた。特に、学生の間に問題が起きた時に管理の立場にあるハウス・ペアレントと学生代表が一緒に話し合うことは有意義であった(内海、二〇一五年)。

コーラー博士は、「出会い」に関して、四つの条件あるいは段階があると述べている。第一は、「出会い」において、自国に対する優越感を克服し、異国や異文化を同等な文化とみなすことである。第二は、異文化に対し疑問に思うこと、換言すれば異文化を不思議に思い、その固有性や新しさに感動することをあげた。近年、国際電話やE‐メール、スカイプなどの情報伝達手段が発達し、外国の人、異文化の人との直接交流が困難となり、この感動は得にくくなっているのかもしれない。第三の条件は、異文化、異国について学ぶことである。このことは、単に本やレポート、ジャーナルを読むということにとどまらない。異文化の人と一緒に生活し、飲食し、遊び、作業をする。要するに共に生活することから学ぶことを指している。共同生活を通して、他人の考え方、見方、価値観を学ぶことができる。本、ジャーナルは、このような体験の意義を深めるために役立つ。第四の条件は前述のことと関連するが、共に生活することである。「国際学生の家」のように、日本人と外国人の若者が生活を通して異文化を理解する、共に生活することは、「出会い」「異文化理解」の一番よい段階の始まりといわれる。

このコーラー博士の叙述を紹介しつつ、シュペヌマン・クラウス氏は、次のように述べている。「文化は自分自身のアイデンティティの一部である。これを捨てることは誰にもできまい。できることは、自分自身と戦いながら人間として少しでも変わることです。異文化との出会いによって日本人として成長し、異国の人の物の見方や考え方を理解し、その人と力を合わせて、グローバルになって世界の問題を解決するために協力できます」と（Kyoto International House, 2011, pp. 9~10）。いうなれば、京都「国際学生の家」は、国際社会で活躍できる国際人育成の場を提供しているわけである（図5‐1）。

図５－１　京都「国際学生の家」のコモン・ミーティング

出所：京都「国際学生の家」アルバムより。

京都「国際学生の家」における寮生の生活の特色を挙げてみよう。

- 多様な文化的背景をもつ寮生が同居する多文化・多言語ハウスである。
- 多くの大学が行っている海外体験は、短期で七～一〇日、長期で約五～六ヵ月のケースが多いが、ハウスでは二年間にわたり国際交流、多文化共生社会を体験できる。
- 共同生活を通して、コモンミール、コモン・ミーティング、クリーニング、国際食物祭、スポーツ、旅行、感謝祭、役割分担などを共通に体験しつつ、異文化の特質、コミュニケーションの方法、主体性、協調性、新しい共生社会のあり方などを具体的に学ぶことができる。
- 外国人との生活により、国民アイデンティティのみならず、京都市民などの地方市民、アジア市民、ヨーロッパ市民といった地域市民、あるいは地球市民など多層的なアイデンティティを意識し、身につける機会がある。

このように貴重な体験を長期にわたって経験できるハウスこそ、グローバル人材を育成するのにふさわしい場所ではないだろうか。また、実際に、ハウスの生活を体験した多くの先輩が、外国で医者、会社社長・経営者、会社員、公務員、大学教員などの仕事に就きグローバル人材として活躍している。このハウスの共生体験をした寮生が、これからも継続してグローバル人材の素質を身につけ、地球社会で大いに活躍することが期待されている。そしてハウスが、そうした人材育成のモデルとしてますます発展する可能性がある。

2　南タイ・ヤラー市の「平和センター」

二〇一四年八月に南タイのヤラー市に設立された平和センターを訪問する機会をもった。「平和センター」は、二〇〇二年にタイの元教育副大臣であったルン・ケオデーン博士（Dr. Rung Kaew-dang）が退職後に始めた一大事業である（Sangnapaboworn, 2016）。

南タイには、かつてパッタニー王国が存在していた歴史もあり、イスラーム教徒であるマレー系タイ人が多く住んでいる。中には、南タイ地域（パッタニー県、ヤラー県、ナラティワット県、ソンクラー県）のタイ国からの独立を志向する人々もいる。最近も南タイの自治権拡大や独立を要求する過激派のテロが起きている。マレー系イスラーム教徒とタイ系仏教徒（中国系タイ人も含む）の間でしばしば対立、紛争が発生する。そして、地域の人々の平和な生活がおびやかされている。

図5-2 「平和センター」の事務所

出所：筆者撮影。

創設された「平和センター」（図5-2）は、イスラーム教徒と仏教徒が相互の対話や共同作業を通して安定した平和な生活を構築する契機を与えようとしている。いわば、南タイにおける平和構築を目指す野心的センターである。

「平和センター」は、スックケオ・ケオデーン財団（Suk-kaew Kaewdang Foundation）によって設立された。財政的には、タイ教育省、タイの保健財団、カナダの国際財団などの援助を受けている。その目的は、南タイに平和をもたらすことであるが、具体的目標として次の八点があげられている（スックケオ・ケオデーン財団、二〇一三年、一頁）。

①財団と財団ネットワークの知識を広める。
②南タイ地域の生活、教育、農業、環境を発展させる。
③子ども、児童生徒、女性、地域のリーダー、地

方の知恵などを発展させる。

④南タイの多様な文化と生活方法を守りつつ発展させる。

⑤青年、女性、高齢者の職業を促進させる。

⑥青年たちに南タイのよい点を外部に伝える能力を発展させる。

⑦人々の人権に関する理解を深め、人権意識を向上させる。

⑧南タイにおける学校教育、社会教育の質の向上に貢献する。

などである。

「平和センター」の設立当初の活動では、同じ地域に住むイスラーム教徒と仏教徒の相互理解・平和共存の確立を目的として、「対話」に重点が置かれた。そのため村町長、村町会議員、宗教家（イスラーム教師、仏教僧侶）、学校長、副校長、医者、警官など両教徒のリーダーたちが集会場に集まってセミナー、ワークショップなどによる対話が試みられた。生活習慣、考え方の違う人々が一堂に会してそれぞれの思想、信条、習慣を紹介して相互の理解を深めようとした。

例えば、マレー系イスラーム教徒は、家で猫や鳥をよく飼うが、犬は飼わないのが習慣である。他方、タイ系仏教徒の家では犬を飼うところが多かった。仏教徒の警官が安全確認のため村や町を見廻る時に犬を同伴することが普通であった。それは、マレー系イスラーム教徒にとって好ましくない方法である。それで彼らから犬を同伴しないで欲しいという要求が出された。また、タイでは近年地方の知恵（local wisdom）が重んじられているが、何を地方の共通の知恵として重んずればよいか、産業、工芸、美術、音楽等について話し合いが行われた。

このような対話は、理解を深め合い、相互の文化尊重にとって大切なことであるが、その理解は表面的に終わりがちで生活の様式、習慣を変化させるまでには至らなかった。

それゆえ、次のステージで検討されたのは、共同の活動経験、協働作業、協働の仕事をすることであった。その内容として青少年および成人に対し次の四つのプロジェクトが試みられた。

その際、スックケオ・ケオデーン財団は、とくに南部タイ三県の青少年発展のための基本原則を六点掲げている。第一は、学習継続の基本原則。教育と生活を通して継続的に学習する機会を持てるようにする。とりわけ、異なる文化をもつ人々が互いに理解し合い共存できるように教育する。第二は、個人の能力発揮の基本原則。青少年は、麻薬中毒者が多く、社会のゴミと蔑まれ、誤解されてきた。彼らに表現の機会（歌、音楽演奏、料理、農業、ボランティアなど）を持たせ、能力を発揮させ、問題を解決できるように支援する。青少年が自分の能力に自信を持ち、社会がよい方向に向くために力を出させるように指導する。第三は、指導者育成の基本原則。青少年が指導者（女子指導者を含む）になることができるようにする。従来、女性の指導的役割が認められなかったので女性指導者を育む。そして、すべての男女が、共同で考え、共同で実践し、共同で問題を解決することができるように指導する。第四は、職業訓練の基本原則。青少年が仕事をもてるようにスックケオ・ケオデーン財団、職業教育機関、青少年機関、タイ南部国境の青少年公共心育成団体が共同で職業訓練を行う。第五は、公共心およびボランティア精神の基本原則。青少年が、公共心およびボランティア精神を持ち、もらう人に止まらず与える人、手を挙げる積極性をもつ人になるよう目指す。第六は、平和構築の基本原則。芸術、スポーツ、善行、教育学習、職業などを総合的に活用して社会の平和構築を目指すこと、である（スックケオ・ケオデーン財団、二七～二九頁）。

これらの原則を活かしつつ次のようなプロジェクトが展開された。

一つ目のプロジェクトは、二〇〇八年から実施された青年のキャンプである。マレー系の青年、とくに男子青年は中学校三年までの義務教育が終わると学校に行かなくなる者が多い。しかも学校に行かず仕事にも就かずに自分の能力に自信を失っている。そして、グループを作って遊びや麻薬にふけりがちである。中にはテロリストに加わり平和な村町民の生活を破壊する者も現れている。

女子青年の多くは、私立・公立の高校に通い、高校卒業後にはラチャパット大学（教員養成を含む地方総合大学）に入学する。ヤラー県にあるラチャパット大学ヤラー校では、二〇一四年に学生の九〇％はマレー系女子学生であった。マレー系男子学生はわずかに五％にすぎず、残りの五％は混血男子学生であった。

こうしたマレー系イスラーム教徒の青年は、仏教徒の青年たちと交流する機会も少なかった。それで考案されたのが両教徒合同の三泊四日のキャンプである。それにはヤラー県の当局やノンフォーマル教育センターも協力した（Sangnapaboworn, 2016）。その期間に、彼らは一緒にフォークダンス、カラオケ、各種のスポーツ（バレーボール、バドミントン、タックロー〔蹴鞠のスポーツ〕など）を楽しみつつ生活を共にする。また、簡単なおやつの作り方、工芸品、バティックの制作や魚の釣り方などを習う。さらに麻薬の害の説明を受けて麻薬を吸わないようにするとともにヤラー地方に多い孤児の世話も行う。孤児と一緒に遊びつつ、食事の仕方、服の着方を教え勉強を指導する。

これらのことを共同で行うことにより、異文化の青年たちが互いに理解し認識し合うと同時に信頼関係を身につける。さらに、青年たちが人からものを「もらう人」に終始するのではなく、「与える人」の役割を担えるという自覚が芽生える。そして自分たちの能力に自信を持たせる。二〇一〇年までにこのキャンプに参加した青年はマレー系が多数を占め一万一二五〇人に達した。

この平和センターのキャンプで訓練を受けた青年たちが中心になり、ヤラー県で複数の青年団が作られていた。筆者は、二〇一四年八月に三〇人グループと三〇〇人グループの青年団のリーダーに会い、活動について話を聞く機会があった。両方の青年団とも、主に四つの活動を行っていた。

第一は、麻薬吸引の防止である。主に男子青年で麻薬吸引者が多数みられ、森で手に入るナームクラトンという葉をゆでて飲むケースが多い。飲むと一時的にストレスが減り、快適になるが、習慣となり飲み続けると身体が悪くなる。第二は、仕事を見つけるための技術訓練である。麻薬に走るのも、適当な仕事がなく、自分の能力を発揮できないことも大きな理由である。それで、各種の技能を教え、仕事を見つけやすいように援助する。主な内容は、バイク修理、おやつ・ココナッツミルク作り、工芸品製作（鳥かご、アイスクリームの入れ物、ネックレス、バティックの模様描きなど）、魚の飼育、有機野菜作り、お茶の作り方、などである。第三は、音楽やスポーツやダンスを行うとともに、仲間と知り合い相互の理解を深めることである。多くは土日に行うが、平日の夕方や夜に開催される場合もある。スポーツでは、バレーボール、バドミントン、タックローが多い。第四は、救援活動である。とくに孤児や障害者、高齢者の身の回りの世話を行っている。またこの地域に多い孤児に対しては、読み書き計算などの学習も指導している。

二つ目のプロジェクトとして、小・中学生に対して二〇一三年からボーイスカウト、ガールスカウト活動が「平和センター」で行われるようになった（図5-3）。一～四月にかけて小学生は二泊三日、中学生は三泊四日のキャンプを一ヵ月に平均四回実施している。キャンプや山登りのしやすい環境をもつ平和センターがいくつかの小中学校の依頼を受けて行ったものであるが、イスラーム教徒と仏教徒の少年少女が共同で参加し、キャンプ、山登りや魚釣りなどを実践する。キャンプでは、はじめにメンバーに自己紹介をさせ、その後リーダーがキャンプの目的やルールを説明する。開会式では国旗掲揚し国歌を歌う。活動内容としては、主にロープのしばり方、テントの張り方、料理、朝夕の運動、ハイキング、キャンプファイヤー、清掃、タイの「足るを知る経済(efficient economy)」に関する学習、まとめと反省、修了式(国旗掲揚を含む)などがある。また林の木や葉を集めて焼いて灰にし、その灰の利用法も習う。灰はオイルパームの肥料となり、牛のえさとなる。

図5-3　ボーイスカウト・ガールスカウト活動の開会式の模様

出所：「サンカーラーキリ・キャンプ」(タイ語)，タイ南部三県のボーイスカウト管理局，2013年，10，15頁。

その他、ひろったコップを紙コップとプラスチック・コップに分けて使用法を確かめることも行っている。孤児院や高齢者センターを訪ねて仕事を手伝うボランティア活動に従事することもある。いうなれば、体験学習（learning by doing）に力点をおいている（Sangnapaboworn, 2016）。

これらの活動を通してタイ人としての自覚、協力の重要性、仕事の手伝い方などを学習するとともに友情を深め合う。

三つ目のプロジェクトでは、成人向けの共同事業として二〇〇七年からヤギ（山羊）の飼育が始まった。イスラーム教徒にとってヤギは受け入れやすい動物であるが、伝統的に南タイでは飼育されてこなかったので外部から輸入した。スックケオ・ケオデーン財団は、ヤラー大学と協力してモデル農場を建設しヤギの飼育に取りかかった。えさの栽培（たとえば、高度プロテインをもつALFALFA Grass）も行った。二〇〇八年にヤギのモデル農場で働く人はマレー系イスラーム教徒の人が多く、タイ民族系仏教徒の人も含めて二〇〇人、二〇〇九年には一四〇〇人余りに増えた。

財団では、当初、若い雌ヤギを購入し、大きくなったら良質の雄ヤギと交配し、妊娠するとその雌ヤギを村人に貸与していた。村人は子ヤギが生まれると子ヤギを受取り親の雌ヤギを財団に返却した。その子ヤギが大きくなるとほかの村人に貸与した。このシステムはヤギ銀行と呼ばれた（スックケオ・ケオデーン財団、二〇〇八年）。二〇〇九年に六二の村家族が雌ヤギの提供を受けた。

しかし、ヤギは熱帯の気候に合わなくて病気になりがちであり、その上、貸した雌ヤギを村人が返却してくれないという問題が起きてヤギ銀行の方法は二〇一一年に中止された。

図5-4　牛の野外放牧場

出所：筆者撮影。

四つ目には、二〇一一年から牛の飼育が開始された（図5-4）。牛は従来、タイで飼育されてきているが、質が良くないため牛乳や牛肉としては評価されていなかった。牛を飼育しても収入が上がらないため中止する農家が多かった。財団では良質の牛（和牛が中心）を飼育し、高値で販売できるビジネスを考えている。初めは平和センターにおいて牛の飼育方法（えさ、放牧、子牛の育て方、牛乳の搾取等）を研究し、方法が確立すれば、他の村にも普及させる計画である。特に栄養価の高い総合的えさ（TMR）を研究し仔牛に与えたところよく育つことが判明した（スックケオ・ケオデーン財団、二〇一二年、一～四頁）。研究のために資金や情報交換も必要なため、牛飼育のための共同組合が結成され、興味をもつ人が組合員となり、平和センター農場で飼育実習に参加している。ルン博士は、二〇一三年一〇月に日本の神戸牛、松阪牛等を飼育している牧場を視察した。

また、当初、タイ政府から三〇万バーツの補助があった。筆者は二〇一四年八月に同農場を参観したが、その時には一五六頭もおり、牛の世話を交代で行う人がマレー系、タイ民族系の人を合わせて二〇人余りであった。

さらに同センターでは、二〇一一年よりオイルパーム（油椰子《あぶらやし》）の栽培も始めている。とくにオイルパームは、マレーシアにおいてゴムの木に代わる主要産品となっているが、タイではいまだ普及していない。これからの需要と南タイ地域における適性を考えて導入に踏み切った。オイルパームに関しても、平和センターの敷地を使って実験時に栽培方法を研究し、成功すればその方法を村人に指導して栽培の普及を図る計画である。

こうしたヤギ、牛の共同飼育、オイルパームの共同栽培を通して、信条の異なるイスラーム教徒と仏教徒のタイ人が、お互いに人格的に交わり相互理解を深め信頼関係を築いている。その成果が収入の拡大につながれば一層、両者の絆は強化されるであろうし、地域社会の平和の確立に貢献すると期待されている。このように対話の機会に限らず、共同キャンプ、協働作業、協働事業を通して対立していた人々の異文化理解、相互信頼の増進ならびに地域の平和構築を目指していることは、多文化共生活動を促進する観点からきわめて注目される社会的、教育的一大事業であるといえよう。

3　スリランカの「サルボダヤ・シュラマダーナ運動」

南部タイの平和センターを訪問してその特質を考察していたところ、類似した性格を持ち、民族融和に貢献し内発的発展による地域開発の実績を有するスリランカのサルボダヤ・シュラマダーナ運動が思い出された。同運動の創始者であるアリヤラトネ博士が一九八〇年ごろに筑波大学を訪問された際に学生に講演する機会があった。その時に、サルボダヤ・シュラマダーナの意味とスリランカにおける地域開発への貢献に関する話を聞き深く感銘したことを覚えている。また、二〇〇四年八月にスリランカへ国際教育協力の調査に行った時、アリヤラトネ博士に直接会い、サルボダヤ・シュラマダーナ運動の本部と自宅を紹介してもらった。

その時に、博士から次のような説明を受けた。サルボダヤ・センターと呼ばれる地域の活動拠点が全国に設立され、地域開発が自主的に行われていること、サルボダヤ・シュラマダーナ運動には対立していたシンハリ人、タミル人が協働で仕事を行って民族協調に貢献していること[1]、最近、本部に平和黙想センターが設立され、多くの人々がスリランカのみならず、世界の平和のために黙想祈願しているとのことであった。その平和黙想センターに案内してもらった。

また、訪問した本部の資料室には、サルボダヤ運動を展開している村々の参加者人数、プロジェクト内容などが詳しく紹介されていた。

この運動は、アリヤラトネ博士がエリート高校の理科教師だった一九五八年に、生徒たちを連れて貧しい村を訪問しワークキャンプを行ったことが始まりだった。その時、生徒と村人は一緒に汗を流して井戸掘りや畑の耕作を行い、小さい小屋で寝食を共にして語り合った。このキャンプを通して、まず、生徒たちは最も虐げられた人々の生活を体験した。第二に、生徒たちは、自分の能力の範囲で農村の開発に寄与するサービスができることを自覚した。第三に、最下層の村人と外界を隔てていた障壁が崩れはじめた（古橋、二〇〇四年）。

貴重なキャンプは、シュラマ（労働）をダーナ（与える）するという意味でシュラマダーナ・キャンプと呼ばれた。シュラマダーナは、労働の分かち合いを意味するともいわれる。この体験が実り多いものであったため人気を博し広まった。二年の間に何百という学校が週末農村キャンプで労働を提供するようになり全国的なシュラマダーナ運動へ発展した。農村キャンプでは、人々が共に考え立案し働き、自分たちの努力を評価する機会を提供した。シュラマダーナは、物質的な目的を達成するための単なる労働キャンプではない。それは、人々がよって立つ文化や自らの刷新能力を基にした自分の能力に目覚めさせる革新的な方法でもある（A・T・アリヤラトネ、二〇〇一年、四九頁）。したがって、労働をする際にサルボダヤも強調されてきた。サンスクリット語で“sarva”は全員、全体という意味であり、“udaya”は覚醒を意味する。このウダヤを加えて「すべての者の目覚め」を表す。サルボダヤにより、心の奥にある信念や価値を開発することで、民衆に個人の力と集団の力を認識させようとする。個人の覚醒（プルショーダヤ）から、村の覚醒（グラモーダヤ）、国の覚醒（デーショーダヤ）、世界の覚醒（ヴィシュボーダヤ）への拡がりを目指した運動が展開された。個人の変革から社会の変革へと導こうとする考えであった（メーシー、一九八四年、六〇頁）。

アリヤラトネ博士は、当初、オランダとドイツから寄付を得てスリランカの最も貧しい一〇〇ヵ村の開発計画を実施した。地域社会の覚醒のための計画を練り、方法に磨きをかけた。最初の一〇年間に二〇〇〇村に採用され、続く三年間で四〇〇〇村に広がった。

一九七〇年代にコロンボ近郊のモラトゥワに本部と訓練センターを設立した。さらに地域社会の組織員、保健、幼児教育、農業、農業技術の公開指導員を訓練する一二の地域センターも開設した。また、二〇～三〇の村落における活動計画の実施と統括に当たる一〇〇以上のグラモーダヤ（村の覚醒）センターも組織した。また、サルボダヤ運動では、地方の自立を重視して地方のセンターに活動の計画作成、予算の執行、開発事業の実施を行う権限が与えられている。例えば、グラモーダヤ・センターやサムヒティスと呼ばれる村落覚醒協議会である。

実際のサルボダヤ・シュラマダーナ運動は、次のような四段階を経て組織され活動を展開している。第一段階では、派遣された活動員が地元住民を集めて「家族集会」を開く。会場は寺院か学校が利用される。集会において村民共通の要求を話し合う。例えば道路造り、井戸掘り、井戸の清掃、トイレの設置、灌漑用水路、下水やごみ置き場の建設、家庭菜園、水田耕作などである。次にワーク・キャンプ（シュラマダーナ・キャンプ）を行う。多くの村民が参加するキャンプは、一日、数週間と期間はさまざまであるが、たいていは週末に開催される。このキャンプを通してサルボダヤ集団ができる。青年、母親、子ども、高齢者集団などである。第二段階では、シュラマダーナ（労働の分かち合い）を行いつつ持続的な集団を形成するとともに、優先課題を決め独自の計画を実施する。第三段階では、本部から村落覚醒センターに対し、アイデア、技術、資金（信用貸し）、資材などを提供する。また近くのサルボダヤ協会で、地域の組織作り、保健、幼児教育、農業、ろうけつ染め、金属加工、経理など、事業に役立つ技能の訓練を行う。第四段階で、独自に開発計画を作成する自治権をもった合議の組織である村落覚醒協議会を設立する（メーシー、四四〜四六頁）。

サルボダヤ運動では、人間の福祉に不可欠な要素を「一〇項目の基本的ニーズ」としてあげ、その供給を運動の指針としている。それらは、「水、食料、住居、衣服、医療、コミュニケーション、燃料、教育、清潔かつ安全な環境、精神的・文化的生活」である。また、サルボダヤ運動は教条的ではない。文化的背景を異にする個々人の自由は、それが仏教の価値観とぶつからない限りにおいて常に尊重されている。すべてのサルボダヤ・センターにおいて、すべての宗教は平等に扱われ、その信奉者は彼らの宗教を実践するための時間や施設が提供されている（アリヤラトネ、一六二～一六三頁）。

他方、このサルボダヤ・シュラマダーナ運動では、個人の覚醒を基本に据えながら、村落の覚醒から、国家、世界の覚醒へと広げ、村落における自主的な工夫計画により、いろいろな人々（青年、高齢者、男女、子ども、異民族など）が協働で労働を分かち合いながら地域開発に取り組んでいる。その取り組みが実績として成果をあげている。しかも二〇年も続いて民族紛争にめげることなく、シンハリ人とタミル人が一緒に話し合い、地域開発を計画し実践してきた。その上、自主的に協働で労働を分かち合い、各人が互いに信頼をよせ開発成果をあげた。素晴らしい着想、アイデアであり、しかも粘り強い実践である。教育の観点からみれば、多文化共生教育、協調学習の好ましい例を提供するものである。

アリヤラトネ博士は、地域開発における社会的リーダーシップが評価され一九六九年にフィリピンのラモン・マグサイサイ賞が贈られた。

4　ASEANの教育

東南アジア諸国は、多様な宗教・言語・文化を持つ人々で構成される複合民族国家となっている。東南アジアの人々が信仰する宗教を見ると、タイやカンボジア、ラオス、ミャンマーなどの大陸部には上座部仏教徒が多い。他方、島嶼部のマレーシア、インドネシアでは、多くの人々がイスラーム教、フィリピンではキリスト教（主にカトリック）を信仰している。言語教育に関してはベトナム、タイ、ラオス、カンボジア、インドネシアの学校は主要民族語で教育を行っているが、フィリピンの学校は英語とフィリピン語、シンガポールの学校は英語と民族語（マレー語、中国語、タミル語）によるバイリンガル教育を採用している。マレーシアでは、小学校にマレー語学校、中国語学校、タミル語学校の三種類あるが、中等学校ではマレー語のみを教授用語とする。

以上のように東南アジア諸国は多様な社会的文化的背景をもつが、一九六〇年代からASEAN（東南アジア諸国連合）を統一的に組織し、共通に政治的、経済的、社会文化的活動を展開させつつ一つの共同体を構築しようとしている。これは大変注目される動きである。

ASEANは、一九六七年の原加盟国五ヵ国（タイ、マレーシア、シンガポール、インドネシア、フィリピン）で成立した。その後、ブルネイ、ベトナム、ラオス、ミャンマー、カンボジアが加わり一〇ヵ国となった。

ＡＳＥＡＮ諸国は第二次世界大戦以前にはタイを除いて欧米の植民地支配を受けるとともに、大きな政治経済的、社会文化的影響を受けた。戦後独立してからは、国民統合が優先的課題となり、そのために国家原則の確立と普及を教育の主要目標とした。タイではラック・タイという国家三原則があり、民族（国旗）、国王、宗教への忠誠と尊重が重視される。インドネシアではパンチャ・シラ（五原則）といって、神の信仰、民族主義、民主主義、人文主義、社会正義の遵守が強調される。マレーシアでは同様にルク・ネガラ（国家原則）を掲げている。

タイではラック・タイ教育が徹底しており、ほとんどの小中高の教室の壁にはその象徴である国旗、国王の肖像写真、仏陀の写真が掲げられている。毎日の朝礼には国旗を掲揚し、国王賛歌を歌い、仏陀の像に礼拝する。前述のボーイスカウト活動の始まりや終わりにはラック・タイ尊重の儀式を行っている。ところが南タイのイスラーム教徒が多い地域に行くと、教室の壁にそれらのシンボルは無く朝礼の儀式も行われていないことに驚かされる。

ＡＳＥＡＮ諸国は、政治、経済、社会文化の交流教育の増進と地域の平和・安定を目指して共同体を創設した。二〇一五年に一二月に正式に発足したＡＳＥＡＮ共同体は、三つの柱で構成される。第一はＡＳＥＡＮ政治・安全保障共同体で民主的・調和的環境と紛争の予防・解決を意図する。第二はＡＳＥＡＮ経済共同体で、一つの市場、高度な経済競争地域の構築を目指す。第三がＡＳＥＡＮ社会・文化共同体で共通のアイデンティティの考案と市民の生活・福祉の向上を図る。

これらの計画の具体化策として二〇〇八年一二月にＡＳＥＡＮ憲章が公布された。その主な内容として、目標（第一条）に地域の平和、安全、安定の維持強化、ならびに民主主義と人権、基本的自由の促進をあげている。組織では、ＡＳＥＡＮ首脳会議が最高政策決定機関である（第七条）とする。教育と関連するのはアイデンティティとシンボルの項目で、共通のアイデンティティの促進（第三十五条）、共通のモットーとして一つのビジョン、一つの共同の確立（第三十六条）、ＡＳＥＡＮの旗、日、歌の設立普及（第三十七～四十条）などを規定している。

ＡＳＥＡＮ共同体になれば各メンバー国が対等に参加する「単一生産地」「単一市場」を創設し各国の経済が発展することを主な狙いとしている。単一生産地の動きは先行して進み、すでにタイ、マレーシア、インドネシアなど六ヵ国は多くの品目の関税を撤廃した。

しかし、単一市場につながるサービスの規制緩和はほとんど進んでいない。経済の自由化が進まないのは、ＡＳＥＡＮ加盟国間にある大きな経済格差が関連していると考えられている。後発国（カンボジア、ラオス、ミャンマー、ベトナムなど）の経済発展がＡＳＥＡＮ共同体の確立にとって大きな課題となっている（『日本経済新聞』二〇一五年二月一日）。

教育の面では、具体的にＡＳＥＡＮ諸国では、国際理解の教育を重視し、英語、仏語、独語に加えて日本語や中国語を中等教育から学習させる国が増えている。例えば、タイ、マレーシア、インドネシア、ベトナム等である。最近では、さらにＡＳＥＡＮ志向の教育が実践されつつある。ＡＳＥＡＮ市民のアイデンティティを養うためにＡＳＥＡＮ市民教育を導入し、ＡＳＥＡＮ諸国の社会経済のみならず周辺国の社会や文化（あいさつ言葉を含む）も小学校段階から教育しようとしている。とりわけ、各国民であると同時にＡＳＥＡＮ市民であることを自覚させようとしている。外国のことといえば、欧米や日本、中国のことばかり取り上げていた内容に比べれば、これは画期的な出来事であり、いうなれば多文化共生教育を目指しているといえよう。

タイにおける「ＡＳＥＡＮ教育の目標──初等教育レベル」（表５‐１）および「ＡＳＥＡＮに対するタイ人児童の特質──初等教育レベル」（図５‐５）を見てみると、次の三点が強調されていることが分かる。第一に、知識としてＡＳＥＡＮ各国の政治、経済、社会文化（民族、言語、宗教、地理、歴史等）、ならびにＡＳＥＡＮ憲章に関して理解させる。第二に、能力・実践として、①基本的能力（英語とＡＳＥＡＮ言語一つ、情報技術、平和的方法による問題解決）、②市民性と社会的責任の能力（文化的多様性の認識、リーダーシップ）、③学習と自己発展の能力（平等的価値観、相互学習、合理的思考、自分のコントロール）を発展させる。第三に態度として、

表5-1　ASEAN 教育の目標―初等教育レベル

（1）知　識

学習目標	指　　標
1. ASEAN 諸国に関する知識 1-1. 政治 ―政治体制 ―外交関係 ―子どもの権利，人権 ―国際法 1-2. 経済 ―ASEAN 諸国の通貨 ―経済 ―生産要素 ―労働・貿易・貿易協定・経済協力 1-3. 社会・文化 ―民族 ―言語 ―宗教 ―衣服 ―公衆衛生 ―地理 ―タイ・アイデンティティ ―重要人物 ―歴史	1-1. 政治分野において政治体制，子どもの権利に関する知識を説明できる児童の割合 1-2. 経済分野において通貨，経済，生産要素，労働に関する知識を説明できる児童の割合 1-3. 社会・文化分野において言語，宗教，重要人物，地理，公衆衛生，歴史に関する知識を説明できる児童の割合
2. ASEAN 憲章に関する知識 2-1. 意味と内容 2-2. ASEAN 憲章の重要内容 ―目的と原則 ―ASEAN 組織 ―ASEAN に関係する組織 ―意思決定過程 ―紛争の抑止 ―アイデンティティ ―外部との関係	2-1. ASEAN の意味と内容に関して説明できる児童の割合 2-2. ASEAN 憲章の目的，原則，アイデンティティに関して説明できる児童の割合

（2）能力・実践

学習目標	指　　標
基本的能力	
1. 2言語以上のコミュニケーション(英語，ASEAN言語の中から1つ以上)	1. 2言語(英語・タイ語)以上でコミュニケーションできる児童の割合
2. 創造的に情報技術を使用する技能	2. コミュニケーション学習で情報技術を使用できる児童の割合
3. 平和的手段で解決できること	3. 平和的手段で解決できる児童の割合
4. 他者と仕事や生活ができること	4. 他者と仕事や生活ができる児童の割合
市民性と社会的責任の能力	
1. 文化的多様性の尊重と認識	1. 文化的多様性の尊重と認識をしている児童の割合
2. リーダーシップ	2. ASEAN教育活動に関してリーダーシップを発揮する児童の割合
3. 社会問題を理解し，変革を指導する行動を取ること	3. 問題を提案し，意見を表明できる児童の割合
学習と自己発展の能力	
1. 人間が平等であるという価値観を理解すること（子どもの権利，人権）	1. 異なる人間が平等であることを理解する児童の割合
2. 意見交換や学習交流に参加すること	2. 意見表明や学習交流に参加する児童の割合
3. 因果関係を正確に思考・分析できること	3. 政治，経済，社会，文化に対して正確に因果関係を説明できる児童の割合
4. 管理や自己統制ができること（企画，計画を立てて実行すること）	4. 順序に従って実行できる児童の割合

（3）態　度

学習目標	指　　標
1. タイやASEANに対する矜持をもつこと	1. 熱心に活動に参加する児童の割合
2. ASEAN共同体への責任感をもつこと	2. ASEAN加盟国間の支援や分配を表明する児童の割合
3. ASEANに対する理解	3. ASEANであることの利益を見出し，認める児童の割合
4. 民主主義を保ち，グッドガバナンスの原則（尊敬，知識，協力の原則），平和的手段，平和の原則を保持すること	4-1. 尊敬，知識，協力の原則をもつ児童の割合 4-2. 平和的手段，平和の原則で解決できる児童の割合
5. 異なる宗教を認めること	5. 異なる宗教を認める児童の割合
6.「足るを知る経済」の哲学を生活で実践すること	6.「足るを知る経済」の哲学を生活で実践できる児童の割合

出所：タイ教育省基礎教育委員会（2011年）「ASEAN共同体に関する学習ガイドライン――初等教育編」(neaukaan chatkaan rienruu suu prachaakhon asean radab prathomsuksaa)

図5-5　ASEAN に対するタイ人児童の特質—初等教育レベル

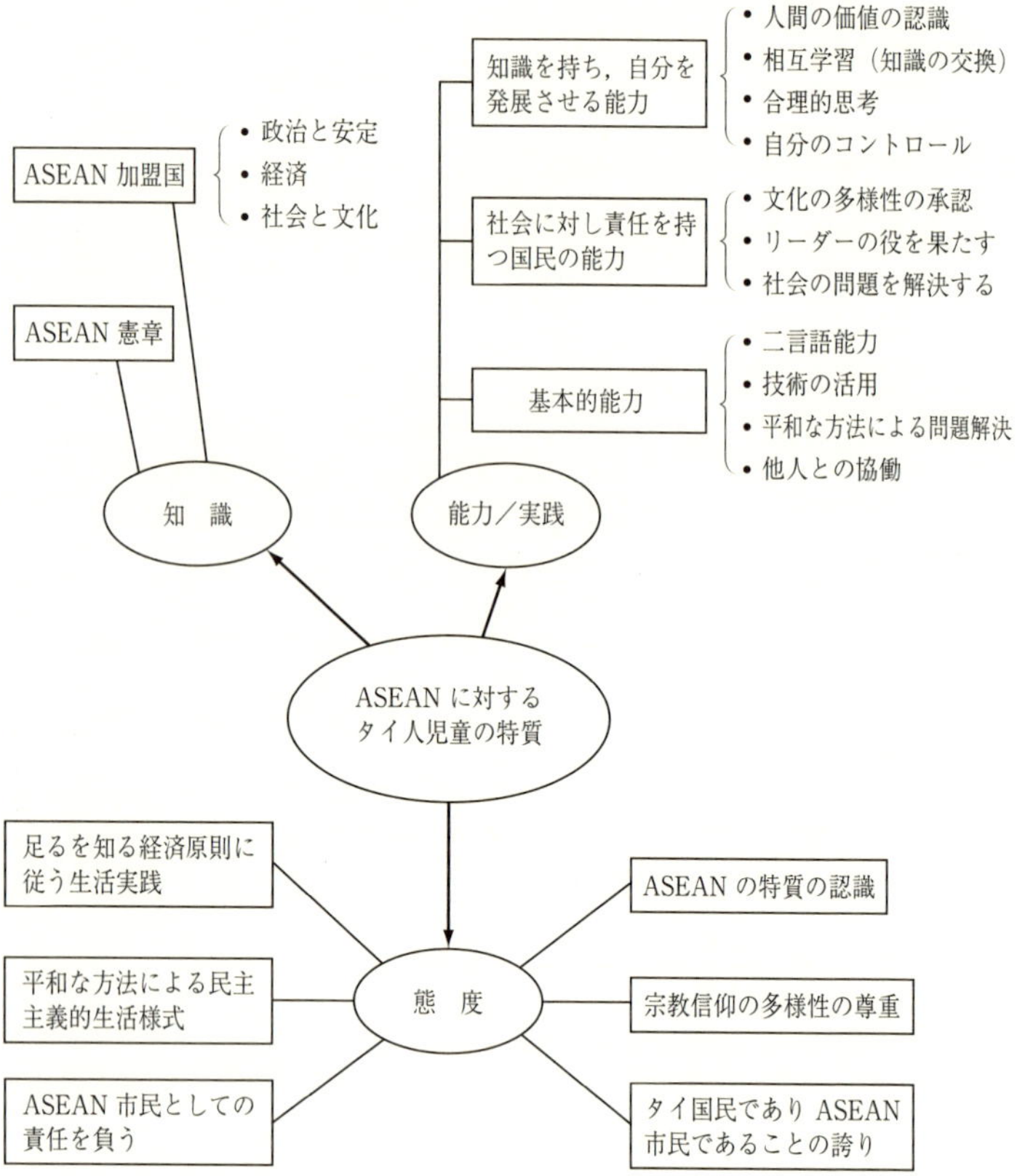

出所：タイ教育省基礎教育委員会（2011年）『ASEAN に対するタイ人児童の特質——初等教育編』
(khun laksana dekthai suu asean radab prathomsuksaa, p. 4)

ＡＳＥＡＮの特質を理解し、「足るを知る経済」の哲学を生活で実践し、平和な方法による民主主義的生活様式を身につけ、宗教の多様性を認め、ＡＳＥＡＮ市民としての誇りをもつこと、などである。

ＡＳＥＡＮの教育の実情について、筆者は二〇一四年八月にタイのチェンマイにおいていくつかの学校を訪問調査した。まず、チェンマイ大学附属中学校の社会科の教師にＡＳＥＡＮに関しいかに教えているかを質問した。ほとんどの中学校社会科教師はＡＳＥＡＮの属性について説明しているということであった。その内容は、ＡＳＥＡＮ加盟国名、ＡＳＥＡＮの略歴、加盟国の国旗、国花、リーダー、言語などである（図５－６、図５－７）。ただし、言語といっても各国のあいさつ言葉を教える程度である。また国民であると同時にＡＳＥＡＮ市民であることを強調しているとのことであった。一方、高等学校のレベルでは、ＡＳＥＡＮにおける特色や問題、課題を取り上げて生徒に議論させつつ授業していた。特色というのは、言語、宗教、生活様式、社会体制の相違などであり、問題としては国家間、地方間の経済格差、通貨の統合、国民アイデンティティとＡＳＥＡＮ市民のアイデンティティの育成、異文化理解、政治的統合の困難さなどを指している。

次に、チェンマイ大学附属中等学校一一八人、チェンマイ山地民中等学校（ロンリアン・スクサー・ソンロク・チェンマイ）の生徒一四三人および農村のＳ小学校の児童二〇人に、アン

図５-６　ASEAN 教室の張り紙（民族服，国旗）

チェンマイ山地民中等学校。

図５-７　ASEAN 教室前の廊下の飾り（あいさつ言葉）

チェンマイ山地民中等学校。

出所：筆者撮影（図５-６，７）。

ケート用紙を使ってＡＳＥＡＮに関し次の質問をし、「はい、いいえ」の「項目選択」の回答を求めた。質問事項は次の通りであった。

質問（1～6）：ＡＳＥＡＮ各国の国旗、国歌、国花、リーダー（国王、大統領、首相など）、言語、加盟国について習いましたか。
質問7：ＡＳＥＡＮについて学ぶことは楽しいですか。
質問8：ＡＳＥＡＮについてもっと知りたいですか。
質問9：ＡＳＥＡＮについて学ぶことはタイにとって良いことですか。
質問10：ＡＳＥＡＮについて学ぶと将来役に立つと思いますか。
質問11：あなたはタイ人であると思いますか。
質問12：あなたはＡＳＥＡＮ市民であると思いますか
質問13：あなたはＡＳＥＡＮ市民になる必要があると思いますか（複数回答可）。

属性に関しては、小中高校生に共通して、国旗および加盟国について多くの児童生徒が学習していると回答した。国歌およびリーダーについては、学習していないという回答が多かった。国花は、中学生・小学生の過半数が学習していたが、高校生では少なかった。ＡＳＥＡＮの言語は、中学生の学習者が三分の二を占めたが、小学生・高校生では逆に非学習者の方が多かった。

「ＡＳＥＡＮについて学ぶことは楽しいですか」「ＡＳＥＡＮについてもっと知りたいですか」という質問には、小・中学生は肯定的に回答していたが、高校生では「楽しくない」という回答の方が多かった。これは教え方に関係していると思われる。前述のように高校では問題学習、課題学習のような方法で、生徒に下調べと意思が要求されるので苦痛に感じている生徒が多いのではないかと考えられる。

児童生徒のアイデンティティ項目の回答を見ると、小中高校生とも「タイ人」「ＡＳＥＡＮ市民」を肯定していた。「タイ人」である（九九％）とともに「ＡＳＥＡＮ市民」でもある（九八％）ことを、ほとんどの児童生徒が認識しているということは画期的であり、ＡＳＥＡＮ教育の成果が表れているものと思われる。ただし、「ＡＳＥＡＮ市民の必要性」については高校生の中に若干の消極的回答がみられた。

タイでは、ＡＳＥＡＮに関する教材として何種類もの副読本が発行され学校で活用されている。たとえば、「サワディ・アセアン（Say Hello ASEAN）」（タイ語）は初歩的な副読本で「こんにちは」「ありがとう」などのあいさつ表現を、タイ語（Sawadee）、ミャンマー語（Mingalaba）、カンボジア語（Shuo Sa Dai）、ラオス語（Sabaidee）、ベトナム語（Xin Chao）、フィリピン語（Kumsta）、マレーシア語・ブルネイ語（Salamat Datang）、インドネシア語（Salamat Siang）、シンガポール（Ni Hao）というように絵入りで示している。「パーサー・アセアン」（ＡＳＥＡＮ言語、タイ語本）と題する副読本は、小中高校生、大学生用にも使用可能なものとして、家、学校、病院、食事、野菜、果物、食べ物（肉、ごはんなど）、数字、家族名、身体の部分、動物、曜日、月、動作、あいさつ言葉などをＡＳＥＡＮ一〇ヵ国語別に表にしてわかりやすく提示している。

小学生用の「ＡＳＥＡＮ」（タイ語）という副読本では、はじめの方にＡＳＥＡＮ地図、ＡＳＥＡＮ旗、ＡＳＥＡＮの基本方針（統一、誇り、共同、共有など）、加盟一〇ヵ国名、協力三ヵ国（日本、韓国、中国）、各国の略歴、国旗、国花、代表的動物、主要産業、リーダー、通貨、代表的料理、重要都市などを図入りで説明している。また、中学生用副読本では「ＡＳＥＡＮの歴史経緯」という副読本が発行され、一〇ヵ国が地域統合に至った略史が記述されている。そして、これらの教材は副読本として適宜利用されている。

5　ＥＵの教育

地域共同体としてＡＳＥＡＮよりも長い歴史をもち、ヨーロッパ地域における共通の教育の確立を目指しているEUの教育の特色も考察してみる。

(1)マーストリヒト条約

一九九二年二月にEC一二ヵ国の首脳がオランダのマーストリヒトに集まり、欧州連合(EU)を設立する条約、いわゆるマーストリヒト条約を調印した。この条約において、従来の「社会政策」の部分が「社会政策、教育、職業訓練および青少年」と改正され、新たに「第三章、教育、職業訓練および青少年」という章が追加された。

その第一二六条「教育」で、次のように規定された(木戸、二〇一二年、一七一～一七二頁)。

a. 共同体は、構成国間の協力を促進し、……(中略)、構成国の活動を支援及び補足することにより、質の高い教育の発展に寄与する。その際、共同体は教育内容及び教育制度の組織に対する構成国の責任、並びに構成国の文化的及び言語的多様性を十分に尊重する。

b. 共同体の活動は、次のことを目的とする。

- 特に構成国の言語の習得及び普及を通じ、ヨーロッパ次元の教育を発展させること。
- とりわけ学位及び学習期間の大学間の承認を促進することにより、学生及び教員の移動を促進すること。
- 教育機関の間の協力を促進すること。

・青少年の交流及び社会教育の指導者の交流の発展を促進すること。
・遠隔教育の発展を促進すること。

(2)リスボン戦略とEUの教育課題

また、二〇〇〇年三月にリスボンで開催された欧州理事会で「二〇一〇年までに世界で最も競争力のある、ダイナミックな知識を基盤とした経済空間を創設する」として、「知識社会における生活と労働のための教育及び訓練」「雇用、教育および訓練における社会的統合の促進」などを含む「リスボン戦略」を示した。この戦略で、教育水準の向上は国際的な「競争力」を高め、知識社会を実現するために不可欠なものとした。

リスボン戦略と並行して、高等教育領域では「ボローニャ・プロセス」が進行した。

二〇〇三年五月に開催された教育関係閣僚理事会は、二〇一〇年までに達成する目標として、とくに五つのベンチマークを盛り込んだ結論文書を採択した。五つのベンチマークとは、①早期学校離学者の減少、②数学・自然科学・工学の大学卒業生の拡大、③訓練中等教育修了者の拡大、④青少年の読解力向上、⑤生涯学習者の拡大、である。

それを受けて欧州委員会によりフォローアップが行われるとともに、それ以後の課題として、次の七つのテーマがあげられている（木戸、一八〇～一九二頁）。

a．学習能力の向上

・読解力の劣った者の割合、学校中退者の割合を減少させる。

b．教員養成の充実と退職教員の補充

・教員の待遇を改善し、教職の能力を向上させて優秀な教員を確保する。

c．情報コミュニケーション技術への対応

・情報リテラシーの向上を図る。

d．公的教育支出と投資の効率性・効果

・国内総生産に占める教育の割合を高め、資源の最良の利用を図る。

e．教育へのアクセスの向上

・後期中等教育修了者の割合を高める。

・生涯学習への参加率を高める。

・大学卒業女子学生の就業の割合を高める。

f．移動の促進

・学生と教員の域内移動を促進する。

・高等教育のヨーロッパ共通単位互換制度を開発する。

・職業教育におけるヨーロッパ資格枠組みを開発する。

g．多言語政策の促進

・EUでは多言語主義が採用されており、加盟各国の二三の言語を公用語として、公式文書はすべて公用語で作成されている。

二〇〇二年のバルセロナ欧州理事会の議長総括では、「特に二つの外国語の早期教育を通して基礎的スキルを習得しなければならない」として、学校教育の中で少なくとも二つの外国語を学習することが求められている。

EUの欧州委員会は、EU市民の育成を目指して「青少年行動計画」を二〇〇七年から二〇一三年までの七ヵ年計画として推進している。これは、二〇〇六年一一月に欧州議会と閣僚理事会により採択された。一五歳から二八歳の青少年を対象にしている。その目的として次の項目があがっている。

a．青少年の市民性一般を形成し、その中でヨーロッパ市民性を促進する。
b．青少年の連帯感の推進、寛容の促進を図る。
c．異なる国々の青少年間の相互理解を促進する。
d．青少年の分野におけるヨーロッパ共同を促進する。

そして、この計画において、「ヨーロッパの市民性」「青少年の参加」「文化の多様性」が優先事項として揚げられ、なかでもとくに「青少年のアクティブなシティズンシップの形成」が目指されている。

ここで、市民性を形成するための市民性教育（Citizenship Education）が注目される。市民性教育は、木戸裕の説明によれば「民主的な市民育成のための教育」と捉えられる。ヒンメルマン教授は、その内容において初等教育段階では、生活形態として「市民性、公正、寛容、生活様式の多様性、連帯性」などを学ぶ。前期中等教育段階では、社会形態として「多元主義、平和的な紛争処理、市場経済、公共性、市民社会」、後期中等教育段階では統治の形態として「人権、法治国家、選挙、議会主義、三権分立、社会保障」などが対象となると説明している。EUにおいては、民主主義社会における共同体の基礎となり、社会に対し責任をもって行動できる市民を育成し、市民が主体の社会を形成する青少年向けの市民性教育がますます求められている（木戸、一九四～一九八頁）。

(3)ヨーロッパ学校

EU加盟国が共同で設立運営している国際学校である。この学校は、一九五一年に設立された欧州石炭・鉄鋼共同体（ECSC）が、同機関に勤務する職員の子女用に設立した学校をもとにしている。ECSCには、オランダ、フランス、イタリア、ベルギー、ルクセンブルクの六ヵ国が加盟し、幼稚園と小学校が一九五三年、中等学校が一九五四年に設立された。二〇〇九年にヨーロッパ学校は、七ヵ国（ルクセンブルク、ベルギー、イタリア、ドイツ、オランダ、イギリス、スペイン）に一四校設置されている。それらの学校に共通に適用される「ヨーロッパ学校規約」によると、第四条に次のような規定がある（木戸、四二一～四二八頁）。

i．主要教科の授業は、公用語であるドイツ語、デンマーク語、英語、フランス語、イタリア語、オランダ語、ギリシャ語で行われる。さらに生徒の母語は保障される。

ii．生徒相互の理解と文化交流を促進するために、生徒は特定の教科および「ヨーロッパの時間」で共通に授業を受ける。

iii．すべての生徒は、小学校の一学年から外国語一教科、中等学校の二学年から外国語二教科が必修となっている。

iv．宗教または倫理の授業が、学習時間表に組み入れられる。

小学校、中等学校のカリキュラム編成を見てみると、次の特色がみとめられる（木戸、四二一～四二八頁）。

a．すべての生徒は小学校の一年生から母語を学習する。また小学校一年生から第一外国語としてドイツ語、英語、フランス語のいずれかを履修する。

b．第二外国語は中等学校二学年から学習する。

c．小学校三～五年生で「ヨーロッパの時間」があり、すべての生徒が共通に授業を受ける。この時間では、遊び、社会・文化活動を通してヨーロッパ意識の覚醒が目指される。

d．小学校、中等学校において、宗教または倫理が必修科目となっている。

以上のヨーロッパ学校規約とカリキュラムから、特に公用語として七ヵ国語が認められ、生徒の母語が尊重されていること、ヨーロッパ人意識の涵養を目指す「ヨーロッパ時間」が設けられたこと、外国語学習を重視していること、宗教／倫理が必修にされていることなどが注目される。

注

（1）　スリランカの民族紛争についてみておくと、スリランカのシンハリ人は全人口の七割を占め、他方、タミル人は二割に満たない少数派である。長年北部、東部を中心に居住していたタミル人が一九七〇年代に「タミルの国」樹立の要求を掲げ分離独立運動を始めたことがきっかけで民族紛争に発展した。八〇年代に入り、タミル人武装組織の「タミル・イーラム解放の虎（LTTE）」とスリランカ政府の対立が激化し、紛争に発展した。それでも二〇〇二年にノルウェー政府の介入で停戦に合意した。一般の国民の間では根深い民族対立の感情はなかった。

第6章　国際教育協力の実情と課題

地球市民の育成には質の高い基礎教育を受けることが不可欠である。そのために世界における「万人のための教育（EFA：Education For All）」の実現が課題となっている。ここでは、ＥＦＡ実現を妨げている問題とその解決のための国際教育協力の実情と課題を取り上げる。第一節ではアフリカ・ケニアにおける住民の移動に伴う学校の役割変化と国際教育協力について、第二節ではアフガニスタン・インドネシアの障がい児教育問題とＪＩＣＡや筑波大学の支援の事例について、第3節ではタイ・ミャンマーにおける移民・難民の子どもの教育問題と国際ＮＧＯによる支援の事例について、それぞれ現地における調査の結果および実体験に基づき解明する。第一節は内海成治、第二節は中田英雄、第三節は野津隆志が担当した。

1　ケニアの辺境地におけるＥＦＡの再検討

(1)近代公教育と国際教育協力

現代にまで続く公教育制度は、一七八九年七月一四日に始まったフランス革命のさなかに獄中でコンドルセ（1743-1794）によって構想された。幾多の紆余曲折を経たフランス革命は一八〇四年一二月二日のナポレオンの皇帝就任によって幕を閉じた。ところが、コンドルセの公教育の理念は、このナポレオンによって現実のものとなった。樺山紘一は次のように指摘している。

「全国、そしてすべての身分にわたって基礎教育という理想は、まさしく啓蒙主義の正道である。ナポレオンは、費用や人員の不足を承知のうえで、これを制度に結実させた。すべてのフランス人子息は、同じ教育を受けるべきだ。理想は、必ずしも完遂しなかったとは言え、近代フランスはここに高らかに宣言されて、未来を約束されるだろう」（樺山、一九九八年、五四頁）。

ナポレオンの時代から二〇〇年が経過した。このナポレオンの理想は実現しつつあり、世界の隅々まで初等教育が行われるようになった。つまり、啓蒙主義の申し子であるＥＦＡ

(Education for All) は、一九九〇年の東西冷戦の解消という世界的に大きな節目の年に国際教育協力の目標となった。そして二〇〇〇年の国連ミレニアム開発目標（ＭＤＧｓ）の一つとして二〇一五年をターゲットに取り組まれた。

二〇〇〇年の年を経て、ＥＦＡは私たちの手の届く目標となり課題となったのである。近年のイスラーム過激派による女子教育に対する攻撃は大きな問題であるが、女子も含めて、ＥＦＡに反対する政府や地域は基本的にはなくなっている。

たしかに、私たちがこれまで調査してきたケニア共和国（以下ケニア）の辺境の地、マサイやスワヒリの人々の住む地域でも初等教育は普及している。しかし、辺境の地における公教育のあり方はその社会や子どもの置かれた状況によって大きく異なっている。こうした地に住む子どもも公教育の普及によって地球市民として世界に参加する可能性はあるとはいえ、そのあり方は先進国の子どもとは大きく異なっている。つまり、これまで辺境といわれてきた地域であっても、世界の政治経済の動きの中で大きく変動しており、そこに暮らす人々と子どもの生活に大きな影響を与えているのである。

また、この変動は教育のあり方、学校のあり方、親の教育への態度をも変容させている。さらに子どもは教育の普及によりグローバル化社会に組み込まれるが、それは決して受け身ではなく、子どもは地球市民としての意識を持ち、変動する社会に立ち向かっていくのである。では、こうした子どもたちへの国際教育協力の課題は何であろうか。そして私たちはどのような協力をするべきなのであろうか。

本節はこうした疑問に向き合うために、グローバル化に伴いどのような変化が学校と子どもに起きているのかを検討し、改めて近代公教育のもつ意味について考えたい。そうした中で、現代における国際教育協力の課題を問い直してみたい。

この節で扱う地域は、ケニアのラム県にあるキプンガニという小さな集落とそこの小学校である。扱う範囲は小さいが、数年にわたる調査の中から、学校の変容と課題を抽出し、国際教育協力の現在を考えることにしたい。

(2)ケニアの教育

ケニアは、一九六三年一二月一二日にイギリス保護領から独立した。独立直後から六〇年代にかけては順調に経済発展を遂げた。しかし、一九七〇年代のオイルショックおよび世界的な一次産品価格の下落等の影響を受けて、ケニアの経済は停滞した。これにより、ケニア政府はＩＭＦと世界銀行の支援を受け、一九八〇年代に構造調整計画を導入した。この経済の低迷と構造調整政策は教育にも大きな影響を与え、コストシェアリングあるいは受益者負担の名の下で、それまでは無償だった小学校に授業料がかかるようになった。その結果、初等教育粗就学率は一九八〇年の一一五％（男子一二〇％、女子一一〇％）から一九九〇年代後半には八六～八九％にまで落ち込んだ（澤村、二〇〇四年、六九頁）。

そうしたなかで、上述した一九九〇年以降のＥＦＡの動向を受けて、各国の教育協力が初等教育に集中した。ケニア政府も二〇一五年までの初等教育完全普及を政策目標とし、二〇〇三年に初等教育無償化政策を導入した。これにより、二〇〇三年には、粗就学率一〇二・八％（男子一〇五％、女子一〇〇・五％）、純就学率は八〇・四％（男子八〇・八％、女子八〇％）にまで回復した（澤村、七〇頁）。

ケニアの教育課題は就学率の地域格差であり、無償化政策後も地域格差は依然として大きいままである（澤村、二〇〇六年）。

ケニアは、二〇〇〇年代後半は大統領選挙後の混乱や近隣諸国（南スーダンやソマリア）からの難民の大量流入等で、政治的な混乱が続いているが、経済は好調である。就学率は大きく変化していないものの人口増加率が高いために、教育については、生徒数および学校数は激増している。二〇一一年の初等教育の生徒数は九八六万人と人口の約二五％である。小学校数は二万八五六七校と日本の小学校数を超えている（澤村・内海、二〇一二年）。

ケニアの教育制度は、初等教育八年、中等教育四年の八・四制である。これは一九八五年の教育改革で、それまでの七・四・二制に代わって導入されたものである。ケニアの学年は一月に始まり、一一月に修了する。教授言語は英語だが、共通語であるスワヒリ語は教科として力を入れている。また、小学校では一九八五年の新制度から、音楽、美術、家庭科、技術など以前は学校では教えていなかった教科も必修科目に含めるようになった。

一九八六年の教育改革では初等教育修了試験（KCPE：Kenya Certificate of Primary Education）が導入された。KCPEは第八学年の終了時（一一月）に実施される統一試験で、試験科目は英語、スワヒリ語、数学、理科、社会科（地理・歴史・公民・宗教）の五科目である。毎年、一一月上旬に三日間にわたって実施され、その受験者数は毎年増加している（澤村、二〇〇六年）。

小学校の教員養成は初等教育教員養成学校（Primary Teacher Training College）で行われる。初等教員養成学校の入学資格には、ケニア中等教育修了証書（KCSE）が必要となる。就学期間は二年間で、教授法と教科内容を学ぶ。

ケニアの教育の特徴は、統一カリキュラム、英語による教育、厳格な試験制度であるといえよう。カリキュラムに関しては、これまでシラバスが教育省によって決められていたが、近年ケニア教育研究所（KIE：Kenya Institute of Education）が行うようになった。いずれにしろ、こうしたシラバスに基づいて試験が行われるため、教師はシラバスを完全に教えることが求められる。そのため、教授法はプログラム学習的であり、子どもは早く学習目標に到達することが求められる。また教師は強い権威をもっており、鞭打ちも日常的に行われている。

(3)ラム県の状況

ラム県はケニア南東部のインド洋上のラム島と周辺の島々および海峡を挟んだ大陸部から構成されている。ラム県はコースト州最大都市のモンバサの北西三〇〇キロメートルに位置しており、古くからアラビアの影響を受けたスワヒリ文化圏の港湾都市として発展した。ラム島の面積は約六〇平方キロメートルで、島内にはラム、シェラ、マトンドニ、キプンガニの四つの町および村がある。

ラムは一四～一五世紀にかけて、中東に象牙や香辛料を輸出する貿易拠点として栄えた。とくに、一八世紀はラムの黄金期であり、モンバサに次ぐ東アフリカ有数の港町として繁栄し、今もその名残の遺跡が残されている。一九世紀以降、ラムは衰退していったが、その理由は交易の不振と井戸が涸れることによる水の供給が不十分になったからだといわれている（井戸根、二〇〇〇年）。

ラムにはアラブとアフリカの文化が混淆した独特のスワヒリ文化が花開き、その文化は今も色濃く残っている。町は海岸沿いに白い壁と椰子葺き屋根の美しい家が立ち並ぶ独特の景観である。二〇〇一年にユネスコの世界遺産に登録されている。美しい海岸と相まって、ヨーロッパからの観光客の多いリゾート地であり、多くのホテルが点在している。

⑷ 調査地キプンガニ集落

筆者の調査地であるキプンガニ集落は、ラム島西岸部、ラム市の反対側に位置する集落である。ラム市街から徒歩でおよそ三時間、ダウ船と呼ばれる木造帆船で二〜三時間ほどの距離にある。キプンガニとは、スワヒリ語の米を意味するムプンガ（mpunga）に由来している。これはこの村に最初に住み着いた人が米の栽培を行っていたことからつけられた。

遠浅の海岸に沿って椰子葺きの平屋の家屋が連なり、集落内では牛や鶏、ロバなどが飼育されている。漁業が中心であるが、ラム島の近海は漁に適していないため北のソマリア国境の近海で漁をして、ラム市に水揚げする。そのため一回の漁は一〜二ヵ月かかる。また、キプンガニ集落の海辺ではダウ船の建造も行われている。

キプンガニ集落の女性は、いくつかの家に集まって、ンオンゴ（ng'ongo）と呼ばれる草の織物で敷物や籠を生産している。これも、この集落の重要な生業である。漁業による収入は、一回の漁で一人当たりおよそ約二五〜五〇USドルである。一方、女性が家内マニファクチャーの形で生産するンオンゴの売り上げは、一人当たり月におよそ二〇USドルになる。つまり、男性も女性も同程度の収入があるのだ。逆に女性の収入は漁労に比べて安定しているのである。

村の人口は統計がないので実際に数えたところ世帯数は六〇戸で人口はおよそ四三〇人と推定された（中川・内海、二〇〇九年、一四頁）。集落住民のほとんどはイスラーム教徒であり、民族としてはスワヒリの一氏族のバジュン（Bajun）である。集落内の血縁関係は深く、各家庭の結婚や離婚、蒸発、子どもについての事情は集落内で共有されている。

近年、キプンガニ集落の周辺はリゾート地として開発が進んでおり、三軒のリゾートホテルが営業を行っている（二〇一二年）。天候と海が荒れるため、通年の営業は行えず、七月から翌年三月までの営業である。こうしたホテルで働く季節従業員や野菜等の栽培のために大陸部からの移住者が増加している。彼らのほとんどはバンツー系の農耕民、ミジケンダに属する民族でキリスト教あるいはノンレリジョン（無宗教）と言われる人々である。移住者はホテル内か集落外の内陸部に居住し、家の周囲で農耕に従事している。そのため、内陸部の人々は、集落のバジュンから「シャンバ（Shamba：スワヒリ語で畑を意味する）の人」と呼ばれている。つまり漁業に従事せず、農耕をする人という意味で差別化されているのである。こうした大陸部からの移住者の子どもはキプンガニ小学校に通っている。

(5)キプンガニ小学校

キプンガニ集落の公的な教育施設は公立のキプンガニ小学校（図6-1）のみである。小学校には保育所（ナーサリー）が併設されている。また、集落内にはイスラーム教の教育施設であるマドラサが開設されている。

図6－1　キプンガニ小学校全景

出所：筆者撮影。

キプンガニ小学校は、村が校舎を用意し政府が教員を派遣する形で、一九七七年に設立された。当時は二クラス、教師二名、児童一五名であった。校舎は泥壁で作られた二教室の建物であった。ところが、キプンガニのリゾートホテルに滞在したイギリス人のグループが、学校を見学し、帰国後チャリティ組織「キプンガニ・スクール・トラスト（The Kipungani Schools Trust）」を設立し支援が開始された。現在の学校はコンクリート造り、椰子葺きの立派な校舎である。そのため、キプンガニ小学校は、他のラム島の小学校に比べて、建物や施設は充実している。ちなみにキプンガニ・スクール・トラストは二〇一五年現在も活動しており、ホームページを見ると、キプンガニ小学校以外の島内、大陸部の学校の支援も行っている。

キプンガニ小学校の児童数は、二〇〇八年から二〇〇九年にかけては若干の減少が見られるものの、平均して年々増加している。二〇〇九年の登録児童数は九四人（男子五三人、女子四一人）、教員は校長を含め七人である。また、二〇〇七年には六年生と七年生、二〇〇八年には七年生、二〇〇九年には八年生が欠けた不完全小学校である。櫛の歯の抜けたような構成で、教師の数に合わせて、児童数の少ない学年を開設していないのである。ちなみに、ケニアでは複式学級は教員の負担が大きいとして行われていない。

授業は午前八時五分から一限が始まり、授業一コマは三五分である。午前中に六限、昼休みを挟んで、午後に二限の授業がある。

キプンガニ小学校のKCPEの成績は、ラム県教育局の話によると、二〇〇八年度、ラム県全体でKCPE受験校六六校中六〇位と非常に低い。

小学校および付属のナーサリーには学校協議会（School Management Committee）が学期ごとに開催される。学校協議会では、宿題の徹底や学校が抱える問題について保護者に伝え、協力を求める。また、保護者は教員に教育に関する要望などを伝える。学校協議会には毎回、集落内の保護者全員がほぼ参加する。両親が出席できない場合は親戚が出席することもある。実際の協議会に同席したが、保護者が積極的に発言していることが印象的であった。

⑹キプンガニ小学校の進級構造

筆者の学校調査は三年にわたって在籍児童を個別面談して個票を作成した。その際に写真撮影を行って個人を認定している。この結果を基に児童一人ひとりを追跡して、進級行動を明らかにするとともに学校の課題を明確にするIST法調査（Individual Student Tracing Method）を用いた。ISTにより児童一人ひとりの情報を継続的に累積し、これによって学校全体の進級構造を明らかにすることができ、さらに個別の進級の軌跡を捉えることができる。キプンガニ小学校では予備調査の後、二〇〇七年から二〇〇九年にかけて調査を実施した。子どもへの質問項目は名前、性別、年齢、クランなどの基本的なデータの他に、両親の職業や学歴、学校の出席状況や過去の留年状況、マドラサの通学の有無などである。インタビューは各学年の担当教員一人と用紙記入者一人の二人で行った。使用言語は主に英語である。ナーサリーや低学年の生徒で英語が話せない場合は、担当教員がスワヒリ語を用いて質問し、用紙に英語で記入した。

IST調査に基づいて作成した二〇〇九年から三年分の児童進級フローダイアグラムがある。

小学校と付属ナーサリーでは異なる進級構造となっている。小学校では、在学期間の八年間のうち二〇〇八年までは留年する生徒は見られなかったが、二〇〇九年には一年生、五年生、六年生にそれぞれ一人ずつ、二年生に二人の児童に留年措置が採られている。留年の原因について、校長は生徒の保護者からの要求があったためという。しかし、二〇〇八年までは留年が見られなかった。校長が変わった二〇〇九年に留年が始まっているということは、学校側の方針の変化も影響しているのではないか。すなわち、二〇一〇年度のＫＣＰＥの成績の向上を意図して校長が成績の悪い生徒を留年させたと思われる。ＫＣＰＥの成績が、校長の評価に直結しているからである。

また、二〇〇七年、二〇〇八年には一年生に転入する児童は見られなかったが、二〇〇九年では八人（うち四人が女子）が一年生に転入している。転入生の数は前年に比べ増加している。また、転入生よりも長期欠席あるいは不明の生徒が多いことも特徴である。転入の理由については、のちに考察するが、大陸からホテル労働者としての移住に伴うものである。また、長期欠席あるいは不明の理由は、集落内では未就学の学齢期児童や児童労働などは見られないので、成績上位校へ転学や移住者の帰還あるいは移動が考えられる。

小学校の学年別の平均年齢は、一年生が八・三歳、二年生が九・六歳、三年生が一〇・〇歳、四年生が一〇・〇歳、五年生が一二・四歳、六年生が一三・三歳、七年生が一五・〇歳である。小学校一年生の就学学齢は六歳であるから、平均して就学学齢よりも年長の生徒が多い。

(7)キプンガニ小学校の児童の民族構成および居住地の特徴

①民族構成

二〇〇九年の小学校全体の民族内訳は、バジュンが七八人（六〇・九％）、次いでギリアマが三三人（二五・八％）、ボニが七人（五・五％）、キクユが四人（三・一％）、サニェが三人（二・三％）、その他[1]が三人（二・三％）であった。二〇〇八年と比べると、バジュンが一人、ギリアマとボニが五人づつ増えている。ナーサリーと小学校を比べると、バジュン以外の生徒はナーサリーより小学校のほうが多くなっている。

キプンガニ小学校に通う生徒はキプンガニ集落内（village）から通う者と、島の内陸部のシャンバ（shamba）と呼ばれる地域から通う者の二つに分けることができる。キプンガニ集落内から通う生徒は八一人で、シャンバから通う生徒は四七人である。約四割の生徒がシャンバから通っている。

シャンバに住む生徒と、キプンガニ集落内に住む生徒はその民族の内訳も、生活の様式も大きく異なる。キプンガニ集落内にはバジュンが七六人、キクユが三人、その他が二人住んでいた。キクユは教師の子弟である。

一方シャンバ地域には四七人の生徒が住んでいた。民族の内訳は、キプンガニ集落内に住む生徒のほとんどがバジュンであったのに対し、シャンバでは圧倒的にギリアマが多く、シャンバの生徒全体の七二・三％（三五人）を占める。次いでボニが五人、サニェが三人、バジュンとその他が二人ずつである。

②居住地域による住民の特徴

・通学時間

家から学校までの通学時間は、キプンガニ集落内の子どもの平均で五～六分である。シャンバの子どもの通学時間は、平均五二・五分であり、最も長い生徒は九〇分である。四七人中三一人（六六・〇％）が通学に六〇分以上かかっている。通学時間が長いため、シャンバに住む生徒の欠席が多いことがインタビューの結果から分かった。

・職業

キプンガニ集落の生徒の保護者の職業（主に父親）は、全体の約四〇％（三二人）が漁師である。ダウ船と呼ばれるイスラーム教徒の伝統的な木造帆かけ（近年はエンジンも併用する）船に乗って漁を行う。次いで多いのは、集落の近くにあるリゾートホテルで働く者で、その割合は二三・五％（一九人）。彼らはホテル内の料理、サービス、警備、修繕などのほか、周辺の畑で農作業を行う。その他にも、集落内に商店を構えて商売をしている者や、家畜の売買を行う者などである。一方、母親のほとんどは主婦である。家事の傍ら、家々に集まって家庭内マニファクチャーによるンオンゴ（ng'ongo）の敷物や壁材等を織っている。

シャンバの保護者（父親）の職業は、四七人中二五人（五三・二％）が農業に従事している。シャンバ地域では、畑で主にココナッツやマンゴーを栽培している。しかし、この地域は砂地が多いため十分な収穫を得ることは難しい。次に多いのはホテルに従事する者で一一人（二三・四％）である。キプンガニ集落内で一番多い漁師は二人であった。

シャンバに住む人々は、キプンガニ集落のように集住していない。ほとんどは土地を借り家族単位で移住している。また、シャンバに移住した人を頼って親戚の子どもが預けられていることもある（中川・内海、二〇〇九年）。

・教育歴

キプンガニ集落内に居住している児童の父親の学歴は、全体の約七〇％にあたる五七人が初等教育修了程度である。中等教育修了は八一人中三人で三・八％、高等教育修了は五人で六・二％、学校に通っていない・不明は合わせて一六人で一九・八％であった。約八〇％の父親が教育を受けていた。母親の学歴は、七一・六％にあたる五八人が初等教育修了程度である。中等教育修了は五人で六・二％、高等教育修了は一人で一・二％、学校に通っていない・不明は合わせて一八人で二二・二％であった。初等教育、中等教育に関する限り父親と母親では差がなかった。若干母親の方がよいくらいである。高等教育を受けた者の職業は教師が主であるが父親の方が多い。

シャンバ居住者の父親の学歴について見てみると、四七人中二二人（四六・八％）が初等教育修了程度であり、中等教育と高等教育を修了した人はそれぞれ一人（二・一％）ずつである。学校に通っていないと答えたのは二三人（四八・九％）である。一方、母親の学歴は初等教育修了が二二人（四六・八％）であり、中等教育および高等教育に通ったものはいない。学校に通っていないと答えたのは二五人（五三・二％）である。シャンバの住人はキプンガニ集落内の人々と大きく異なり、両親共にほぼ半数が教育を受けていない。これはラムのように古くから発展した海岸部の民族と大陸部の民族との間に教育水準に大きな差が存在することを示している。少なくとも親の世代が就学期にあった二〇年前、一九八〇～一九九〇年代の大陸部の就学率は五〇％程度だったことがうかがえる。

(8)キプンガニ小学校の変化と課題

キプンガニ小学校では、二〇〇三年の初等教育無償化政策以降、児童数は年々増加しており、二〇〇九年には二〇〇一年の二倍にあたる児童が在籍している。また、近年のリゾート開発の結果、ホテルの従業員や労働者として大陸部からミジケンダと総称されるギリアマやボニが徐々に移住してきている。移住者は海岸部ではなく、島内内部のシャンバに居を構え、集落内の人々とは生活形態が大きく異なる。また、集落内の児童は民族や生活背景、マドラサの通学など同一性が高いのに対し、シャンバに住む生徒はさまざまな地域の出身であるため、そのなかでもそれぞれの民族や生活背景が異なる。シャンバに住む保護者は、集落内に住む保護者に比べ、小学校との心理的距離が遠い（中川・内海、二〇〇九年）。それは、彼らの学歴から見ても同様のことがいえる。

これまでのキプンガニ小学校は、血縁関係のある同族集団の密な結びつきによって共有され、課題の解決が図られてきた。しかし大陸からの移住者が増え、こうした同質性の高い社会から徐々に変容を遂げている。これによって、以前のように集落内で学校全体について把握し、運営していくことが難しくなっている。

キプンガニ小学校における課題として、まず給食制度の導入が挙げられる。小学校は午前の授業の後、昼休みを挟んで午後の授業が行われる。キプンガニ集落内に住む生徒そして教員は自分の家に帰って昼食をとる。しかし、シャンバに住む生徒は学校と家を往復する時間はないため、昼休みを学校で過ごす。子どもたちは学校側からわずかに支給されるスナックや、周辺に生えている木の実などで空腹を満たしている。全体の約四割がシャンバから通っている現状を考えると、給食制度を整えることは喫緊の課題である。校長やナーサリーの教員の話によると、給食についてはNGOに話はしているものの、まだ実現可能ではないという。

また、シャンバから通う生徒はその通学時間の長さから学校を休みがちになる。集落内に住む生徒はマドラサの授業で学力を補うこともできるが、シャンバに住む生徒は宗教上の問題および距離の問題からマドラサには通わない。こうした生徒に対して、教員が特別に授業の時間を設けるなどの対応策が必要であろう。

(9)グローバル化社会における教育の課題

①加速化する移住と外部のまなざし

二〇〇〇年以降の好調な経済成長を受けて、ラム島周辺のリゾート開発が急速に進められた。その結果、ラム島の中の辺境であるキプンガニ集落周辺にもリゾートホテルが建設され、ヨーロッパからの観光客とともにホテルの仕事を求めて移住者が増加した。キプンガニ集落は新たな枠組みの中に組み込まれることになった。またある日、キプンガニ小学校に観光客が学校を見学したことがきっかけとなり、ヨーロッパからの支援を受けることになった。こうした事例は、筆者の知る限りでもたくさんある。

二〇一五年二月にケニア、ナロック県のイルキークアーレ小学校を再訪した。この学校は三学級の小さな学校であった。ナイロビからマサイマラ国立公園に行く途中にあるため観光客が立ち寄ることからいろいろな支援を受けている。二〇一四年にはドイツのライオンズクラブから一〇〇万ユーロ（約一億三〇〇〇万円）が寄付された。二〇一五年七月に八学級の校舎のほかに四つのドミトリーや食堂の建設が完成した。

外部の支援は学校の置かれている状況を一変させる。キプンガニ小学校も小さな辺境の集落の小学校とは思えない校舎と設備である。また、そのことが移住者の子どもが通学する誘因にもなっている。

グローバル化社会においては、小さな島のリゾートでも世界から観光客が訪れるようになる。そのためそこで働く人員の数も周囲の小さな集落では賄いきれず、外部からの移住労働者を受け入れる。特にイスラーム圏で漁業を中心とするバジュンにとってホテルでの仕事と農耕は両立が難かしい。そこで、クリスチャンあるいはノンレリジョンのミジケンダ、とくにギリアマからの移住者が急速に増加したのである。

②留年の問題

二〇〇七年から二〇〇九年にかけての特徴的な変化は、小学校でも留年する児童がでてきたということである。

ケニアは法的には自動進級であり、留年はないことになっている。その背景には、二〇〇三年の初等教育無償化政策が関わっている。初等教育が無償化されたことで、内部効率を上げる必要が出てきたのである。すなわち、小学校において留年する児童は、その分他の生徒より長い初等教育を受けることになり、その結果、政府の教育予算を増大させることになる。これを防ぐため、成績にかかわらず小学校では留年措置を取らせない方針なのである。

キプンガニ小学校では留年を防ぐために、ナーサリーにおける進級基準を厳しくしている。しかし、二〇〇九年の調査で小学校における留年が確認されたことは、こうしたナーサリーでの対応策が必ずしもうまく機能していないことを表している。

二〇〇九年度に起きた小学校での留年はこれまでになかった事態であり、新たな現象である。筆者がこれまで調査してきたマサイの居住地区の学校では留年はきわめて日常的に行われている。これは学校教育の歴史が浅く、学力の幅が大きな生徒集団を卒業試験に対応させるための措置として行われている。しかし、ラムでの教育水準はマサイと比べて格段に高い。そこで留年が行われるようになったことは、いくつかの要因があると思われる。

一つは、先述のようにＫＣＰＥの成績を上げるために校長が新たな措置を導入したことである。これは、校長の評価がＫＣＰＥの成績によって左右されるために行われたと思われる。二つ目は、移住者子弟の入学により、学力に幅ができたことである。移住者の住まいは学校から遠いため欠席が多いことや居住環境が悪いため勉強が困難なこと等により学力が不足するのである。ケニアの教授言語は英語であるため大陸からの移住者の子どもにとって学習が困難なことも考えられる。

筆者は、近代教育システムが伝統的社会に受容される条件として、その生活世界が取り入れることができる部分があること、あるいは取り入れられる形に変形することをあげ、それゆえに取り入れやすい学校システムが考えられるべきであると提案している（内海、二〇〇三年、六二頁）。キプンガニ小学校におけるナーサリーの留年は、小学校における自動進級や移住者を受け入れるために必要な方策であり、またキプンガニ集落の人々が生活の中に近代教育をうまく取り込むためのシステムであったといえる。しかし、小学校における留年や移民の加速化により、さらに新しい学校システムが必要となっているといえるのではないか。

③なぜ移住するのか

キプンガニ小学校に転入する生徒が増えている理由は何であろうか。集落周辺のリゾート開発が進み、多くの労働力を集落外に求めた結果、生徒が増加したのである。転入生の保護者はホテルに関わる仕事に就くことが多いが、ホテルは通年営業ではないため、保護者のほとんどは季節労働者である。母親や子どもなどの家族は以前住んでいた場所に留まらせて、父親だけ単身で働きにくることもできる。しかし、あえて家族で移住してきているのは、近くに学校が存在していることが理由であろう。移住者は子どもの通える学校があるから家族と共に移住するのではなかろうか。つまり、学校の存在が家族ぐるみの移住を行う理由と考えられる。そのことは、大陸部における教育開発が不十分であるがゆえに、教育施設の整っているラムへの移住が選択されたともいえるかもしれない。

④何が起きているのか

ＥＦＡ政策や社会のグローバル化によって人々の教育への意識が高まっている。それ故に移住に際して教育へのアクセスが重要な要素となっている。このことは移住者を受け入れる地域の学校にとって新たな挑戦である。一つは学校がより多様な人々や子どものニーズに対応していかなくてはならないことである。これまでの一つの集落や一つの民族の生活に対応した学校から、より多くの人々への教育機会の提供という近代教育システムのもつ普遍的な課題に応えることが要請されているのである。

今一つは、宗教的文化的に多様な子どもへの対応である。つまり教育言語や教育内容の見直しが必要となっていることである。これまでのキプンガニ小学校の児童は基本的に公教育システムとイスラーム教の教育システムであるマドラサという二つの学校に通っていた。そこにキリスト教や伝統的な宗教の子どもが混ざることは、学校の役割の大きな変化をもたらすのである。そして子どもの心の課題に向き合う必要性が出てきている。

このように、地域の変容は学校の変化を要請しているが、それはよりグローバルな市民の育成への変化である。

⑽グローバル化社会における国際教育協力の課題

これまで、スワヒリの辺境の地にある小さな小学校の変容を見てきた。これはグローバル化する社会における住民と学校の対応の結果である。静かな漁業の村キプンガニは、リゾートの建設によって観光客が訪問するようになり、学校施設が充実し、継続してさまざまな支援が行われるようになった。これは政府の無償化政策と相まって学校の教育環境の向上に大きく貢献している。またホテルの増加に伴い、集落の民族と異なる民族が移住してきた。キプンガニ小学校があるために移住者は子どもと共に移住している。それはキプンガニの教育環境が移住者の故郷よりも良いからであろう。そして移住者の子どもが増加することは新たな教育課題を生起させている。

公教育は国の教育であることを前提として発展してきた。ところが、開発途上国では至るところで、民間からのものを含む大小さまざまな教育支援が行われている。その理由は、世界的なＥＦＡの高まりとともに国際教育協力が比較的安価にできることがある。

ＥＦＡの高まりは支援する側と支援を受ける側の二つの側面からいうことができる。支援する側からみれば、劣悪な教育環境に対する思いとともに、子どもの未来を創る学校への期待などにより、支援者が集まりやすいことが挙げられる。また学校建設は目に見える支援であり、結果が明らかなこともある。

学校の側からいえば、親の教育熱の高まりは、生徒の成績向上、上級学校への進学向上などのために、学校環境の向上が必要となっている。例えば、水、電気、給食や寄宿舎の建設などである。これは親からの支援ではできないため、外部の支援を要請するようになる。

これまでEFAの阻害要因の一つとして考えられてきた親の無理解は、今世紀に入ってからは基本的には見られなくなったと考えられる。逆にキプンガニの例のように子どもの教育も移住の原因になっているのである。これはケニア以外にも筆者が調査してきたウガンダや東ティモールでも見ることができた。

教育協力の特徴として学校建設等は比較的安価であり、多くの要因を分析するまでもなく、教育環境を良くするということで進めることができる支援である。そのため、国際機関、ODA、NGOを問わず進められている。また予算規模の小さいNGOにおいても対応可能であることが、盛んに行われている理由である。

しかしながら、キプンガニの例で見てきたように外部の支援は、それだけで終わらないさまざまな影響を与える。それはグローバル化する世界の中には学校も含まれているということを示している。キプンガニ小学校のように、学校は、児童の留年、給食制度の導入や生活文化背景の異なる児童への対応などを迫られ、役割が変化してきている。それゆえに国際教育協力の計画実施に当たっては、学校環境の変化を見据えた上で繊細な英知の発揮と柔軟な対応が求められているのである。

2　インドネシア、アフガニスタンにおける障がい者の教育普及

(1)障がいに関する国連の動向

国連は障がい者に関する問題に対してさまざまな宣言や声明等を採択してきた。国連総会で障がい者問題に関して最初に決議されたのは、一九七一年の「精神遅滞者の権利に関する宣言」である。この宣言は知的障害のある人が最大限実行可能な限り、他の人々と同じ権利を持っていること、さらに医療や経済保障、リハビリテーションや訓練などを受ける権利、自分の家族や養父母と暮らす権利があることを示しているが、他の人と同じ権利が認められたわけではなく、最大限実行可能な限りという限定付きであった(中野、一九九七年、一四～一五頁)。注目すべき点は、精神遅滞の定義は下されていなかったこと、反対なしに採択されたこと、障がい者に関する最初の国連総会決議であったことである。この宣言以降も障がい者に関する宣

言等が国連総会で決議・採択され、障がい者の権利等に関する内容が改善されてきた。そして、二〇一四年に我が国は障がい者の権利条約を批准している。

世界の障がい者教育に強いインパクトを与えたのは一九九四年のサラマンカ声明である。この声明は二〇〇〇年のEFAの枠組みに組み込まれ、すべての子どもを通常の学校にインクルージョン（Inclusion, 包容）し、学校制度を改革することを目標とした。声明の内容は世界の国々に強い影響を与え、インクルージョンの論議が巻き起こり、インクルーシブ教育あるいはメインストリーム教育を推し進めている欧米の教育方法やモデル等が紹介されるようになった。途上国はこぞってインクルーシブ教育を導入したが、教師が不十分な知識のまま障がいのある子どもと障がいのない子どもを同一の学級で指導するインクルージョンの方法を理解し、実践することは容易ではない。国連が障がい者に関する宣言や声明を発表しても社会および教育制度の基盤がぜい弱な途上国の障がい者教育が一朝一夕に改善されるわけでもない。途上国において障がい者の教育の優先順位は下位にあり、後回しにされているのが実情である。

(2)国際機関の特別支援教育協力

国際社会が開発途上国の現状を看過しているわけではない。ユネスコをはじめとして国際機関は途上国政府と協力してインクルーシブ教育の普及に向けて活動している。パプア・ニューギニア政府は、国際機関の支援を受けて二〇〇二年にあらゆる生徒のニーズを満たす新カリキュラムを導入し、インクルーシブ教育の定着を図ったが、教師の力量不足と消極的な指導や態度のために新カリキュラム通りに授業が運ばなかった（Fanu, 2013）。現地の教育事情が欧米流のカリキュラムとかけ離れていたのである。ファヌ（Fanu）は国際機関がトップダウンで欧米の教育を途上国に適用する協力方法を批判し、現地の文化、実態にあった協力方法で現地の教育関係者とともに参加型のアプローチで取り組むことが望ましいと述べている。また、現地の文化や教育実態を考慮しないで、一方的にインクルーシブ教育協力を進めていくと伝統的な文化や教育を抑圧することになると警鐘を鳴らしている。さらに、支援する側である国際機関の組織そのものが頑強な階層構造をなし、柔軟性を欠いていることもその一因であると指摘している。

これに類する例は、カンボジアでも見られる（Kalyanpur, 2011）。カンボジアには障がいのある子どもの教育に関する情報は、あったとしても断片的で不正確であり、本来そのような情報は存在しないという。ＮＧＯが運営する特別支援学校が少数あるだけである。特別支援教育が実践されているとは言い難い状況下で、欧米式のインクルーシブ教育方法や教員研修、カリキュラムを導入してもカンボジアの教育文化や社会に浸透しないのである。カスケード研修が教員研修で用いられたが、カスケードの末端に伝わった内容は本来の研修内容とはまったく異なっていたという。カリヤンプル（Kalyanpur）は伝言ゲームさながらの教員研修であったと欧米式のカスケード研修を批判し、先進国の理念と価値が途上国のそれよりも優れているとする国際教育開発に疑問を投げかけている。また、先進国はインクルーシブ教育に至るまでの過程で直面する諸課題をすでに解決しているが、途上国はその諸課題に取り組んでいる段階にあるので、改革を伴うインクルーシブ教育を受け入れる準備態勢は整っていないと述べ、カンボジアの国情にふさわしい制度を検討すべきであると率直に指摘している。さらに、途上国はEFAとインクルーシブ教育の国際的な指針によって政策の方向性を明確に打ち出し教育界を活性化させるが、一方で途上国の教育がそれに束縛されるようになると指摘している。

我が国の障がい者の教育は慈善事業で始まり、特殊教育の時代を経て義務制になり、現在の特別支援教育に発展してきた。我が国は段階的に障がい者の教育を政策と運用の両面から整備してきたが、途上国は、慈善事業の段階にあったり、モデル的な障がい者の学校はあるものの総じてその実態がそれぞれの国の憲法に謳われている内容からかけ離れていたり、障がい者の実態すら調査されていなかったりする初期の段階にある。このような状況下で途上国がインクルーシブ教育というある意味で高度な理念と実践を背景にした教育形態を制度化し、準備不足のまま運用するとさまざまな課題に直面することは当然のことである。

スリヴァスタヴァ（Srivastava, de Boer and Pijl）は、二〇〇〇年から二〇一一年の間に世界銀行、ユニセフ、ユネスコ等から発表された途上国に対するインクルーシブ教育支援に関する一五七の文献から一定の基準に基づいて一五の研究と報告書を選び出し、インクルーシブ教育支援の効果の有無について調べた。その結果、効果があったと判断された研究は二件であった。中国における三年間のプロジェクトで通常学校における障がいのある子どもの就学率が三〇％から六〇％に増加した事例、ヴェトナムにおける四年間のプロジェクトで障がいのある子どもの就学率が三〇％から八〇％に増加した事例が効果ありと判断されている（Srivastava, de Boer and Pijl, 2013）。これまで学校教育から排除されてきた生徒の増加を就学という観点から見ると確かに効果があったといえる。しかし、インクルーシブ教育で重要な点は、障がいのある生徒の学力面と社会面の発達にあり、学力の向上に加えて障がいのない生徒の障がいに対する無関心や差別観の軽減・解消を図り、障がいのある生徒の社会参加を促進することである。この視点をないがしろにして、就学率の向上だけで効果とみることは不充分である。就学率向上を目的としたインクルーシブ教育の支援は、ＥＦＡの目標達成のための手段となり、サラマンカ声明の真の狙いから逸脱することになる。スリヴァスタヴァ（Srivastava）らは途上国のインクルーシブ教育の支援にあたっては慎重な計画が不可欠であると指摘し、国際協力機関が西欧の教育イデオロギーを途上国へコピーし、移植することに対して警鐘を鳴らしている。さらに、国連機関が途上国で行ったプロジェクトの成否はほとんど不明であると厳しく批判している。

また、プロジェクト実施後の評価についても言及している。プロジェクト終了後の評価は、一般的にプロジェクト実施機関によって行われる。同一機関による評価に異を唱え、プロジェクトを実証的、科学的に評価するには独立した機関によって実施されることが望ましいと述べている。途上国の教育協力プロジェクトの結果は、最終的にステークホルダーが評価するものであり、政府、学校現場、保護者、地域社会等から感謝されるものでなければならない。

(3)アフガニスタンの盲・聾学校

アフガニスタンは、二〇一四年の大統領選挙で新大統領が選出され、安定化の方向へ向かうことが期待されたが、いまだに紛争が止む気配はない。筆者が二〇〇三年から二〇一一年までJICA（国際協力機構）のアフガニスタン特別支援教育協力に従事したプロジェクトの概要を述べる。

①特別支援教育の状況

一九七九年にカブールに国立盲学校が創立された。サッサニ（Sassani, 1961, p. 32）によると古くから視覚障がいの生徒にクルアーン（イスラーム教の聖典）の暗誦を教育する（盲）学校がいくつか存在したとある。アフガニスタンでは厳粛な式典等の開式の前に朗詠者がクルアーンの一節を張りのある高い声で溢れるばかりの音量で朗誦し、会場を荘重な雰囲気に高める習慣がある。有能な視覚障がい者は儀式や葬儀の際にクルアーンを朗誦する仕事に就き、生計を営んでいたことが記されている。一九九三年に紛争で盲学校は破壊され、二〇〇二年から二〇〇三年にかけて国際社会の支援で再建された。二〇一二年三月にカブールの民間聾学校が国立学校の認可を受けた。これで国立の特別支援学校は二校になった。二〇一〇年時点で盲学校の教師は六四人、児童生徒は一六三人であった。盲学校には小・中・高の学年があり、クルアーンの読誦、職業教育（伝統音楽とブラシづくり、織物、編み物など）、白杖歩行指導、教科学習などがある。聾学校の教師は二八人、児童生徒は二九八人であった。カブール教育大学を卒業した聴覚に障がいのある教師が教鞭を執っていた。授業中は手話が使用され、職業教育として絵画、木工、織物がある。そのほかにカブール市内には二〇〇一年に創立された未認可の聾学校が一校ある。教師は二四人、児童生徒は二〇四人であった。この聾学校が中心になって手話辞典が編纂され、国際機関等の支援で出版されている。"NESP III 2015～2020"をみると新一年生に対する視覚と聴覚の検査、点字教科書および手話の開発、インクルーシブな教育環境の整備、特別支援教育教員養成、二〇一五年に特別支援学校を二校建設、二〇二〇年までに毎年二校の同学校建設が計画されている（Islamic Republic of Afghanistan Ministry of Education, 2014, pp. 26, 28, 37）。これらがすべて実現することを期待したい。

二〇一〇年当時、カブール市内に教育省が国連機関と国際組織の支援を受けて推進する二九のパイロット・インクルーシブ学校があった（図6-2）。あるインクルーシブ学校には教師が三三二人、児童生徒数は小学部が九七四九人、中学部が四四八六人、高等部が二〇六五人、障がいのある子どもは二八人で合計一万六三二八人であり、三部授業が行われていた。これがアフガニスタンのインクルーシブ学校である。学校不足と教員不足のため、ほとんどの学校がこのような状況下にある。インクルーシブ教育の対象となる子どもは、ユネスコによると推定約四〇〇万人である（UNESCO, 2009a, p. 39）。今後、アフガニスタン教育省は約四〇〇万人の子どもたちに教育の場を用意し、特別支援教育の教師を養成しなければならないのである。

図6-2　カブール市内のインクルーシブ学校（2007年）

児童生徒数5000人で，3人の盲児を国際NGOのSERVEが支援。点字教科書を読む前列左の盲女児と手助けする3人の女児。

出所：筆者撮影。

アフガニスタンの障がい者調査結果が報告されている（Trani and Bakhshi, 2008）。対象者数は三万八三二〇人で障がい者は一〇三九人（二・七%）であった。この数字を見る限り、障がいのある人の割合は高い。身体障がいが三六・五

%、感覚障がいが二五・五%、精神障がいが九・七%、重複障がいが九・四%、その他（てんかんなど）が一八・八%であった。アフガニスタンでは戦争で障がいを負った人は敬われるが、先天性の障がいのある人は差別を受け、てんかんに対して特に敏感に反応することが多い。

学校不足、教員不足、五〇%以下の識字率、貧困、医療保険の不備、社会に根強く残る偏見と差別、政情不安など特別支援教育関係者の前に巨大な壁が立ち塞がっている（Trani, 2011, pp. 75～102）。このような状況を打開するために九つの包括的な障がい政策が提案されている（Turmusani, 2006, pp. 186～187）が実現までの道のりは険しい。教育省をはじめ関係省庁がこの状況を立て直し、改善していくのは非常に困難である。国際社会の支援は焦眉の急である。どのような支援をどの部分から着手し、どのような方法で実施できるのだろうか。

②ＪＩＣＡ主催による特別支援教育国際セミナーの開催

二〇〇三年一〇月にＪＩＣＡの主催で特別支援教育に関する国際セミナーがカブール教育大学で開かれた。このセミナーには政府関係者ばかりではなくＮＧＯ関係者、盲学校や聾学校などの教育関係者約九〇人が各地から参加していた。筆者は我が国の特別支援教育の現状を一部映像も交えながら、障がいのある児童生徒の普段の学習活動やハイテクを活用した学習法、個別対応の指導、自立活動、カリキュラム、教員養成等について紹介した。参加者が我が国の特別支援教育の一端を知り、障がいのある児童生徒の教育の可能性と意義を再認識したように感じられた。セミナーの期間に参加者とともにカブール市内の盲学校と聾学校を見学した。特別支援教育発展の基盤となる盲学校と聾学校が幾多の困難を克服し、存続しているのは、アフガニスタンの人々がこれらの学校を必要としていることにほかならない。セミナー参加者の総意としてアピール文が採択された。その主な内容は、政府と社会はアフガニスタンの復興と再建において障がい者支援を最重要課題として位置づけ取り組んでいかなければならないこと、障がいのある子どもは十分な教育を受け、社会活動に参加する権利があり、障がいのある子どもの教育の発展は、障がいのある子どものためだけではなく、この国全体の教育の水準を高めるためにも必要不可欠なものであること、専門教師を養成するために教育大学に障がい児教育学科を設置することなどであった。セミナーの開催によって参加者は力づけられ、ＪＩＣＡに期待を寄せた。このセミナーがアフガニスタン政府関係者を動かす契機となり、ＪＩＣＡは特別支援教育に対する支援を開始することになった。

③カブール教育大学への協力

二〇〇四年、筑波大学教育開発国際協力研究センター（CRICED）にカブール教育大学准教授一名が外国人研究員として招聘された。短期の滞在であったが、特別支援学校やリハビリテーションセンター等の見学および日本の特別支援教育と教育全般について見聞を広める機会となった。准教授が帰国した後の二〇〇五年から二〇〇六年にかけてＪＩＣＡと筑波大学の技術支援等でカブール教育大学に特別支援教育学部の設立が高等教育省より認可された（UNESCO, 2009a, p. 51）。こうしてアフガニスタン史上初の特別支援教育学部が誕生した。筆者はＪＩＣＡ短期専門家として現地をたびたび訪れ、同大学をはじめ盲学校、聾学校と交流を重ねた。同大学の図書室の蔵書数は三〇〇〇冊程度で、そのほとんどが英語であった。ダリ語やパシュト語で書かれた専門書はきわめて少数であった。外出するには通訳一名と六～七名の警護が義務付けられ、同大学、盲学校、聾学校、教育省、高等教育省以外の場所の立ち寄りは禁止された。カブール滞在は一ヵ月を超えることはなかった。このような状況下でどのような協力ができるのか、どのような協力が将来にわたって可能なのかを考えなければならなかった。

④ＪＩＣＡ技術協力プロジェクトの開始

技術協力プロジェクトとは相手国からの要請に基づき、外務省、関係各省、ＪＩＣＡが採択可否を検討し、採択された案件は、日本政府から相手国政府へ通報され、在外公館ベースで協力に係る口上書を交換して初めて実施されるものである。アフガニスタン政府の要請を受けて二〇〇六年九月にＪＩＣＡ技術協力プロジェクト「特殊教育強化プロジェクト」が発足し、二〇〇八年三月まで実施された。これはカブール教育大学特別支援教育学部を支援し、専門性を強化することが目的であった。

・研究生の受け入れ

同大学特別支援教育学部の教員の専門性を強化するために講師一名をＪＩＣＡ研究生として筑波大学教育開発国際協力研究センター（CRICED）で受け入れた。近隣の特別支援学校の見学をとおして、教育現場の実情を肌で感じてもらった。日本に帰化したアフガニスタン人の通訳で講師の特別支援教育と障害に関する理解力は飛躍的に向上し、専門性が広がり深くなった。そこでカブール教育大学の教員用に特別支援教育入門書を試みとして編纂することにした。講師は通訳の力を借りて障害に関する内外の文献等を研究し、ダリ語で執筆した。これはアフガニスタン史上初の入門書となった。同書は筑波大学教育開発国際協力研究センターで刊行され、同大学特別支援教育学部の教科書として利用されている（Assadullah, Nozawa and Nakata, 2007）。

・教材等の提供

障害に関する学術的な知識や情報が圧倒的に不足しているので、我が国および海外の特別支援教育に関する英語論文、英語専門書、ＤＶＤ、日本語をダリ語に翻訳した教材集および点字タイプライター等をカブール教育大学に提供した。盲学校には白杖と点字タイプライターを提供した。この種の物品は輸入品であるため高価で、慢性的に不足している。外国の援助機関から提供された最新式の点字ワープロが盲学校にあったが、使い方が分からないという理由で手つかずのままであった。物品提供にあたっては、現地の教育関係者が今すぐ必要なもの、将来必要なものについてあらかじめ関係者と協議しておくことが望ましい。アフガニスタン人はペルシャ語を理解できるので、イランJICA事務所を通じてイランの特別支援教育に関する専門書を筑波大学、JICA本部、アフガニスタンJICA事務所を経由してカブール教育大学に届けたこともあった。

・第二回国際セミナーの開催

プロジェクトの終了に伴ってカブール教育大学で開かれた第二回国際セミナーで、カブール教育大学の使命と役割、教員養成の在り方、将来構想などについてタームサニ（Turmusani, 2006, pp. 186～187）が九つの包括的な障がい政策を交えて発表し、カブール教育大学、教育省、高等教育省へ提言書として提出した（中田・野澤・井坂、二〇一〇年、一九頁）。

⑤JICA技術協力プロジェクト「教師教育における特別支援教育強化プロジェクト」

JICAはアフガニスタン教育省の再要請を受けて、二〇〇八年一二月開始、二〇一一年一一月完了の技術協力プロジェクト計画を立てた。筑波大学教育開発国際協力研究センター（CRICED）も二〇〇五年に文部科学省特別教育研究連携融合事業（中田・野澤・井坂、二〇一〇年）をスタートさせていた。この事業の目的は筑波大学教育開発国際協力研究センターとＪＩＣＡの連携を強化し、アフガニスタン特別支援教育の基盤を構築することであった。筑波大学教育開発国際協力研究センターは、カブール教育大学と交流協定を結び教育協力を推進している大阪教育大学と連携し、技術プロジェクトを実施することにした。一名のＪＩＣＡ業務調整員がカブールの教育省教師教育局に常駐し、本プロジェクト業務にあたった。教師教育局の計画は、特別支援教育二単位三二時間を教育省管轄の教員養成校のカリキュラムに新設し、それに必要な教科書とシラバスを作成すること、教師教育局行政官および教員養成校講師の資質向上を図ることであった。全国四二の教員養成校とサテライトセンターで約四万二〇〇〇人の学生が二単位三二時間の特別支援教育の概論を学び、毎年一万数千人が卒業して各地の教員として赴任するとしたら、学校ばかりでなく地域社会に与える影響は計り知れないものになる。ＪＩＣＡ技術協力プロジェクトは、教育省教師教育局の立てたこの計画を支援することであった。

・特別支援教育教科書の開発

教科書開発に際して留意した点は、筆者や日本の大学関係者ではなくカブール教育大学特別支援教育学部の教員が執筆することであった。アフガン人によるアフガン人のための教科書開発を目指すことにした。すでに同大学の教員との間に厚い信頼関係が築かれ、特別支援教育のダリ語教科書を開発し一定の評価を得ていたからこそこれが可能になった。彼ら自身の能力を開発する機会にもなると考えた（Woo and Simmons, 2008）。現地を訪問するたびに編集委員会を開催し、執筆の進捗状況を確認し、議論した。脱稿後に、英語に翻訳されて筆者等が目を通し、次に筑波大学大学院を修了した帰化アフガニスタン人が差別的な用語や表現をチェックし、さらに教育省の専門官が校閲した。こうしてアフガニスタン史上初のダリ語とパシュト語の国定特別支援教育教科書が上梓された（図6-3）。併せて四万五〇〇〇部が現地で印刷され、全国四二の教員養成校に配付された。各教科書には現地の盲学校、聾学校、インクルーシブ学校の活動をビデオに収めたDVD（筑波大学図書館のリポジトリで観ることができる）が添付されている。教科書がバーミヤンとカブールの教員養成校の授業で使用されているのを現場で確認した。近い将来、この教科書がカブール教育大学の手で加筆修正され、第二版が出版されることを期待している。シラバスも開発し、教師教育局の校閲を経て全国の教員養成校に配付された。カブール教育大学と教師教育局が連携して教科書開発を進めたことは画期的であった。タームサニ（Turmusani, 2006, p. 187）の提案した連携が実現されたことになる。

・本邦研修と現地セミナーの開催

アフガニスタンの教師教育局行政官と教員養成校講師の短期研修を二期に分けて筑波大学と大阪教育大学で行った。講義と特別支援学校等の見学、アクションプラン作成が中心的な内容であった。特別支援学校等の見学で研修生の意識は高まり、帰国後の活動をイメージできるよ

図6－3　アフガニスタン史上初の国定の教員養成校用特別支援教科書

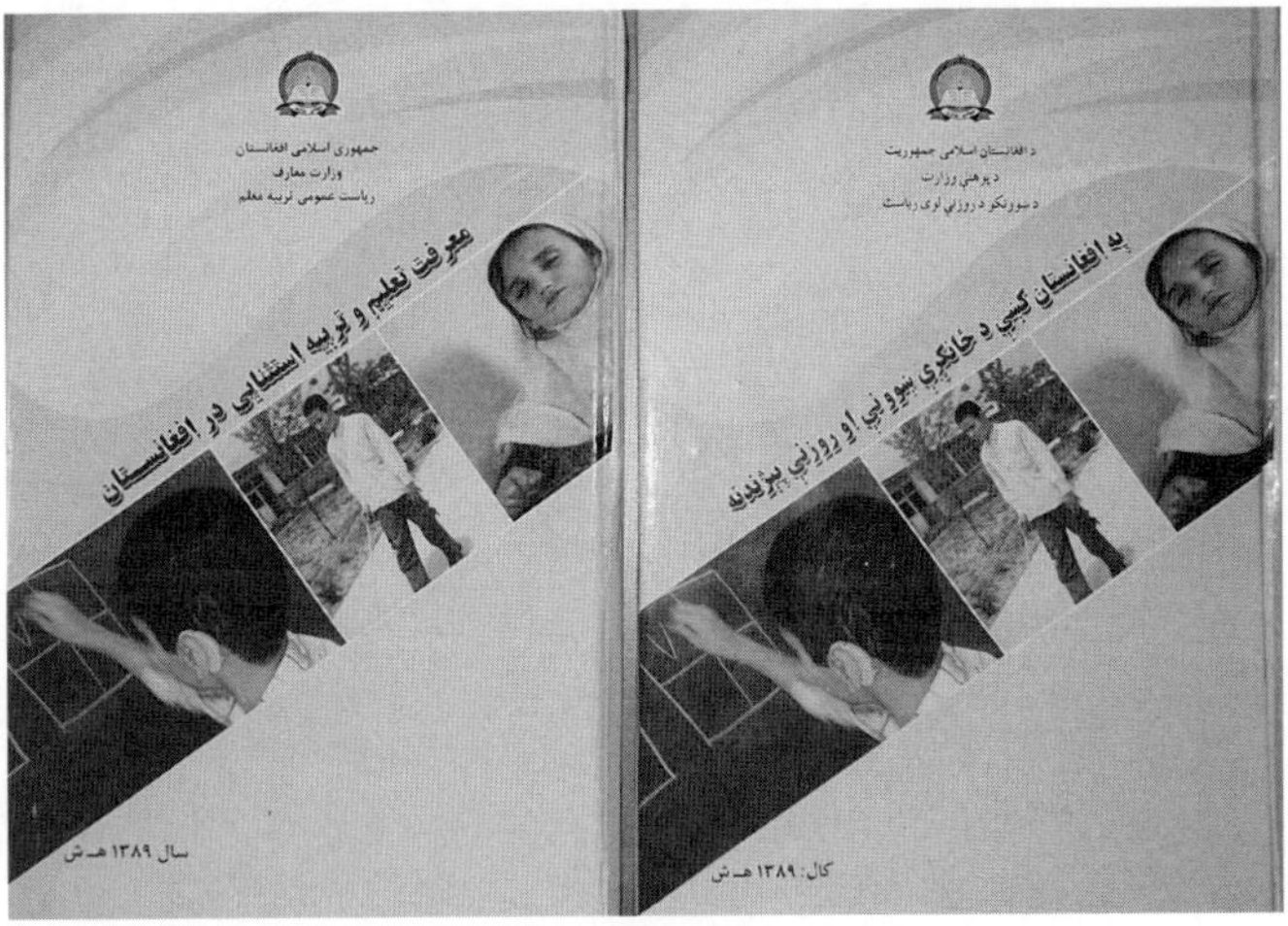

左ダリ語版，右パシュト語版（2010年）。

うになった。研修生が日本の学校現場で注目した場面は数多いが、特に彼らが目に留めたのは二人の教師が数名の児童生徒に行っている授業であった。このような授業方式はアフガニスタンでは困難だが、近い将来このような方式を実現したいと語っていた。青空教室やテントの教室もあるアフガニスタンの学校環境を思うと彼我の格差は想像を超えている。ある研修生は、教師がまるで我が子のようにクラスの児童に接していたのが印象に残っていると述懐していた。

研修生の帰国後にカブールで全国の教員養成校講師約一〇〇人が参加する導入研修とフォローアップ研修をそれぞれ開催した。導入研修は日本での研修参加者の帰国報告会となり、我が国の特別支援教育の現状報告とアフガニスタンの将来像に関する討論が中心であった。フォローアップ研修ではカブール教育大学、盲学校、聾学校、インクルーシブ学校の教員がそれぞれ講演した。盲学校と聾学校の教師は点字、白杖歩行、手話などの実技を交えながら講演し、インクルーシブ学校の教師は障がいのある生徒が一人加わった学級の授業を説明した。各講演後にグループ別に討議し、各グループ代表が課題をまとめて発表した。参加者が三校の授業の様子を目にし、耳にしたのはこれが初めてのことであった。セミナーに参加した教育省のある高官はこれまで数多くの国際セミナーや研修会に参加したが、このような学校現場の実践を中心にした参加型セミナーは他に類を見ないと高く評価していた。

(4) インドネシアの事例

①特別支援教育の状況

人口二億二五〇〇万のインドネシアの教育開発方針の一つは教育の質の向上である。とくに教員の質の向上に重きが置かれ、教員研修が各地で開かれている。藪田（二〇一〇年、六頁）によると、教員はS1（学士）またはD4（専門高等教育を四年間受けて取得する資格）を所有する条件が法律で定められているが、二〇〇六年の国民教育省の調査によると、約二七〇万人の教員総数のうちS1またはD4を所有しない教員は約一七〇万人（約六二％）であった。障がいに関する統計では、障がいは二二に分類され、障がいのある人は約一五四万四〇〇〇人と推定されている（UNESCO, 2009b, p. 7）。その約六七％は無職である。五歳から一八歳の障がいのある子どもは約三三万人である。幼稚園から高校までに在学する障がいのある児童生徒は約二六％で、約七四％が未就学である。特別支援学校（幼稚園から高校）に在籍する児童生徒数は約七万人、インクルーシブ学校（小学校から高校・職業学校）に在籍する児童生徒数は約一万五〇〇〇人である。全国に、特別支援学校は四五二校、インクルーシブ学校は八一一校ある。障がいのある児童生徒のうち前者に八二％、後者に一八％が在籍している（二〇〇七年から二〇〇八年の統計）。公立と私立に分けてみると、小学校の場合は六三％が公立で学び、三七％が私立で学んでいる。一方、中学校になると一七％が公立に在籍し、八三％が私立に在籍している。政府はインクルーシブ教育を推進することによって、障がいのある児童生徒の義務教育を加速させようとしているが、多くの困難がある。学校の多くがインクルーシブ教育を積極的に進めようとしないこと、専門機関も障がいのある児童生徒もインクルーシブ教育に加わろうとしないこと、大学の協力が不十分であること、政策立案者をはじめ校長、教師等がインクルージョンの基本的な理念を十分に理解していないこと、特別支援教育専門教師の数が少ないこと（特別支援教育専門教師の割合は三九％）等が主要な問題である。二〇〇四年、バンドンで開かれた会議でインクルーシブ教育への支援環境整備がバンドン宣言として採択され、二〇〇五年にはEFA達成、質の高い教育を受ける権利、インクルーシブ教育施行を目標に掲げたブキティンギ宣言が採択された（UNESCO, 2009b, p. 35）。

②日本・インドネシア協働授業研究会の開催

二〇〇四年に第一回日本・インドネシア協働授業研究会が、バンドンの知的障がい特別支援学校と聾学校で国民教育省とインドネシア教育大学の支援の下に開催された（中田・Djadja ほか、二〇一〇年）（図6-4）。開催の中心となったのは、かつて筑波大学に留学したインドネシア教育大学の講師等であった。同国で初の特別支援教育分野の授業研究会であった。算数・数学・体育の授業を我が国の現職教員が行った。インドネシア側も同様に行った。次に両国の教師が一組になって協働授業を行った。参加者は二〇〇人を超えた。現地ではこれまで教師が他の教師の授業を公開の場で参観することはなかったので、参加者には日本式の授業と自国の授業を比較する良い機会になった。我が国の大学で日本語を専攻した元留学生が日本の教師の授業中の発言を通訳した。参加者に授業を観察し優れた実践的取り組み（Good practice）を発見するよう奨励した。第二回（二〇〇五年）はスラバヤ、第三回（二〇〇六年）はパダン、第四回（二〇〇七年）はソロ、第五回（二〇〇八年）はジョグジャカルタで開催された。第三回と第四回の授業研究会を収録したＤＶＤを筑波大学図書館のリポジトリで観ることができる。日本の現職教員は現地で教材を手作りし、指導案（現地語に翻訳）を作成して研究授業に臨んだ。古新聞を活用したり、一人ひとりの子どもに声をかけながらハイ・タッチをして意欲を高めたり、算数授業の始めに歌を導入したり、即席の手作り教材を効果的に使ったりした授業に子どもたちの目は輝いた。参加者は初めて観る日本人の授業に釘付けになった。第三回の研究会で実施したアンケートで二三三人の回答者のうち九九・六%（二三二人）が授業研究会は授業改善に役立つと回答した。校長グループは、日本人教師が身の周りにある安価な品を利用した手づくり教材で子どもの活動を活発にし、学習意欲を高めていたと指摘した。さらに、日本人教師は言葉や文化の壁を乗り越える力があり、今回のような授業研究会をインドネシアで普及すべきであると評価した。第四回の授業研究会に参加したスラバヤの私立インクルーシブ学校理事長は授業研究を導入し、定期的に校内で実施するようになった。この学校はスラバヤ授業研究会を二〇〇七年に設立し、研究授業の経験豊富な教師が各地に出向いて授業を行っている。第五回をもって日本人現職教師が参加する協働授業研究会は終了した。毎回の研究会は国民教育省現職教員研修の一環として行われ、参加者は国民教

図6-4　第1回知的障がい特別支援学校における日本人教師2人の授業風景

バンドン（2004年）

出所：筆者撮影。

育省から修了証を授与された。五回の協働授業研究会を通して国際協働授業研究モデルを開発した（中田、二〇〇八年）。モデルの特色は日本と途上国の教師が対等の立場で研究授業を協働で行うことにある。

第六回（二〇〇九年、マカサルで開催）以降は国民教育省、インドネシア教育大学、スラバヤ国立大学が中心になって各地の大学等と連携しながら、授業研究会を開催している。第七回（二〇一〇年）はスラバヤとサマリンダ、第八回（二〇一一年）、第九回（二〇一二年）第一〇回（二〇一三年）はスラバヤ、第一一回（二〇一四年）はスラバヤとサマリンダ、第一二回（二〇一五年）はスラバヤで開かれた。年々研究授業の質は向上し、指導案と教材に創意工夫が散見されるようになってきた。スラバヤのある体育教師はインクルーシブ体育授業で障がいのある児童へのサポートと配慮を要所に盛り込むとともに生徒同士の助け合いが必要になる場面を設定し、手作りの教材を用いていた。

インドネシアにはゴトン・ロヨン（Gotong Royong）という言葉がある（Koentajaraningrat, 1967, pp. 394~397：アリフィン・ベイ、一九九五年、九七頁）。これは相互扶助を意味し、いまも地域社会にこの精神が息づいている。筆者は授業研究会が開かれるたびに、授業研究はゴトン・ロヨンの精神を念頭において教師同士が助け合いながら行う授業改善法であると参加者に力説してきた。日本で生まれた授業研究がインドネシアに定着し、やがてインドネシアの教育文化に根差した独自の授業研究が開発されることを願っている。なお、二〇〇九年にインドネシア教育大学に筑波大学教育開発国際協力研究センターの英語略称（CRICED：Center for Research on International Cooperation in Educational Development）と同様の国際協力教育開発研究センター（CRICED：Center for Research on International Cooperation and Educational Development）が設立された。

3　タイにみる移民児童教育と国際NGOの支援

(1)グローバル化と外国人児童の教育問題の発生

近年、タイでは近隣三国（カンボジア、ラオス、ミャンマー）から出稼ぎに来る移民労働者が急増している。一人あたりのGDPで見ると、タイの四九七二（米ドル、以下同じ）に比べて、ラオス一三二〇、カンボジア九〇〇、ミャンマー八六九である（外務省HP）。このタイとの経済格差が隣国からの大量の労働者流入を作り出している（図6－5参照）。二〇一二年には約二〇〇万人（ミャンマー一四一万人、ラオス二〇万人、カンボジア四二万人）の移民労働者がタイで就労している。さらに、約一〇〇万とも二〇〇万とも言われる不法労働者がタイで働いており、今やタイの農水産業、土木建設、単純工場労働、家事労働など多くの労働分野が外国人によっ

図6－5　タイへの隣国からの移民の流入

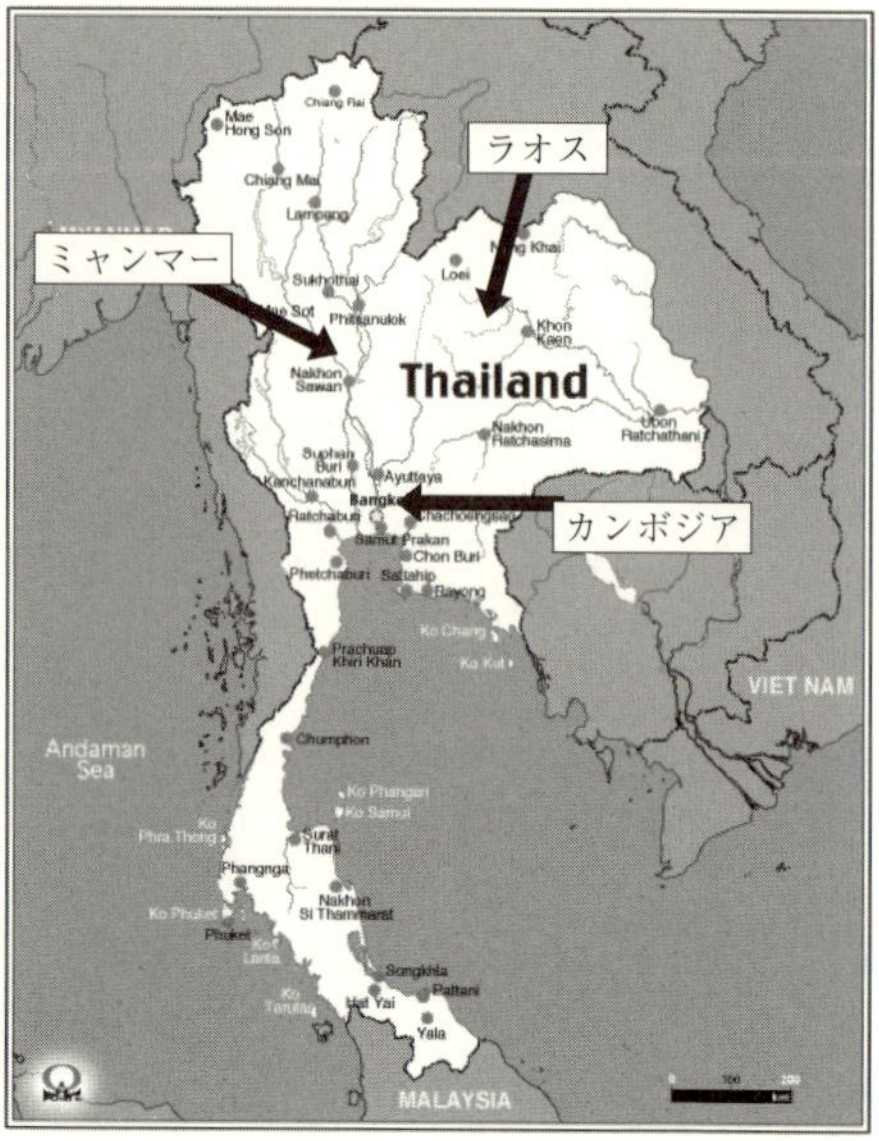

て担われている（山田、二〇一三年）。

移民労働者は家族や子どもを伴い入国する場合も多い。しかし、タイ政府は全国的な統計調査を行っていないため、移民児童の総数は不明である。表6－1は教育省（二〇〇九年統計）によるタイ公立小中学校に在学する移民児童数である。それによれば約六万人の移民児童が就学している。しかし、実際にはその数倍の不就学児童が存在すると言われている。国際機関やNGOの推計では、三〇万人から五〇万人の移民児童（七歳から一五歳以下の児童）がタイ国内に居住しているといわれる。そのうち、タイ公立学校に就学している児童生徒は、わずか二〇％から三〇％と推定されている。また就学状況の地域格差も大きく、バンコクの移民就労者集住地域で行われた事例調査では、学校就学児童はわずか四％にすぎなかった（FRY and VSO, 2009）。

国際社会では一九九〇年タイのジョムティエンで開催された「万人のための教育国際会議

（ＥＦＡ：国際会議）」以降、開発途上国の子どもの学校就学機会と人権保障の拡大が大きな課題になってきた。タイでも国際的潮流を受け止め、一九九二年「子どもの権利条約」を批准し、一九九九年には日本の教育基本法に相当する「国家教育法」を制定し、移民児童、少数民族、障がいをもつ児童などへ学校就学の機会拡大を政策に掲げた。さらに、二〇〇五年に教育省規定が作られ、「移民児童はタイ児童と同等の教育をあらゆる教育レベルで受けることができる」とされた。

表６-１　タイの小中学校に就学する移民児童数（2009年）

国　籍	児童数（人）
ミャンマー	36,641
カンボジア	4,379
中　国	4,243
ラオス	2,499
不　明	12,042
その他	363
合　計	60,167

　しかし、中央の政策の進展とは裏腹に、現実には移民児童の就学は進んでいない。学校不就学はそれだけでも深刻な教育問題であるが、学校不就学者による児童労働、人身取引き、商業的性的搾取などさまざまな人権問題も頻発している。

　ところで、タイを含めて開発途上国の移民児童をめぐる深刻な問題は、近年のグローバリゼーションによって生じた問題である。人の国際移動が容易となり、子どもを伴う「国際出稼ぎ労働者」が増加したからである。

　一方、こうした途上国の児童問題解決のために支援を行い、学校就学を促進しようとするグローバルな動向もある。途上国では解決のために多くの国際NGOやローカルNGOが、グローバルなネットワークを駆使して支援に取り組んでいる。タイでも、行政や学校の動きの鈍さをNGOが補い、問題解決が図られている。NGOは地域に適応し、住民との信頼関係を粘り強く構築し、本来はタイ政府・行政が提供すべき移民児童への教育や福祉サービスを代替している。

そこで本節では、筆者が調査したミャンマーとの国境にあるターク県(以下、T県と略記)のミャンマー人児童支援を対象にして、ミャンマー人児童の教育問題に対して「国際NGO」がいかにネットワークを作り支援をしてきたかを踏まえながら、NGOの活動の具体像とミャンマー人児童教育を取り巻く課題と解決への模索について述べたい。なお、本節でいう国際NGOとは、ワールド・エデュケーション、ワールド・ビジョン、VSO、セーブ・ザ・チルドレンなどの資金調達、職員、活動拠点が多国籍である大規模NGOを総称して用いる[2](野津、二〇一四年)。

(2) T県の概要

T県はバンコクから北に五〇〇キロの地にあり、ミャンマーとの国境に位置し、古くからミャンマーとタイの国境貿易の要衝だった。一九八〇年代からはミャンマー側国境に生活していたカレン族、カチン族、モン族などのミャンマーの少数民族がミャンマー軍事政権の弾圧を受け、国境を越えタイ側に逃れたため、タイ側国境には難民キャンプが設置された。現在でもT県内の三つの難民キャンプでは八万人以上のミャンマー難民が生活している。

さらに、一九九〇年代からミャンマーの低賃金労働者を雇用する百を超える工場がバンコクからT県に進出し、T県はタイ国内でも有数のミャンマー人集住地域となった。T県の中心部はミャンマー特有のロンジー（腰巻）を身につけるミャンマー人と、彼らが利用する商店のミャンマー語の看板や広告であふれている。ミャンマー労働者の総計は約一五万人から二〇万人と推定されている。彼らの多くは家族や子どもを伴い就労に来るため、数万人のミャンマー人児童がT県内で生活している。

同県のミャンマー人児童を取り巻く大きな特徴は、ミャンマー人児童の教育施設である「学習センター」の存在である（図6-6）。T県では約一万人の児童がタイ公立学校に就学しているが、ほぼ同数の児童が公立学校を選ばず、学習センターに通っている。学習センターはほとんどが無償で、タイ公立学校では必要とされる制服代や給食費がかからないため、学習センターは人気がある。

またミャンマー就労者は、労働許可書を持たない「不法就労者」である場合も多い。筆者が面接した家族の約半数は不法就労者であった。教育省規定では、たとえ親が不法就労者であっ

図6-6　学習センターの授業風景

出所：筆者撮影。

ても、学校は子どもを受け入れることとなっている。しかし、親たちは学校に書類を提出し子どもが学校に就学することで、自身の不法就労が警察などの行政当局に発覚することを怖れている。不法就労で検挙されミャンマーへ強制送還されることになると、タイ就労のために行った派遣業者への借金が返却できないことになる。そのため、不法就労の家族はできるだけ公的な場面との接触を避けようとする。子どものタイ公立学校への就学にも消極的で、タイ当局の目の及ばない学習センターを選択する傾向がある。

学習センターは、タイ国内に設立されてはいるが、タイ教育行政とはまったく無関係に存在する「非正規教育機関」である（図6-6参照）。ミャンマーの教科書を使い、ミャンマー言語（ビルマ語やモン語など）を教授用語にし、ミャンマー人が教師となっている。タイの学校設置基準とも無関係な「無認可学校」であるため、カリキュラムも教育の質も学習センターごとに大きく異なる。Ｔ県内の学習センターは自主財源がないため、主に国際ＮＧＯや宗教団体など約二〇団体から財政支援を受けて運営されている。

なお、タイ国内にはミャンマー人民族団体やＮＧＯが設置した学習センターが一二〇校以上存在し、タイ公立学校に通学しない移民児童を受け入れている。そのうち、六〇校以上の学習センターがＴ県に集中して設置され、一万人以上のミャンマー人児童が学んでいる。学習センターの中には、欧米の大学への進学志望者が学ぶ高度な教育レベルのセンターも一部にはあるが、多くのセンターは施設設備が劣り、ミャンマー人労働者の子どもの単なる「預かり所」のような質の低いセンターも多い。

(3)支援ネットワーク形成の経緯

Ｔ県に学習センターが設置されたのは、二〇〇〇年代に入ってからである。一九九〇年から二〇〇〇年までにセンターは一四校が存在したが、二〇〇一年から二〇一〇年までの一〇年間で六二校まで急増した。ここでは学習センター支援のために、国際ＮＧＯがいかに地元教育委員会など関係機関と支援ネットワークを形成していったのかを二つの事例から見てみたい。

①タイ語教科書作成プロジェクト

二〇〇〇年頃から学習センターは急増したが、学習センターではタイ語教育は行われていなかった。そこで、将来タイで暮らすことが予想される児童のために「タイ語教科書」の必要性が支援関係者間で認識された。しかし、当時国際NGOは教育委員会と接触がなく、協働は具体化できなかった。

そこで、教育委員会指導主事Uが最初に協働のための媒介者となった。Uは個人的つながりを通して、国際NGOのワールド・エデュケーション、ZOA、VSOなどの代表と連絡を取り、さらにタイ公立学校のタイ語教師、学習センターの指導者を集めて教科書作成委員会を組織した。

作成委員の中では、国際NGOのワールド・エデュケーション（以下、W・Eと略記）の役割が大きかった(3)。W・Eは、もともと難民キャンプ内の教室運営のために多くの教科書作りを行ってきた経験があるため、作成委員会では主要なメンバーとなった。作成委員たちは毎月会議を開き、二〇〇五年度末には教科書原案が完成した。W・Eは、教科書原案を元に実際に自分たちが支援している学習センターで試行的に使用した。また、多数の学習センター教員へのタイ語研修会を開くなど綿密な準備に協力した。最終的にW・Eは教科書の印刷費を助成し、ようやく教科書は印刷まで到達した。タイ語教科書は、教科書作成委員会立ち上げから三年後の二〇〇八年に完成した。

②外国人児童教育センターの創設

タイ語教科書作成をきっかけとして、国際NGOは、教育委員会や学習センターなどと異組織間のネットワークを形成した。彼らが共通課題としたのは、ミャンマー人児童の教育支援に関与するさまざまな関係機関をコーディネートする部局を教育委員会内に設置することだった。ミャンマー人児童の支援には使用言語も背景も異なる多数の関係機関が関与しており、彼らの情報交換と交流がまず必要とされた。

コーディネート機関設置には、国際NGOのVSOが大きく関与した。[4] VSOは、教育センター事務職員二人の人件費を負担し、さらにコーディネート・スタッフ（VSOボランティア）を派遣することを提案し、それを受けて教育委員会は二〇〇八年に公式の移民教育コーディネート・センター（Migrant Education Co-ordination Center）を開設した。

その後、コーディネート・センターが結節点となり、いくつもの新しい支援事業が短期間のうちに可能となった。コーディネート・センターは、二ヵ月に一度定例会議を開催している。会議は、関係者の使用言語が異なるため、国際NGOスタッフの英語、タイ側参加者のタイ語、学習センター参加者のミャンマー語（ビルマ語）の三言語の資料と三言語の通訳を介して行われる。筆者が参加したある会議にはタイ側から国家教育審議会（ONEC）、社会開発・人の安全保障省（Ministry of Social Development and Human Security）など中央政府関係者、地元教育委員会関係者、ミャンマー側から学習センター連合委員会（BMWEC）、学習センター校長や教員のほか、ミャンマー人支援の医療NGO（メータオ・クリニック）[5]、国際NGOからはHWF（Help without frontire）[6]、VSO、W・E、チャイルド・ドリーム、国際機関からは国際労働機構（ILO）など多彩な組織が参加していた。定例会議はさまざまな課題解決のために異組織の代表者たちが直接対面し、議論するきわめて重要な機会となっている。

(4)国際NGOによる地域社会との信頼形成

前述のように、国際NGOのW・EやVSOによる効果的な情報、人材、予算などの資源投入と協力によって外国人児童支援のネットワークが形成された。しかし、国際NGOは単に資源を機械的に投入したわけではない。国際NGO自身も、地域社会との信頼づくりという困難な課題を粘り強く解決せねばならなかったからだ。

筆者はタイでは数多くの学校やタイ人コミュニティを訪問したが、タイ人の間にはNGOの具体的な活動はほとんど知られておらず逆に、漠然としたNGOへの「否定的イメージ」が存在することが分かった。タイ人たちは直接・間接に「NGOは何を目的に活動しているのかよく分からない」「海外から予算をもらうために子どもを利用しているのではないか」などとステレオタイプのイメージを語った。こうしたステレオタイプのイメージが存在する背景には、NGOの存在や活動が地域社会に広く理解されておらず、NGO側も情報発信が不足しているという事情がある。

T県でも同様のNGOに対する「否定的イメージ」が存在していた。その典型的な例がNGOの支援に対するタイ人からの「ジェラシー」であった。開発援助の分野では、常に「ジェラシー」の問題が議論されてきた。ジェラシーとは「嫉妬」「ねたみ」である。ある村が援助によって豊かになることは、隣村からは「えこひいき」と見られ、ねたみを招くことがある（佐藤、二〇〇五年）。途上国の教育開発の分野では、ある途上国の村に海外援助によって学校が創設されたり、特定の児童に奨学金が提供されたりすることで、援助を受けなかった村や家族にジェラシーが生じることがたびたび指摘されている（田中、二〇〇八年）。

筆者の調査地でもジェラシー問題が生じていた。最も頻繁に聞かれたタイ人からのジェラシーの例は「ミャンマー人の学習センターはNGOに支援されているので、無料通学バス、無料給食、無料宿舎があり、施設設備が整っている。それに比べて、タイ人の学校は遊具も教室も粗末で、通学バスの支払いができなくて学校に行けない子どもも多い。不公平だ」というものであった。ミャンマー人が居住するタイ国境付近は、施設設備に恵まれないタイ人児童の通う「へき地学校」が多いため、こうした不満が生じる。

客観的に見れば、学習センターの教育環境は、タイ人のへき地学校以上に劣悪で、無料通学バス、無料給食を提供している学習センターはごく一部である。無料宿舎や無料給食はそもそも親が育児放棄をしたり食事を与えなかったりする境遇のミャンマー人児童が多いため必要とされたものである。しかし、人は一部の情報から全体をイメージし、ジェラシー感情を増幅させるのである。

W・Eは地域社会との信頼関係を形成するため、ジェラシー問題解決に意識的に取り組んだ。まず、W・Eは新たにタイ人スタッフを雇用し、タイ人社会に存在する国際NGOに対するイメージ調査を広く行った。その結果、国際NGOへの否定的なイメージがやはり存在していること、最も大きなジェラシーの対象に「プレイグランド」があることが分かった。プレイグランドとは、滑り台など運動器具を配置した遊技場である。W・Eをはじめ多くの国際NGOがT県を中心に学習センターへの支援の一環としてプレイグランドを設置していた(7)。その結果、タイ人社会からは「なぜミャンマーの学習センターにだけ設置して、タイの小学校には設置してくれないのか」「タイの小学校も設備は貧弱なのに不公平だ」と不満の声が上がっていた。

W・Eはジェラシー解消のため、タイの公立学校にもプレイグランドを設置する事業を始めた。さらにW・Eが難民キャンプや学習センターへ派遣している英語教師ボランティアを、近隣のタイ公立学校にも定期的に巡回させ、タイ人児童への英語教育の協力を始めた。英語教育はタイ公立学校でもニーズが高いためボランティア派遣は好評である。

また、国際NGOはタイ行政との信頼関係もつくらねばならなかった。タイ教育委員会職員によれば「二〇〇五年頃からいろいろなNGOが教育委員会にやって来るようになり、移民児童の情報がほしいと依頼されたが、彼らがいったい何者か分からなかったので何もできなかった」という。そこでW・Eは、行政に対する「積極的な情報提供」を行った。

W・EはT県M郡に本部事務所を置き、さらにチェンライ県、チャンマイ県、メーホンソン県、カンチャナブリ県にも事務所を置いているため、全国的な情報収集能力がある。こうした情報収集能力を生かし、W・Eはタイ行政へ移民児童の動向の情報提供を積極的に行い、信頼関係づくりに努めた。W・E所長は、T県教育委員会に頻繁に出向き情報を交換する努力をした。五〇〇キロ離れたバンコクにも足を運び、中央政府機関の関係者に地方の外国人児童の実態を情報提供し、「われわれが何者であるか」が分かるように努めた。

こうしたW・Eの努力の結果、タイ行政関係者や地域社会からの理解も徐々に拡大し、信頼関係も構築されてきている。

⑸支援ネットワーク形成の成果

国際NGOの信頼形成の努力の結果、現在ではT県コーディネート・センターを拠点にした支援ネットワークは、さまざまな行政部局、中央政府機関を巻き込み、協働事業を展開するまでに発展している。協働事業は、タイ公立学校と学習センターの連携を進め、ミャンマー人児童の学習機会を拡充することを目的にしている。従来の固定的な学校教育の枠組みを超えた、異文化理解教育の先進事例ともいえるユニークなプロジェクトである。以下で簡単に二つの例を紹介したい。

①タイ語・ビルマ語相互研修

タイ語・ビルマ語相互研修は、教員研修に関する二つの内容から成り立っている。一つは学習センター教員へのタイ語研修である。学習センターではミャンマー人教師がミャンマー語で授業を行うためタイ語学習は一部でしか行われていなかった。しかし、センターで学ぶミャンマー人児童たちの多くは、将来もタイに居住する可能性があり、タイ語学習を強化する必要がある。そのため、学習センター教員へのタイ語研修を行い、教師のタイ語教育の技能を高めることを目的とした研修が始まった。

もう一つはミャンマー人児童が多く就学するタイ公立学校教員にビルマ語研修を受けさせる

事業である。T県の国境沿いの公立学校には多くのミャンマー人児童が通学しており、今後はさらに多くのミャンマー人児童が入学してくることが予想される。そのため、ミャンマー人児童との意思疎通のために、公立学校のタイ人教師にビルマ語研修を受けさる事業である。

二つの研修プロジェクトにはユニセフ、ILOなど国際機関が予算援助を行い、今までに一四〇人のミャンマー人教師がタイ語研修を受け、一二〇人のタイ人教師がビルマ語研修を受けた（二〇一一年一月現在）。

②学校内学校プロジェクト

学校内学校プロジェクトは、二〇〇九年から始まった。一つの学校の中にもう一つの学校を包含するという意味で、学校内学校プロジェクト（School within School Project, タイ語ではロンリエン・ナイ・ロンリエン）と呼ばれる。このプロジェクトは、タイ公立学校と学習センターがパートナーシップを結び、教師や生徒の相互交流を推進することを目的としている。

ある学校内学校プロジェクトでは、毎週定期的に小学校教師が学習センターに出向きタイ語を教える。逆に、学習センターには英語能力の高い教師もいるので、学習センターから英語教師をタイ公立小学校に派遣している。「母の日」行事、スポーツ大会などの小学校行事には、学習センターの児童が小学校に招待され参加している。学習センターが主催するキャンプ活動に連携相手の学校児童が招待されることもある。

⑹教育コミュニティの可能性

今まで述べたように、ミャンマーとの国境T県では、国際NGOがタイ行政当局やミャンマー人自治組織、タイ公立学校など多様な関係機関を巻き込み、さまざまな新たな支援事業が展開していた。近年の心理学や教育学では「教育コミュニティ」が注目されている。教育コミュニティとは、多様な教育主体が異なる文化や制度の垣根を越え、ネットワークによって結びつくことで、水平的コミュニケーションを促進し、新たな知識創出のための学習共同体を形成する可能性に注目した概念である（中野、二〇〇一年。野津、二〇〇七年）。また教育コミュニティは、異なるアクターが柔軟に連携し、異組織間で対話することで、シナジー効果（相乗効果）を発揮する創造的ネットワークである。

本節で見たT県の事例は、ミャンマーと国境を接する辺境の地にありながら、ミャンマー人児童支援のために、国際NGOがネットワーク力を発揮し、タイの中では最も先進的な外国人児童支援が実現している。その意味で、教育コミュニティの萌芽的事例といえよう。国際NGOがタイ行政当局や学校と協働することで、従来の学校教育の枠組みでは考えられなかった語学研修や異文化交流システムが構築されつつある。

しかし、筆者が調査した他県では、T県ほど多数の国際NGOが活動しているわけではない。県内に数十万人の外国人労働者が居住するにもかかわらず、わずかに二つのNGOのみが移民児童の教育支援のために孤軍奮闘している地域もある。それでもこれらNGOは、タイ行政の消極的姿勢を超えて、主要な支援アクターとなり、「学習センターの運営」「公立学校への就学支援」「児童労働からの救済」などを積極的に行っている。事例で見たようなT県での「成功事例」が他県に伝播し、移民児童支援のためのネットワークがさらに拡張していくことを期待したい。

注

（1）ガラ（Galla）ディゴ（Digo）、バジュンとギリアマの混血や不明の子どもが含まれる。

（2）本節の以下の記述は、野津（二〇一四）を加筆修正したものである。

（3）ワールド・エデュケーションはアメリカに本部を置く国際NGO。ワールド・エデュケーションのタイ・ミャンマー教育支援については、次を参照。（http://thailand.worlded.org/）

（4）VSOはイギリスに本部を置く国際NGO。VSO Internaional のタイ・ミャンマー教育支援については次を参照。（http://www.vsointernational.org/country/thailand-burma.asp）

（5）メータオ・クリニックについては、同団体を支援する日本の組織「メータオ・クリニック支援の会（JAM）」のホームページ http://www.japanmaetao.org/ 参照。

（6）イタリアの本部を置く国際NGO。（http://www.helpwithoutfrontiers.org/）

（7）メソード郡の学習センターへのＮＧＯによるプレイグラウンド設置については、次のウェッブサイトで映像が見られる。http://www.youtube.com/watch?v=jYv8PC6cB70&feature=related（二〇一三年六月一〇日閲覧）

終章　地球市民・グローバル人材育成の課題

地球市民・グローバル人材の特質を整理した上で、その育成方法として個人面では、個別的指導、少人数クラス、多文化尊重、母語重視、多文化共生の実感、グローバルな視点の重要性を再認識し、制度面では、新しい共同体の構築にとって重要な要素である、「われ・なんじ・われわれ」の関係、対話・協働の関係、共通意識の中身などを検討する。

地球市民の育成に必要なすべての子どもたちへの基礎教育整備の取り組みが、一九九〇年代初めから世界各国において実施されてきたが、その実現は容易ではない。ＥＦＡの実現を拒む問題と、その問題解決に向けた国際教育協力については第6章で検討したが、ここでは今後、活発な展開が期待されている南南教育協力の特色と意義について東南アジアの実践例を踏まえて考察する。

最後に、今後の研究課題として、グローバル社会に必要なライフスキルや汎用性のある技能を含めた地球市民育成の実践的研究、我が国にもこれからの大きな問題である東アジア市民育成の方法、および多元的教育システム確立に関する具体像の研究の三つを挙げる。

1　地球市民・グローバル人材の特質

(1)地球市民の特質

地球市民については、第1章において説明したように今日の社会変化に対応できるように国民のみに限定して考えるのではなく、地方民、国民、地域市民、地球市民のように多層的アイデンティティの一層として把握することが必要である。しかし、グローバル時代にあっては、ローカルの問題はグローバルな問題と連動していることを認識し、オーストラリアで主張されていたように「グローバルに考え、ローカルに行動する」ことが肝要であろう。

地球市民としての資質、性格の内容では、第3章で指摘した国際力を基本的に身につけることが重要である。それは、根の部分として人権尊重、偏見を持たず差別をしない公平感を備えた価値観をもつこと。幹の部分では、外国語・情報能力・自己発言能力などのコミュニケーション能力を養うこと。そして、葉の部分では、各種の問題解決や平和な共同体の構築に取り組む行動力・創造力・共創力を育むことなど、である。

その上で、各種の社会活動や民主的な政治活動に自主的、主体的に参加して実践することが求められよう。それは、イギリスの教育が注目している文化の動態的理解と創造のプロセスとも関連する課題である。また、多文化共生の視点から人権を抑圧されている移民、外国人定住者、障がい者などのマイノリティ・グループの能力・文化を評価することも重要である。さらに、グローバルに考える中身と関連するが、地球的な環境問題、平和構築、国境を越えた情報交換の処理なども考えていく必要があろう。

(2)グローバル人材の特質

グローバル人材は、基本的に国際力を備えた地球市民であるが、これからの国際社会、地球社会において活躍するリーダーシップを発揮することが要請されるであろう。従って、前述の国際力、地球市民の素質・性格を身につけた上で、次の条件を満たすことが要求されよう。

第一には、京都大学プログラムで強調されていた広い教養と深い専門性である。その中には外国語能力もいうまでもなく含まれている。第二には、海外留学、国際研修、国際業務などの海外経験を積みつつ異文化・自文化を深く理解し多様な見方ができる国際マインドをもつことである。さらに第三条件として、貧困、環境問題や経済的・社会的格差など地球的な課題を研究したり、課題解決に実践的に工夫して取り組んだりするような、地球社会の一貫として広い視野から物事を処理する能力を身につけることである。

2　地球市民・グローバル人材育成の方法

(1)個人面——異文化理解、多文化共生の教育、自己表現力

地球市民、グローバル人材育成の方法を個人面と制度面に分けてアプローチしてみる。

異文化理解、多文化共生の教育をするにあたり個人面に着目すると、当然、個別的・能力別指導が考えられる。多人数クラスではなく少人数クラスにおける学習が必要である。その時、異文化の背景をもつ児童生徒がいるとすれば、彼らを対等のパートナーとして平等に扱うことが肝要である。アメリカ、カナダ、オーストラリアのケースでも強調されていたように、子どもは自分のもつ独自の文化が尊重され人格を認められることで自尊心を高める。自己に自信をもつようになれば、学習意欲が高まり学習成績も向上するようになる。さらに、協調性、社会性も備わる傾向がみられる。

異文化を尊重する時の具体的な方法としては児童生徒が有する母語を重視し、できるだけその活用を工夫することも大切である。カナダのカミングによる第二言語学習論でもその有用性が証明されていた。

多文化共生を実感させるには、クラスに帰国・外国人児童生徒がいる場合、彼らが身につけ

ている文化を尊重しつつ交流し共同学習することが望まれる。高等学校レベルでは、生徒が海外へ赴き、現地の高校生や地方住民と国際交流をすること、現地の社会・文化の理解を深めること、アジア市民あるいは地球市民としてのアイデンティティを自覚させることも有用である。

カナダ、オーストラリアの市民性教育でも見られたように、ローカルな活動に参加しつつリージョナル、ナショナル、グローバルなレベルそれぞれの課題について関心を抱かせる。そして、グローバルな視点から考える経験を持たせる。その際に、オーストラリアの公民科・市民性教育でみられたように、知識理解に加え、問題解決と意思決定、行動計画、グループ学習などのスキルを身につけさせる。また、カナダ、オーストラリアのケースに見られたように学校のみで多文化教育、多文化共生教育を行うのではなく、地方の住民あるいは大学生等の協力を得つつ異文化交流の体験を持たせることもよいきっかけとなる。各種の地方住民やボランティアの人々が学校教育へ参加することも有効な方法である。

異文化の人々と共同生活を送り問題解決に協力していくとなれば、各人が個人として自分の考えを持ちそれを合理的に表現する自己表現力も重要である。その面も前述のアメリカ、カナダ、オーストラリア、イギリスでは力点を置いて教育している。筆者がアメリカのバークレー地区でみた中学校の授業では、生徒が発表した時に自分の意見としてまとまっていない場合には、まとまるまで席に立たせ座らせなかった。自己表現の方法を厳しく指導していた。

⑵制度面——多元的教育システムと共同体の構築

前述の個別・能力別指導、少人数クラス、母語指導、海外体験、地方住民の学校教育への参加などは、現在の単一的教育システムの下では実現が困難である。そのことは、第2章、第3章においてすでに説明した。そして、多様な教育の実施、地方・学校の自由裁量の拡大、多文化教育を実践している外国人学校の格上げ、民族教育の重視などを図るには多元的教育システムの確立が必要であることを強調してきた。それは、多文化教育、多文化共生教育の実現につながる方法である。

①求められる他者への共感力、他者との共創力

異文化理解のためには、文献・資料による方法もあるが、異文化を有する人との触れ合い、対話を通して互いに信頼の絆を固めつつ理解を深め共存を図ることが基本的に重要であろう。対話は、主体である「われ」と客体である「なんじ」が向かい合って成り立つ。しかし、主体と客体の関係では、個別的、特殊的で対話は表面的に終わりがちで深い理解に至らないのが普通である。「われ」と「なんじ」の主体同士が同時に客体でもあり得る、間主観的な関係性、すなわち「われわれ」という共同性を成立させた上で対話を行えば、深い理解に達するのではないか。「われわれ」意識をもてば主体間にある心的な隔たりが狭まり、個々人を包摂した共

通世界が実現される。それが運命を共にする共同体の礎を築くことになろう（増渕、二〇一〇年、四八～四九頁）。

グローバル化が進展すると私たちが依存してきた社会的枠組み（組織、社会、国家等）が揺るがされ、自明とされてきた境界も判然としなくなる。文化の異なる他者との出会いにより、相違の深さに立ちすくみ、葛藤に苦しみ、衝突・紛争が生まれたりする。そこで人々は不安にさらされる。それゆえ、私たちがグローバル化の中で求められるのは他者に対する共感力であり、他者と新しい共同体を創造する共創力である。それは、第5章の共同体の例で示したように対話や協働経験を通して培われるものであろう（小林・熊谷・三浦編、二〇一一年、一九頁）。

②協働による共同体の構築

異質な人々が協働で共通の計画やプロジェクトに取り組み、合同作業を行えば、対話の領域を超えて人格的な交わりを促進することになり信頼関係も芽生える。その結果、異なる思考様式、行動様式の理解に留まらず実際に共同体を構築しやすくなる。協働の経験を通して新しい共同体を構築すれば、多文化共生の状態をもたらすことになる。それは、まさに、経済的援助などによる生物学的、物理的な意味あいが濃いハード面の共生（symbiosis）に留まらず、人間存在の尊厳性、人格性を基礎にしたソフト面の共生（co-existence）を図るものである（増渕、二〇一〇年、四〇頁)。また、多文化共生が実現する共同社会では、構成メンバーの共通性が求められよう。共通性保持の重要な要件は、第一に、異質なものに通底する共通なものを感じ取る共感の心を育むことであろう。異質な他者の存在を知的に理解するのみでなく他者との交流を通じ、互いの感受性を高めようとするものである。いうなれば、異質な他者との対話と共感の場を構想していくことと関連している(増渕、六一・七八頁)。第二は、共通のアイデンティティをもつことである。ある組織であれば、組織構成員としてのアイデンティティ、地方の人々であれば地方市民としてのアイデンティティが求められる。第三に、今後、地球的課題に取り組んでいくためにも、地球市民として相互依存的で協力的な行動が必要である。これまでのように自国民、自民族中心の公民形成ではなく、地球社会の形成に参画するグローバル公民性を身につけることが要請されよう。

グローバル公民性の内容としては、第一は、世界の相互依存性の理解、第二は、国内で処理できない国際的、地球的な問題に対する洞察、第三は、よき共同体の形成を目指して活動する積極的態度の形成、第四に、地方市民、国民としての公民性に加え、地球市民としての公民性を形成する、ことである。それには、地理的、歴史的見方ばかりでなく、グローバルな見方を身につけることも含まれる(魚住、一九九〇年、一〇二〜一一二頁)。

ある組織のメンバーが協働で共同体を構築するならば、各メンバーが力を合わせて学び合い

図終－1　共同体の創造：「われ、なんじ」と「われわれ」の関係

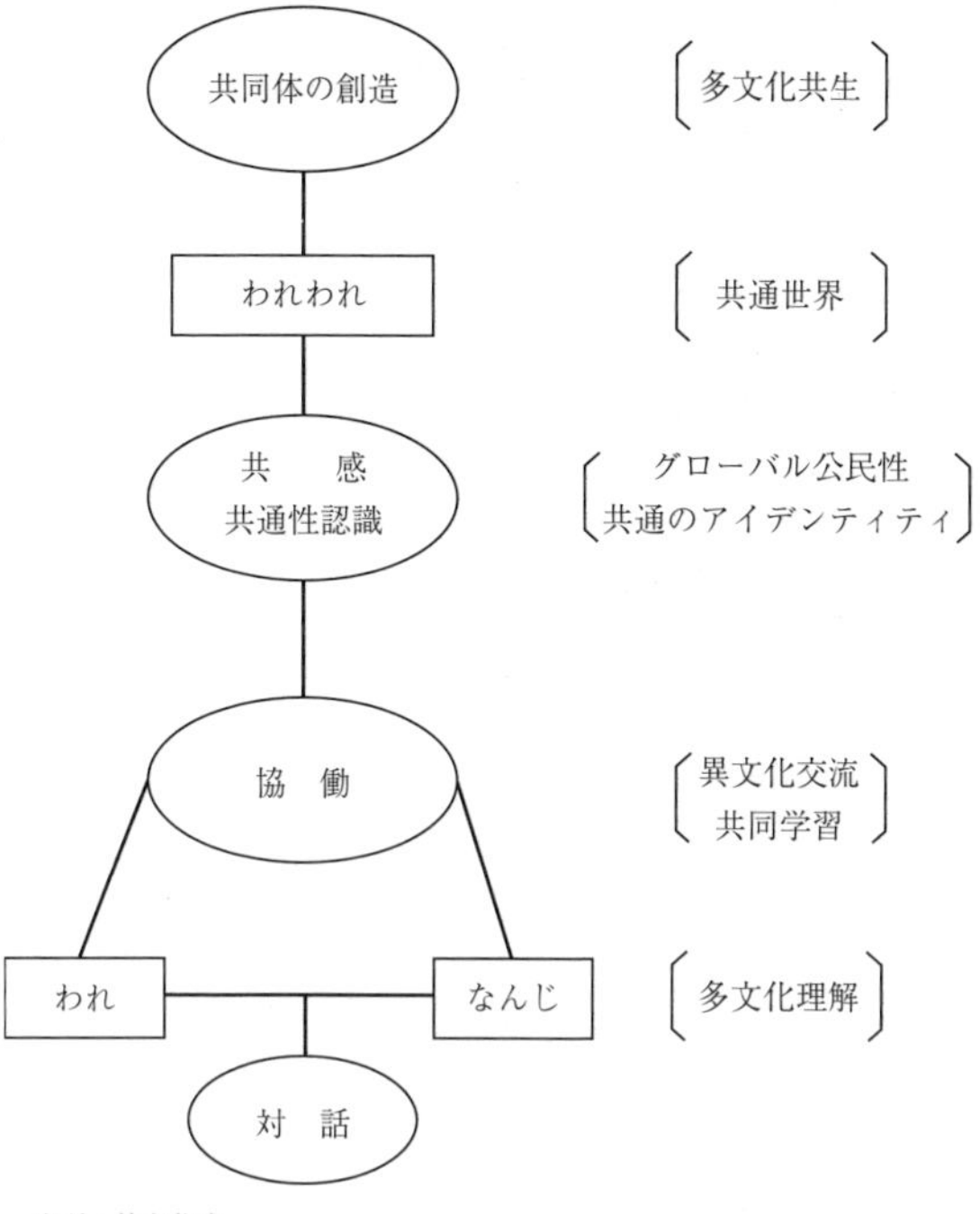

出所：筆者作成。

協力し合うことも大切である。その際に、個人の主体性を重んじながら他のメンバーと協同学習、協調学習を試みることも考えられる。協同学習は指導者主体型、協調学習は参加者主体型といわれるが、第5章で検討した「平和センター」や「サルボダヤ・シュラマダーナ運動」は、参加者の自主性、独立性とプロジェクトの成果を重視していたので協調学習に相当するであろう（溝上、二〇一五年、九〇〜九六頁）。異文化を背景とする生徒・学生や住民が協同学習・協調学習を行えば共同体構築に一層の効果が期待される（Joel Spring, 2006, p. 251）。

　新しい共同体の創造と関連する「われ・なんじ」（多文化理解）と「われわれ」（共通

世界）の関係、対話・協働（異文化交流、共同学習）、共感・共通性認識、共同体の創造（多文化共生）などとの関係について図終－1に示した。

3 万人のための教育（EFA）の実現

(1)国際教育協力の重要性

第6章においてEFA実現の課題である基礎教育の諸問題を取り上げた。ケニアのラム島における住民移動と多文化教育への対応、アフガニスタン・インドネシアにおける障害児教育の普及のための条件整備（教科書作成、協働授業研究の試行など）、タイにおけるミャンマーからの移民の子どもたちに対する学校建設と国際NGOの活動などであった。

前述のアフリカ、アフガニスタン・インドネシア、タイのケースにおいて検討された国際教育協力は、主に日本の国際協力機構（JICA）や国際NGOなど、先進国や先進地域（北側）から開発途上国（南側）への支援協力を行うものであった。

最近では、開発途上国の中にも比較的に開発が進み中進国とみなされる国々も現れている。例えば、東南アジア諸国では、シンガポール、タイ、マレーシアなどである。それらの国は、周辺のCLMV（カンボジア、ラオス、ミャンマー、ベトナム）や中近東、アフリカ諸国などのまだ低開発状態にある途上国に対し各種の援助活動を実施している。特に、医療、工業、保健、教育、農業分野である。こうした開発の進展した途上国〈中進国〉が行う援助協力は「南南協力」と呼ばれている。開発国同士は、経済的、社会的開発の経緯・段階が比較的類似しており、また、文化的、社会的背景が似通っていて協力援助がしやすいという事情もある。

(2)「南南教育協力」の必要性

教育分野の南南協力について筆者が行ってきたタイのラオス、カンボジアに対する教育協力の調査結果を見てみよう。主に、留学生の受け入れ、奨学金の付与に加え、教育行政官の研修（ラオス）、教員研修（ラオス、カンボジア）、中等学校の設立（カンボジア）などを行っていた。とくに、筆者が二〇〇八年にラオスで調査した例では、二〇〇五年にラオスの小中学校教員（二〇人）がタイのラチャパット大学ウドンターニー校において二〇日間の研修を受け、視聴覚教育、身近な教材開発法、学習者中心主義の授業などを学ぶものであった。また、ラオスの高校教員（各年約二〇人）が二〇〇二～二〇〇八年にタイのコーンケン大学で理数科の研修を受けていた。二〇〇八年にラオスのビエンチャン、ルアンプラバン、ウドムサイを訪問してタイで研修を受けた教員たちに会ってその効果についてアンケート調査、面接調査を行った。

その結果、大変効果があり、「絵や写真を使って授業をするとラオス語をよく理解していない山地民児童が興味をもつようになった。児童に発表の機会を与えると積極的に参加するようになった」「学校へ通学することを嫌がっていた子どもたちが、学校の授業が楽しくなり、喜んで通学するようになった」「自分たちは研修の成果を自信をもって他の教員に伝えている」「今度は学校経営、遠隔教育などの研修をして欲しい」などの感想を聞かせてくれた。いうなれば、ラオス教員の質の向上に貢献したといえよう（村田・佐藤編著、二〇一三年）。

その他、東南アジア各国がＡＳＥＡＮ統合イニシアティブ（IAI : Initiative for ASEAN Integration）のような国際プログラムを組織して国際協力を実施する例もみられた。例えば、シンガポールは、ＣＬＭＶとの経済格差是正を目的としてそれらの国に研修センターを設立し、各種の知識技能・経営研修を行っていた。その中には英語教員に対する言語教授法の研修も含まれている。さらに、東南アジア教育大臣機構（SEAMEO : Southeast Asian Ministers of Education Organization）の国際的な理数科教育研修センター（ＲＥＣＳＡＭ）がマレーシアのペナンに設立されている。同センターでは、東南アジア各国の中等理数科教員の研修を行ってきている上に、近年、アフリカ諸国の中等理数科教員に研修の機会を与える実践も行われている。二〇〇八年八月の二五日間にわたる研修には、アフリカ一〇ヵ国（ケニア、マラウィ、ナイジェリア、スーダン、タンザニア、ウガンダ等）から三〇人の中等学校理数科教員が参加していた。最近では、二〇一五年一～二月に一九日間アフリカのザンビアの中等理数科教員に対する研修が行われた。参加者は三二人であった（RECSAM News, 2015）。

また、フィリピンのフィリピン大学に設立されているフィリピン大学理数科教育開発研究所（UP-NISMED）は、フィリピン内の初等中等理数科教員の質向上を目指したものであったが、二〇〇四〜二〇〇八年にケニアの理数科教員の受け入れ研修も行っている。受け入れ期間は四〜六週間、受け入れ人数は二〇〜四〇人であり、特に実験の方法、身近な教材の利用法などの学習に効果があったとされる（村田・佐藤編著、二〇一三年）。

上述のような南南教育協力は、開発途上国同士の教育協力なので経済、社会の開発段階が比較的類似していることからより有効で実践しやすいプログラムを提供できるというメリットがあろう。それに援助国、被援助国間の距離が近いこと、人件費も比較的高価ではないということから経済的に安価ですむという利点もある。東南アジアで実践されているケースをみると、とりわけこれからの世界的な課題である教員の質、ならびに教育の質の向上に役立っていることが見受けられる。それは、地球市民の育成に貢献しようとする国際教育協力にとって期待される重要課題なのである。

4　今後の研究課題

(1)地球市民の育成の実践

地球市民の育成については、国際人の養成や外国（アメリカ、カナダ、オーストラリア、イギリス）における試みや実践例も検討した。ローカル市民であり、国民でありつつ地球市民であることを自覚させようとする。それは、オーストラリア、カナダの例にみられたが、シンガポールや香港でも国民であることと同時に地球市民教育に力を入れようとしている。タイでは国民とともに国際性を重視し、グローバル化への対応能力の育成に力点を置こうとしている。こうしたケースをもっと調べて地球市民性をいかに身につけさせようとしているか、その実践例を比較研究してみたい。

各自が有する異なる文化をお互いに尊重し異質な人々の共生を図ることきわめて肝要なことであり、そのため多文化教育、多文化共生教育がアメリカ、カナダ、オーストラリアで重視されていた。しかし、実際に異文化を有する児童生徒や人々の間で対立、葛藤、争いが起きた時にいかに対応しているのか、もっと多くの具体例、解決例を調べたい。同時にイギリスが行おうとしている創造性教育、文化教育の具体的方法についても検討したい。

グローバル化社会において主体的な生活を送るためには、地球市民は、専門知識以外に生きて行くために必要なライフスキルや汎用性のある技能（ジェネリック・スキル）を身につけることも重要である。その内容としていかなるスキルが必要なのか、検討することは意義深い研究であろう。

(2)東アジア市民育成の方法

今後、東アジア共同体の確立が大きな課題になると思われる。それは容易なことではないであろうが、アジア地域にとって中・長期的には東アジアの地域統合が必要であろう（進藤、二〇〇七年。谷口、二〇一〇年）。その共同体においていかなる共同の憲章を作成し、共通の東アジア市民をいかに育成していくのかが問われよう。日本、韓国、中国、台湾などにおける教育の実態を把握するとともに、今回の地球市民育成に関する研究成果ならびにＡＳＥＡＮ・ＥＵの地域市民育成の方法を参考にしながら、東アジア諸国共通の市民育成の内容・方法を探求したい。

(3)多元的教育システムの具体像

画一的な教育システムを打破して多元的教育システムを確立することが必要であることを本論において強調してきた。方向性としては、地方分権制度の確立、伝統的な年数主義・自動進級制・一斉授業などを改革すること、外国人児童生徒の受け入れや民族教育の促進に当たり同化主義や奪文化化傾向に歯止めをかけ異文化を尊重すること、などを指摘した。より具体的には、教師を増やし（保護者や地域住民の協力を求めることを含む）少人数指導を可能にすること、飛び級を取り入れること、幼稚園教育要領・小中高の学習指導要領をより簡明にすること、各地方や学校に自由裁量権を認め教育を自由に工夫させること、外国語として英語のみにこだわるのでなく多言語社会の状況を反映できるようにアジア言語やフランス語・スペイン語などにも配慮して外国語教育を実施すること、インターナショナル・スクールや民族学校などの外国人学校を私立学校に引き上げること、民族教育に日本人児童生徒も参加すること、教育コミュニティを促進すること、などが考えられる。

しかし、多元的システムを導入するにしても国民統合の原則を破るわけにはいかない。また、今回重視している地域市民、地球市民としての共通アイデンティティ、グローバル公民性の共通認識を促すことも忘れてはならない。そうした共通性を考慮しつつ多元的教育システムをいかに実現するか、既述した京都「国際学生の家」、「平和センター」、「サルボダヤ・シュラマダーナ運動」のような具体的ケース、多くの国における多元的システム確立の試み、ＡＳＥＡＮ・ＥＵのような地域共同体の実情などを調査して実現可能な具体像を見極める必要があるであろう。

〈シリーズ・ともに生きる科学〉について

二〇一一年三月一一日の東日本大震災に見られるように、人間は一人で生きることはできず、その「いのち」の絆も複雑な社会のネットワークに組み込まれている。現代高度文明社会の恩恵に浴して生きる人間には、今や新たな自然災害や病気といったリスクに対して、共に生きる智恵が求められている。本シリーズでは、人間を地球上のすべての「いのち」の一つとして取り上げ、少子高齢化、生老病死、自然環境保全、多文化共生、富の価値、科学と文化などをテーマとして多方面の学術分野にわたって考察する。

本シリーズは、公益財団法人体質研究会と公益財団法人ひと・健康・未来研究財団（健康財団グループ）の「いのちの科学プロジェクト」委員会の企画によるものであって、本出版物は公益財団法人体質研究会より助成を受けている。

索　引
（＊は人名）

あ　行

さ　行

た　行

な　行

は　行

ま　行

引用文献

（1章）

E. O. ライシャワー『地球社会の教育――21世紀世界の人間づくり』西山千訳，サイマル出版会，1974年（1984年改訂版）。

伊豫谷登士翁編『グローバリゼーション』作品社，2002年。

生方秀紀・神田房行・大森亨編著『ESD をつくる――地域でひらく未来への教育』ミネルヴァ書房，2010年。

北村友人（研究代表者）「グローバル人材育成のための大学教育プログラムに関する実証的研究報告書」文部科学省平成21年度国際開発協力サポートセンター・プロジェクト，2010年。

相良惟一『教育改革の基底にあるもの』中央出版社，1985年。

産学人材育成パートナーシップ・グローバル人材育成委員会報告書「産学官でグローバル人材の育成を」経済産業省，2010年。

産学連携によるグローバル人材育成推進会議「産学官によるグローバル人材の育成のための戦略」文部科学省，2011年。

下羽友衛・東京国際大学国際関係学部下羽ゼミ編著『地球市民になるための学び方』日本図書センター，2005年。

田口富久治・鈴木一人『グローバリゼーションと国民国家』青木書店，1999年。

増渕幸男『グローバル化時代の教育の選択』上智大学出版，2010年。

渡部　淳『国際感覚ってなんだろう』岩波ジュニア新書，2000年。

（2章1節）

太田晴雄「ニューカマーの子どもの学校教育――日本的対応の再考」志水宏吉編著『エスニシティと教育』日本図書センター，2009年。

小沼清香「JSL 児童の学習理解におけるつまずきの要因と克服方法――茨城県つくば市とカナダ・アルバータ州エドモントン市における事例

研究をもとに」〈博士論文〉，京都女子大学発達教育学研究科，2015年。

科研費基盤研究　成果報告書（村田翼夫研究代表者）「在日経験ブラジル人・ペルー人帰国児童・生徒の適応状況——異文化間教育の観点による分析」2000年。

金菊熙「韓国の第２外国語科公教育政策の変遷と現状」『言語文化研究』第33巻第２号，松山大学，2014年。

迫田久美子『日本語教育に生かす第二言語習得研究』アルク，2005年。

ジム・カミンズ著，中島和子訳著，『言語マイノリティを支える教育』慶應義塾大学出版会，2011年。

佐藤郡衛「海外・帰国子女教育——新しい理念の構築に向けて」天野正治・村田翼夫編著『多文化共生社会の教育』東信堂，2001年a。

佐藤郡衛『国際理解教育——多文化共生社会の学校づくり』明石書店，2001年b。

田中圭治郎『多文化教育の世界的潮流』ナカニシヤ出版，2003年。

日本国際理解教育学会編著『グローバル時代の国際理解教育——実践と理論をつなぐ』明石書房，2012年。

樋口謙一郎「韓国——初等英語教育政策の経緯と論点」河原俊昭編『小学生に英語を教えるとは？——アジアと日本の教育現場から』めこん，2008年。

嶺井明子「国際理解教育——戦後の展開と今日的課題」天野正治・村田翼夫編著『多文化共生社会の教育』東信堂，2001年。

文部科学省「グローバル化に対応した英語教育改革実施計画」2014年５月。

文部科学省「日本語指導が必要な外国人児童生徒の受入れ状況等に関する調査」1999～2012年度。

文部科学省初等中等教育局「海外で学ぶ日本の子供たち」2013年度。

文部科学省初等中等教育局「帰国・外国人児童生徒等に対する文部科学省の施策について」2015年。

ユネスコ「21世紀教育国際委員会」報告書『学習：秘められた宝』ぎょうせい，1997年。

〈韓国語〉

ハム・ジョンギュ『韓国教育課程変遷史研究』教育科学社，2003年。

（2章2節）

朝日新聞，2015年5月26日朝刊。

エズラ・F・ヴォーゲル『ジャパンアズナンバーワン（Japan as No. 1）――アメリカへの教訓』広中和歌子・木本彰子訳，TBSブリタニカ，1979年。

京都市教育委員会「京都市立学校外国人教育方針――主として在日韓国・朝鮮人に対する民族差別をなくす教育の推進について」1992年。

在日本朝鮮人権利擁護委員会編『在日朝鮮人人権白書』朝鮮青年社，1996年。

相良惟一『教育法規，教育行政，法令用語　実務事典』教育開発研究所，1976年。

佐野通夫『近代日本の教育と朝鮮』社会評論社，1993年初版，2000年3刷。

山口　満・村田翼夫「学校現場からみた教育問題」『環境と健康』Vol. 28, No. 2，共和書院，2015年。

臨時教育審議会編「教育改革に関する第1次答申（1985年6月），第2次答申（1986年4月）」大蔵省印刷局。


（3章）

石川裕之『韓国の才能教育制度――その構造と機能』東信堂，2011年。

岩渕秀樹『韓国のグローバル人材育成力――超競争社会の真実』講談社現代新書，2013年。

岡　憲司「高校での国際教育の取組み――ユネスコ活動，模擬国連などを通して」『環境と健康』vol. 26 No. 4，2013年。

北村友人（研究代表者）「グローバル人材育成のための大学教育プログラムに関する実証的研究報告書」文部科学省平成21年度国際開発協力サポートセンター・プロジェクト，2010年。

熊谷圭知「グローバル化の中で日本の空間はどう変わるか」小林　誠・熊谷圭知・三浦　徹編『グローバル文化学』法律文化社，2011年。

栗本一男『国際化時代と日本人――異なるシステムへの対応』NHKブックス，1985年。

佐々木高明『日本文化の多重構造』小学館，1997年。

週刊東洋経済「特集　親子で選ぶ大学，Part 3 加速する大学のグローバル化」2014年 8 月 2 日号。

松本　紘『京都から大学を変える』祥伝社新書，2014年。

諏訪哲郎・諸惠珍「韓国における学校の裁量権拡大を主軸とする教育改革」諏訪哲郎・斉藤利彦編著『加速化するアジアの教育改革』東方書店，2005年，127～199頁。

山田千明「アメリカ――文化的多様性を尊重する幼児教育」天野正治・村田翼夫編著『多文化共生社会の教育』玉川大学出版部，2001年，196～198頁。

吉村恭二『地球時代の日本人』築地書館，1990年。

〈韓国語〉

KAIST 附設韓国科学英才学校『2014学年度入学選考要項』KAIST 附設韓国科学英才学校，2013年。

韓国教育開発院『2013 英才教育統計年報』韓国教育開発院，2014年。

教育部，韓国教育開発院『2013 整理された教育統計』韓国教育開発院，2013年。

チョ・ソクフィ（研究責任者）『科学英才の持続的発掘・育成・管理のための国家英才教育体系定立に関する研究』韓国教育開発院，2002年。

学校アルリミ（学校情報公示システム），http://www.schoolinfo.go.kr/，2015年 2 月10日アクセス。

民族史観高等学校ウェブサイト，http://www.minjok.hs.kr/，2015年 2 月10日アクセス。


（4 章 1 節）

永谷亘弘「English Only――96年連邦英語強化法案と98年カリフォルニア州民提案227号をめぐって」（卒業論文）久保文明研究会，2002年度。

ポーラ・A・コルデイロ，ティモシー・G・レーガン，リンダ・P・マルチネス『多文化・人権教育学校をつくる』平沢安政訳，明石書店，2003年。

山田千明「アメリカ合衆国――民主主義尊重による統一と人格教育」嶺井明子編著『世界のシティズンシップ教育――グローバル時代の国民／

市民形成』東信堂，2007年。

横田啓子『アメリカの多文化教育』明石書店，1997年。

Gollinick, Donna M. & Philip Chinn, *Multicultural Education in a Pluralistic Society*, Macmillan, 1990.

（4章2節）

小沼清香「JSL 児童の学習理解におけるつまずきの要因と克服方法——茨城県つくば市とカナダ・アルバータ州エドモントン市における事例研究をもとに」〈博士論文〉京都女子大学発達教育学研究科，2015年。

岸田由美「カナダ——多文化と社会をつなぐ教育」嶺井明子編著『世界のシティズンシップ教育——グローバル時代の国民/市民形成』東信堂，2007年。

ジム・カミンズ著，中島和子訳著『言語マイノリティを支える教育』慶應義塾大学出版会，2011年。

ジム・カミンズ，マルセル・ダネシ『カナダの継承語教育——多文化・多言語主義をめざして』中島和子・高垣俊之訳，明石書店，2005年。

宝利尚一「カナダ多文化主義の発展と今度の課題」『北海学園大学人文論集』18，2001年。

牧野　篤『多文化コミュニティの学校教育——カナダの小学校より』学術図書出版社，1999年。

（4章3節）

Libby Tudball, Lindy Stirling, *Bright Sparks, Leading Lights : Snapshots of Global Education in Australia*, World Vision Australia, 2011.

（4章4節）

天野敏昭・太下義之「英国の『クリエイティブ産業』政策に関する研究——政策におけるクリエイティビティとデザイン」『季刊政策・経営研究』2009（3），2009年，119～158頁。

北山夕華『英国のシティズンシップ教育——社会的包摂の試み』早稲田大学出版，2014年。

窪田眞二「イギリス——必修教科『シティズンシップ』で参加・フェア・責任をどう教えるか？」嶺井明子編著『世界のシティズンシップ教育——グローバル時代の市民／国民形成』東信堂，2007年，184～195

頁。
佐久間孝正『多文化教育の充実に向けて——イギリスの経験，これからの日本』勁草書房，2014年。
佐藤実芳・小口　功「イギリス——多文化教育の理念と政策の変遷」江原武一編著『多文化教育の国際比較——エスニシティへの教育の対応』玉川大学出版部，2000年，95～121頁。
夏堀　睦『創造性と学校——構築主義的アプローチによる言説分析』ナカニシヤ出版，2005年。
弓野憲一「イギリスの創造性教育」弓野憲一編著『世界の創造性教育』ナカニシヤ出版，2005年，115～135頁。
吉本光宏「クリエイティブな教育改革で英国の未来を切り拓く——Creative Partnership のチャレンジ」『地域創造』Vol. 23，2008年，64～71頁。
Ajegbo, Keith, et al., *Diversity and Citizenship : Curriculum Review*, DfES, 2007.
Csikszentmihaly, Mihaly, *Creativity*, Harper Collins, 1996.
Craft, Anna. et al., *Can You Teach Creativity?* Education Now Publishing Co-operative, 1997.
Craft, Anna, *Creativity across the Primary Curriculum: Framing and Developing Practice*, Routledge, 2000.
Craft, Anna, *Creativity in Schools : Tensions and Dilemmas*, Routledge, 2005a.
Craft, Anna, "Changing the Landscape for Creativity in Education" in *Creativity in Primary Education*, Anthony Wilson, ed. Learning Matters Inc., 2005b, pp. 7～18.
Department for Education and Skill (DfES), *Excellence and Enjoyment : A Strategy for Primary Schools*, 2003.
Department for Culture Media and Sports (DCMS), *Creative Britain*, 2008.
Fryer, Marilyn, *Creative Teaching and Learning*, Chapman, 1996.
Gardner, Howard, *Frames of Mind : the Theory of Multiple Intelligence*, Basic Books, 1983.

Hackney Learning Trust, *Community Cohesion-Case Study-Jubilee Primary School*, 2010.
http://trustnet.learningtrust.co.uk/partners/Community%20Cohesion/Case%20study_Jubilee_Feb2010.pdf (Access 2015.10.10), 2011.

Hackney Music Development Trust (HMDT), *The Story of the Jubilee Opera Project : The World Was All Before Them*, HMDT, 2004

Maslow, A. Harold, *Religion, Values, and Peak-Experience*, Kappa Delta Pi, 1964.

National Advisory Committee on Creativity and Cultural Education, *All Our Futures : Creativity, Culture and Education*, Department of Education and Employment (DfEE), 1999.

Office for Standards in Education (OFSTED), *Creative Partnership : Initiative and Impact*, 2006.

Policy Action Team 10, *National Strategies for Neighborhood Renewal : The Contribution of Sports and the Art*, Department for Culture Media and Sports (DCMS), 1999.

Qualifications and Curriculum Authority (QCA), *Education for Citizenship and the Teaching of Democracy in Schools*, 1998.

Qualifications and Curriculum Authority (QCA), *Creativity : Find it! Promote it! : Promoting Pupils' Creative Thinking and Behavior across the Curriculum at Key Stage 1, 2, and 3* (Practical Materials for Schools), 2004.

Qualifications and Curriculum Authority (QCA), *Creativity : Find it! Promote it!*, 2005.
www.qca.org.uk/creativity (Access 2006.11.25), 2005.

Wilson, A. ed., *Creativity in Primary Education*, Learning Matters, 2005.
（アンソニー・ウィルソン編著『英国初等学校の創造性教育（上）（下）』弓野憲一・渋谷恵監訳，静岡学術出版，2009年）

Wyse, Dominic, *Creativity and the Curriculum*, IOE Press, 2014.

(5章)

A. T. アリヤラトネ『東洋の呼び声——拡がるサルボダヤ運動』山下邦明・林千根・長井治訳，はる書房，2001年。

内海博司「外国人留学生の宿舎支援と『共同の生』——留学生と日本人学生の交流は対等の立場で」ウェブマガジン『留学交流』Vol. 54, 2015年9月号。

木戸　裕『ドイツ統一，EU 統合とグローバリズム』東信堂，2012年。

ジョアンナ・メーシー『サルボダヤ——仏法と開発』靍田栄作他訳，めこん，1984年。

スックケオ・ケオデーン財団「南タイ三県における NGO の役割：スックケオ・ゲオデーン財団のケース」(タイ語) 2013年。

スックケオ・ケオデーン財団「南部タイ三県における平和のためのヤギ銀行」(タイ語) 2008年。

スックケオ・ケオデーン財団「牛の餌 TMR (Total Mixed Ration) の生産」(タイ語) 2012年。

タイ教育省基礎教育委員会『ASEAN 共同体に関する学習ガイドライン——初等教育編』(タイ語：*neaukaan chatkaan rienruu suu prachaakhon asean radab prathomsuksaa*) 2011年。

タイ教育省基礎教育委員会 (2011年)「ASEAN に対するタイ人児童の特質——初等教育編」(タイ語：*khun lakusana dekthai suu asean radab prathomsuksaa*) 2011年。

古橋敬一「スリランカ・サルボダヤ運動における地域開発の手法——ワークキャンプの可能性と意義を求めて」『名古屋学院大学大学院　経済経営論集』第7号，2004年。

Kyoto International House, "'Year Book' 2011, 2013　Vol. 36, 38" (公益財団法人　京都「国際学生の家」2011年，2013年)。

Sangnapaboworn, Waraiporn, *Peace Center in Yala: A Case of the Suk-Kaew Kaewdang Foundation in Solving the Conflicts in the Deep South of Thailand*, 2016.

（６章１節）

井戸根綾子「ラムにおける観光現象――ケニア観光産業の社会的影響に関する一考察」『大阪外語大学スワヒリ＆アフリカ研究』第10号，大阪外国語大学アラビア・アフリカ語学科スワヒリ語研究室編，2000年，１～87頁。

内海成治「国際教育協力における調査手法――ケニアでの調査を例にして」澤村信英編『アフリカの開発と教育――人間の安全保障をめざす国際教育協力』明石書店，2003年，59～81頁。

樺山紘一「革命とナポレオンのヨーロッパ」前田昭雄・土田英三郎他編『ベートーベン全集　第５巻』講談社，1998年，49～58頁。

コンドルセ『人間精神進歩史』第１部及び第２部，渡辺　誠訳，岩波文庫，1951年。

澤村信英「危機に立つケニアの教育――失われた20年」広島大学教育開発国際協力研究センター『国際教育協力論集』第７巻第２号，2004年，69～80頁。

澤村信英「受験中心主義の学校教育――ケニアの初等教育の実態」広島大学教育開発国際協力研究センター『国際教育協力論集』第９巻第２号，2006年，97～111頁。

澤村信英・内海成治『ケニアの教育と開発』明石書店，2012年。

中川真帆・内海成治「ケニアにおける就学前教育の現状と課題――ラム島・キプンガニ集落を事例として」広島大学教育開発国際協力研究センター『国際教育協力論集』第12巻第２号，2009年，13～27頁。

（６章２節）

アリフィン・ベイ『インドネシアのこころ』奥源造編訳，めこん，1995年。

中田英雄「国際協働授業研究モデルの開発」『比較教育学研究』36号，2008年，134～146頁。

中田英雄，Djadja Rahardja，Juhanaeni，Sujarwanto，Budiyanto，Asep A. Sopandi，Munawir Yusuf，Suparno，Lalan Erlani，柿山哲司・岡川暁・草野勝彦「日本・インドネシア国際協働授業研究会の効果，働態研究の方法」2010年，79～82頁，人類働態学会。

中田英雄・野澤純子・井坂行男「開発途上国に対する国際教育協力に係る

教材開発――アフガニスタンの特別支援教育分野への教育協力」(平成17年度～平成21年度特別教育研究連携融合事業) 筑波大学教育開発国際協力研究センター，2010年。
中野善達『国際連合と障がい者問題』エンパワメント研究所，1997年。
籔田みちる「インドネシアにおける中学校の教員の質の現状と課題」財団法人国際発センター 自主研究事業，2010年。
Assadullah, F., Nozawa, J. and Nakata, H., *Introduction to Special Education (in Dari).*, CRICED, University of Tsukuba, 2007.
Fanu, G. L., *The inclusion of inclusive education in international Development : Lessons from Papua New Guinea.*, International Journal of Educational Development, 33, 2013, 139～148.
Islamic Republic of Afghanistan Ministry of Education ; *National Education Interim Plan 2011～2013*, http://moe.gov.af/Content/files/TheInterimPlan.pdf, 2011.
Islamic Republic of Afghanistan Ministry of Education, *NESP (National Educational Strategic Plan 2015～2020) (Draft)*, http://moe.gov.af/Content/files/NESP%20III%20 English.pdf, 2014.
Kalyanpur, M., *Paradigm and paradox : Education for All and the inclusion of children with disabilities in Cambodia.*, International Journal of Inclusive Education, 15 (10), 2011, pp. 1053～1071.
Koentajaraningrat, *Villages in Indonesia.* Cornell University Press, 1967.
Srivastava, M., de Boer, A. and Pijl, S. J., *Inclusive education in developing countries : a closer look at its implementation in the last 10 years.*, Educational Review, 1～17, http://dx.doi.org/10.1080/00131911.2013.847061, 2013
Sassani, A. H. K., *Education in Afghanistan.*, Reprints from the collections of the University of Michigan Library. Amazon, 1961.
Trani, J., *Development efforts in Afghanistan : is there a will and a way? The case of disability and vulnerability.* L'Harmattan, 2011.
Trani, J. and Bakhshi, P., *Challenges of assessing disability prevalence : the case of Afghanistan.*, ALTER ～ European Journal of Disability

Research 2 (1), 2008, pp. 44～64.

Turmusani, M., *Disability policy development in Afghanistan.* A manual for planners. Asia Research Service, 2006.

UNESCO, *Needs & rights assessment. Inclusive education in Afghanistan.*, UNESCO Kabul. http://unesdoc.unesco.org/images/0018/001890/189011e.pdf, 2009a.

UNESCO, *National Report on the provision of inclusive quality primary and secondary education*, Jakarta, Indonesia. UNESCO International Bureau of Education. UNESCO Cluster Office in Jakarta. http://www.ibe.unesco.org/fileadm in/user_upload/Inclusive_Education/Reports/jakarta_09/indonesia_inclusion_, pdf, 2009b.

Woo, Y. Y. J. and Simmons, J. A., *Paved with good intensions : images of textbook development in Afghanistan.*, Asia Pacific Journal of Education, 28 (3), 2008, pp. 291～304. http://www.idcj.or.jp/pdf/idcjr200902.pdf

（6章3節）

外務省ホームページ「目で見る ASEAN」http://www.mofa.go.jp/mofaj/area/asean/pdfs/sees_eye.pdf

佐藤　寛『開発援助の社会学』世界思想社，2005年。

田中治彦『国際協力と開発教育　援助の近未来を探る』明石書店，2008年。

中野民夫『ワークショップ 新しい学びと創造の場』岩波新書，2001年。

野津隆志『アメリカの教育支援ネットワーク――ベトナム系ニューカマーと学校・NPO・ボランティア』東信堂，2007年。

野津隆志『タイにおける外国人児童の教育と人権――グローバル教育支援ネットワークの課題』ブックウェイ，2014年。

山田美和「タイにおける非熟練外国人労働者の受け入れ政策の現状と課題」『国際問題』626号，2013年。

FRY (Foundation of Rural Youth) and, VSO (Voluntary Service Overseas), *Provision of Stateless Children*, 2009.

(終章)

魚住忠久『グローバル教育の理論と展開』黎明書房，1990年。

小林　誠・熊谷圭知・三浦　徹編『グローバル文化学』法律文化社，2011年。

進藤榮一『東アジア共同体をどうつくるか』ちくま新書，筑摩書房，2007年。

谷口　誠『東アジア共同体——経済統合のゆくえと日本』岩波新書，2010年。

増渕幸雄『グローバル化時代の教育の選択』上智大学出版，2010年。

溝上愼一『アクティブラーニングと教授学習パラダイムの転換』東信堂，2015年。

村田翼夫・佐藤眞理子編著『南南教育協力の現状と可能性——ASEAN 新興ドナーを中心に』協同出版，2013年。

Joel Spring, *The Intersection of Cultures-Multicultural Education in the United States and the Global Community*, Lawrence Erlbaum Associates, Publishers, 2006.

RECSAM News Vol. 46 No 1, January-April, 2015.

内海　成治（うつみ・せいじ）第6章1節
1946年　東京生まれ
1969年　京都大学農学部卒業
1972年　京都大学教育学部卒業
現　在　京都女子大学教授，京都教育大学大学院連合教職実践研究科兼任教授，大阪大学名誉教授
主　著　『はじめての国際協力――変わる世界とどう向き合うか』昭和堂，2012年
『国際協力論を学ぶ人のために』（編）世界思想社，2005年，他

中田　英雄（なかた・ひでお）第6章2節
1948年　宮崎県生まれ
1977年　東京教育大学大学院博士課程特殊教育専修単位取得退学
現　在　筑波大学名誉教授
主　著　「これからの特別支援教育――インクルーシブ教育の可能性」『環境と教育』24巻，2011年。
「開発途上国に対する国際教育協力に係る教材開発」（共著）アフガニスタンの特別支援教育分野への教育協力，筑波大学教育開発国際協力研究センター，2010年。

野津　隆志（のつ・たかし）第6章3節
1956年　島根県生まれ
1987年　筑波大学大学院教育学研究科退学
現　在　兵庫県立大学政策科学研究所教授
主　著　『タイにおける外国人児童の教育と人権――グローバル教育支援ネットワークの課題』ブックウェイ，2014年。
『アメリカの教育支援ネットワーク――ベトナム系ニューカマーと学校・NPO・ボランティア』東信堂，2007年，他

《執筆者紹介》（執筆順，＊は編者）

＊村田　翼夫（むらた・よくお）序章〜第３章１節（１・２）・２節，第４章１節・２節，第５章，終章

編著者紹介欄参照。

石川　裕之（いしかわ・ひろゆき）第３章１節（３・４）

1977年　大阪府生まれ

2010年　京都大学大学院教育学研究科博士後期課程修了

現　在　畿央大学教育学部准教授

主　著　「韓国の才能教育事情」『比較教育学研究』第45号，日本比較教育学会，2012年。

『韓国の才能教育制度――その構造と機能』東信堂，2011年

見世千賀子（みせ・ちかこ）第４章３節

1967年　鳥取県生まれ

1994年　筑波大学大学院教育学研究科教育基礎学専攻博士課程単位取得退学

現　在　東京学芸大学国際教育センター准教授

主　著　「多文化共生社会における市民性の教育に関する研究プロジェクト報告書」（編著）東京学芸大学国際教育センター，2015年

「多文化社会の市民性教育――オーストラリアの取り組みが示唆するもの」松尾知明編著『多文化教育をデザインする――移民時代のモデル構築』第４章，勁草書房，2013年，他

渋谷　恵（しぶや・めぐみ）第４章４節

1965年　山形県生まれ

1997年　筑波大学大学院教育学研究科単位取得退学

現　在　明治学院大学心理学部教授

主　著　Megumi Shibuya, "Rethinking a Conceptual Framework for Citizenship Education in ASEAN Countries," *Regional Context in Citizenship Education in Asia and Europe*, Routledge, 2015.

「イギリスの創造性・文化教育にみる「文化」概念――多文化共生を目指す教育データベースの開発に向けた予備的検討」『常葉学園大学外国語学部紀要』第27号，常葉学園大学外国語学部，2011年。

《編著者紹介》

村田　翼夫（むらた・よくお）

1941年　富山県生まれ
1971年　京都大学大学院教育学研究科博士課程単位取得退学
1973年　カリフォルニア大学バークレー校大学院教育学研究科修士課程修了
教育学博士号（京都大学）
マラヤ大学非常勤講師，筑波大学教育学系教授，大阪成蹊大学教授，京都女子大学発達教育学部教授を経て
現　在　公益財団法人 未来教育研究所特任研究員
筑波大学名誉教授
主　著　『現代日本の教育課題——21世紀の方向性を探る』（編著）東信堂，2013年
『南南教育協力の現状と課題——ASEAN 新興ドナーを中心に』（編著）協同出版，2013年
『バイリンガル・テキスト：現代日本の教育——制度と内容』（編著）東信堂，2010年
『タイにおける教育発展——国民統合，文化，教育協力』東信堂，2007年，他

シリーズ・ともに生きる科学
多文化社会に応える地球市民教育
——日本・北米・ASEAN・EU のケース——

2016年4月15日　初版第1刷発行　〈検印省略〉

定価はカバーに
表示しています

編著者　村田翼夫
発行者　杉田啓三
印刷者　坂本喜杏

発行所　株式会社　ミネルヴァ書房
607-8494　京都市山科区日ノ岡堤谷町1
電話代表　(075) 581-5191
振替口座　01020-0-8076

冨山房インターナショナル・兼文堂

ISBN 978-4-623-07585-0
Printed in Japan

シリーズ・ともに生きる科学　四六上製カバー

不老長寿を考える——超高齢社会の医療とスポーツ

山室隆夫 著

整形外科学および運動器学に長年かかわる著者が、寝たきり防止の身体づくりを説きつつ、長寿者の増加がもたらす社会問題に向き合う。

本体二五〇〇円

共生する生き物たち——微生物の世界から日本の共生《ともいき》観まで

岩槻邦男・仁王以智夫 著

微生物から動植物にかけての生物界での共生事例を紹介し、日本古来の「共生《ともいき》」精神と対比させつつ人と自然の共生を探る。

本体二五〇〇円

智恵なすわざの再生へ——科学の原罪

鈴木晶子 著

科学や技術の専門家が具えるべき思考のわざや判断、倫理について考察し、生き物としての人間が、世界と共に生きていく智恵の再生を模索。

本体三五〇〇円

(持続可能な開発のための教育)
ＥＳＤをつくる——地域でひらく未来への教育

生方秀紀・神田房行・大森　享 編著

日本のＥＳＤ研究のリーダーが理論と系譜を解説、国内外における地域と連携した優れた実践を紹介。

本体二八〇〇円

ミネルヴァ書房
http://www.minervashobo.co.jp/